《湖南省乡镇(街道)简志》系列丛书

石门县乡镇简志

石门县人民政府地方志办公室　编

方志出版社

图书在版编目(CIP)数据

石门县乡镇简志 / 石门县人民政府地方志办公室编
—北京：方志出版社，2017.10
ISBN 978-7-5144-2617-5

Ⅰ.①石… Ⅱ.①石… Ⅲ.①乡镇—地方志—石门县
Ⅳ.①K296.45

中国版本图书馆 CIP 数据核字(2017)第 261017 号

石门县乡镇简志

编　　者：石门县人民政府地方志办公室
责任编辑：黄　彦

出 版 人：冀祥德
出 版 者：方志出版社
　　　　　地址　北京市朝阳区潘家园东里 9 号(国家方志馆 4 层)
　　　　　邮编　100021
　　　　　网址　http://www.fzph.org
发　　行：方志出版社发行中心
　　　　　电话(010)67110500
经　　销：各地新华书店
印　　刷：湖南省石门县教育印刷厂

开　　本：889×1194　　1/16
印　　张：21
字　　数：333 千字
版　　次：2017 年 10 月第 1 版　　　2017 年 10 月第 1 次印刷
印　　数：0001~1000 册

ISBN 978-7-5144-2617-5　　　定价：145.00 元

常德市乡镇(街道)简志编纂委员会

《石门县乡镇简志》编纂委员会

凡　例

一、本志以马克思列宁主义、毛泽东思想、邓小平理论、“三个代表”重要思想、科学发展观、习近平新时代中国特色社会主义思想为指导，运用辩证唯物主义和历史唯物主义立场、观点、方法，力求全面、真实、系统地记述石门县各乡镇（区）、农林场的历史与现状。

二、本志所载乡镇以传统习惯排序为顺序。湖南石门经济开发区、二都乡因实行“以区带乡，区乡合一”管理体制，故合并记述。东山峰管理区、湖南石门夹山国家森林公园及白云山、大同山、洛浦国有林场和秀坪园艺场具有乡镇政府相似职能，故而分别记述。壶瓶山国家级自然保护区无乡镇政府职能，故附载于所在行政区域壶瓶山镇后。

三、本志上限尽可能上溯到能查找到的史料，下限至 2014 年（个别至 2015 年）。

四、本志采用图、照、述、志、记等体裁，以志为主。

五、本志执行《地方志质量规定》《湖南省志（1978-2002）编写行文通则》。本志所称“中华人民共和国成立后”，指 1949 年 10 月 1 日后；“石门解放前后”，指 1949 年 7 月 25 日前后。

六、本志所有数据以《石门县统计年鉴》为准。《石门县统计年鉴》没有的，以各单位报送的数据为准。本志以各单位报送材料为依据，并参考石门县档案馆馆藏档案及《石门县志》等资料，不再注明出处。

七、封面设计以生态石门为设计理念，彰显“生态立县”战略。封面用图系采用网络图片。

序

观今宜鉴古、无古不成今。自《春秋》以降，中华民族对历史的文字记载就没有间断过。每当打开这一部部绚丽多姿、深沉厚实的鸿篇巨制，中国悠久的历史犹如一窖老酒，经历了数千年的沉积后，迸溢出一缕缕幽香，味浓而绵长，清冽却醉人。

“治天下者以史为鉴，治郡国者以志为鉴”，地方志作为“辅政之书”“资治之本”，为历代所倚重。它集全一地的政治经济、教育文化、自然资源、社会生活、风土人情、贤达名士等资料，在治郡安民、化风育人中发挥着独特的作用，在我国历史文化宝库中占据着一席重要的地位。“修志问道，以启未来”，时处中华民族走向伟大复兴的太平盛世，我们有责任有义务为后人留下系统的、翔实的石门地方性史料，从而为现在和将来的治乡理政提供借鉴，为爱国爱乡爱民教育提供乡土教材，为海内外乡亲寻迹故里、为各界朋友了解石门提供一扇窗口，为扩大对外宣传、促进招商引资、服务经济发展提供一个平台。

石门就像一颗璀璨的明珠，镶嵌在湘西北大地上；像一位永不衰老的母亲，养育着68万勤劳勇敢的儿女。它不仅有着悠久的历史承载，还蕴藏着古老而丰富的文化与智慧。自隋开皇九年(589)设县，石门先民们就祖祖辈辈在这片3973平方千米的土地上生息繁衍，历尽艰辛、开垦荒地，造就村落、创造文明。中华人民共和国成立后，经过全县人民的不懈努力，石门彻底改变了贫穷落后的面貌，取得了引人瞩目的社会进步和经济发展：城镇建设日新月异，重大项目不断落户；支柱产业提质增效，现代农业枝繁叶茂；生态保护已成新常态，青山绿水蓝天随处可见；低矮陈旧的幢幢土房民居，转眼变成栋栋楼房别墅；一条条泥泞崎岖的羊肠土路，正在转换为宽阔平坦的水泥大道；现代通信城乡全覆盖，新型农业茁起如春笋。昔日荒凉贫瘠的穷乡僻壤，呈现出车水马龙、商贾云集的繁荣景象。

千年古县的美丽蜕变，令人振奋、令人骄傲、令人欢欣鼓舞。

这部《石门县乡镇简志》，全方位地记述了石门县各乡镇的政治、经济、文化、教育、地理、社会、风俗、资源、人物等地情资料。内容丰富、资料翔实，经纬分明、文理贯通，时代气息浓郁，地方特色鲜明。纵观全志，编写者广征博引，录变迁、明得失，达道义、正事理，彰功勋、志伟绩，真实地反映了石门发展中的时代特点和精神风貌，为专家学者研究石门县情乡情提供了一座蕴藏丰富、可资开掘的“矿山宝库”，为各级党政领导精确了解石门城乡历史全貌，找到符合本地实际的发展道路提供了借鉴和服务，不失为一部“打开石门”、服务当今、泽惠后人的有益地方志书。

值此《石门县乡镇简志》付梓之际，我代表县委、县政府向为此书付出艰辛劳动的编写人员致以崇高敬意，向为此志提供资料的各界人士、协作单位表示衷心感谢，并为之序。

常德市人大常委会副主任
中共石门县委书记　谭本仲

2017年10月

目 录

石 门 县 概 况

★湘鄂西苏区县、湘鄂川黔苏区县
★中国柑橘之乡
★全国出口柑橘质量示范区
★国家级农产品(柑橘、茶叶)出口示范区
★中国名茶之乡
★全国重点产茶县
★全国十大生态产茶县
★全国首批茶叶绿色食品基地县
★全国绿色食品原料标准化生产基地
★国家级出口食品农产品质量安全示范区
★国家生态建设示范区
★全国造林绿化先进县
★全国科技进步县
★全国计划生育服务先进县
★全国文化先进县
★全国体育先进县
★全国社会治安综合治理先进县

一

石门县位于湖南省西北部，湘鄂边陲。东接澧县、临澧县，南邻桃源县，西毗慈利、桑植县，北抵湖北鹤峰、五峰、松滋县。地处北纬 29°16′06″~30°08′49″，东经 110°29′04″~111°32′30″。湘西北门户，属省直管县，县治楚江镇，距省会长沙市 290 千米，距常德市 102 千米。

截至 2014 年，全县土地总面积 3973 平方千米，595.53 万亩，占全市总面积的 21.84%，耕地面积 63.9795 万亩，农田面积 57.0225 万亩，林地面积 42.105 万亩，森林覆盖率 70.68%，水域面积 19.845 万亩。

石门县以石门山得名。

夏、商、周，石门属荆楚之域，春秋、战国属楚。秦王嬴政 26 年（公元前 221）为慈姑县地，隶黔中郡。

汉高祖二年（公元前 205），石门属零阳县地，隶武陵郡。吴永安六年（263）隶天门郡。

晋太康元年（280），析零阳县地为零阳、溇阳、临澧等县。四年（283）并溇阳、临澧为澧阳县，隶天门郡。郡治、县治即今石门县楚江镇。

南北朝为澧阳县，隶天门郡。陈天嘉二年（561），改天门郡为石门郡。

隋开皇九年（589），罢石门郡设石门县，隶澧州。

清康熙三十五年（1696），全县设 1 坊、2 乡、10 里，

清雍正十三年（1735），全县划为 1 坊、3 乡、24 里。

民国 32 年（1943），全县设 20 乡、1 镇、263 保、2943 甲。

中华人民共和国成立后，全县划为 14 个行政区，281 个乡。1956 年，撤区建制，设 38 乡 1 镇。1958 年，全县 38 乡改政社合一的 28 个人民公社。1964 年，改设 7 区 43 个人民公社 763 个大队 3 个居民委员会 8143 个生产队。1984 年，全县实行政社合一，建立乡政权，乡名未变，乡以下为村，全县有 7 区 8 镇 35 乡 767 个行政村 10 个居民委员会 8561 个居民小组。1989 年，全县设立 7 区 43 乡（其中镇 9 个）。1995 年，撤区并乡，全县划为 10 镇 9 乡 784 个行政村 22 个居民

委员会。2003-2007 年，全县对行政村进行调整合并。截至 2014 年，全县辖 19 个乡镇 6 个农林(区)场 292 个村 44 个社区居民委员会。

1949 年，全县总人口 38 万人，人口出生率为 40.71‰。1962 年处于生育高潮，人口自然增长率为 41.49‰，全县总人口达 44.84 万人。1963-1973 年，人口持续增长，全县总人口达 60.42 万人。1974 年开始，推行计划生育，人口自然增长率下降。1989 年，全县总人口为 67.511 万人。截至 2014 年年末，全县 23.3533 万户 67.0121 万人，其中农业人口 57.0995 万人，非农业人口 9.9126 万人。在总人口中，男性 34.6457 万人，占全县总人口的 51.70%，女性 32.3664 万人，占全县总人口的 48.30%，人口出生率为 10.32‰，人口自然增长率 5.72‰。全县除汉族 34.1901 万人外，还有 26 个少数民族 32.8220 万人。其中土家族 32.7175 万人、回族 155 人、苗族 298 人、白族 99 人、佤族 53 人、蒙古族 17 人、维吾尔族 12 人、朝鲜族 3 人、壮族 146 人、满族 14 人、侗族 98 人、瑶族 42 人、畲族 10 人、傣族 3 人、布依族 28 人、彝族 20 人、藏族 3 人、哈尼族 4 人、黎族 7 人、拉祜族 1 人、水族 11 人、仫佬族 2 人、羌族 1 人、毛南族 1 人、仡佬族 16 人、京族 1 人。

二

石门属山区县，地形呈弯把葫芦状，地势自西向东南倾斜，西北部，群山叠翠，东南部，平岗交错，属中亚热带向亚热带过渡的季风气候区。陆地最低处为易家渡镇蔡家溪与澧水汇合处，海拔 42.5 米，最高处是壶瓶山顶，海拔 2098.7 米，号称“湖南屋脊”，全县平均海拔在 500 米左右。南部有十九峰、观国山、太浮山；中部有燕子山、云落观、八户山；西部有东山峰、亮垭山、鹅公山；北部有太青山、壶瓶山等。全境河流沟溪有 236 条。发源或流经县境的较大河流有澧水、渫水、沱水、澹水、道水、黄水、涔水。沱水、澧水、道水自西向东，分别贯穿县境北部、中部、南部，入松滋、临澧，汇入洞庭湖。渫水从西北往东南纵贯，长约 165 千米，汇入澧水。

境内年平均气温 16.7 摄氏度，最冷的 1 月平均气温 5 摄氏度，最热的 7 月，平均气温 28.6 摄氏度，全年无霜期 282 天，日照 1646.9 小时，年平均降雨量

1540毫米。

境内森林茂密，动植物品种繁多。至2014年，全县森林面积180万亩（其中经济林60万亩）。木材蓄积量173.6万立方米，主要有松、杉、楠、梓、樟、椿等。大宗农副产品有水稻、玉米、烟叶、茶叶、柑橘、油桐、油茶、乌桕、棕片、药材、生漆等。主要野生动物有虎、豹、熊、獐、狸、猴、麂、貉、山羊、野猪等47种。珍贵飞禽有锦鸡、雉鸡等30多种。名贵药材有天麻、黄连、田三七、杜仲等上百种。

石门县矿产资源种类繁多，属湘西北“矿都”。地质探明：全县境内矿产资源达35种，主要有雄黄，矽砂、煤炭、石膏、石煤、磷矿、水泥灰岩、白云石、海泡石、大理石、重晶石、赤铁矿、矾矿等，各类矿产的矿床、矿点3200多处，其中大型矿床19处，中型矿床48处，小型矿床37处。全县矿石总销量130亿吨，潜在经济价值1600亿元，人均潜在价值23万元，地均每平方千米4000万元。已开发利用的矿产15种。

三

石门县属革命老区，在土地革命战争时期，贺龙、任弼时、王震、萧克等老一辈无产阶级革命家在这里领导和开展武装斗争。中华人民共和国成立后，党和国家领导人胡耀邦、江泽民、廖汉生、毛致用、钱正英、邹家华、李铁映、王首道等曾视察石门。

中华人民共和国成立以来，特别是中共十一届三中全会以来，中共石门县委、县政府，以马克思列宁主义、毛泽东思想、邓小平理论、“三个代表”重要思想和科学发展观、习近平新时代中国特色社会主义思想为指导，提出了“加快新型工业化，农业现代化，新型城镇化，服务产业化”“建设一个中心，打造三个石门（生态石门、现代石门、幸福石门）、实施五大战略”等宏伟目标，先后实施了工、农、商、文、教、卫等部门体制改革、“消灭宜林荒山”“大力发展养殖业”“实施外力工程”“振兴县域经济”“实施科技兴农”“开展依法治县”“建设旅游强县”“开展招商引资”等一系列卓有成效的工作，使全县综合实力、产业体系、城乡面貌、

人民生活水平取得显著成就。

综合实力 1949年，全县工农业总产值为4604万元，其中工业21万元，农业4583万元。从1953年开始，国民经济纳入计划经济轨道，物价稳定，工农业得到迅速发展。1958年开始“大跃进”，农业下滑，工业失控。1962年，贯彻“调整、巩固、充实、提高”八字方针，国民经济得到恢复和发展。“文化大革命”时期，全县经济受到阻碍。1977年，工农业总产值仅19118万元，其中，工业3559万元，农业15559万元。1978年，党中央实行改革开放政策，全县推行经济体制改革和经济增长方式转变，克服宏观经济趋紧和自然灾害带来的困难，国民经济保持两位数增长。1995年，全县完成地区生产总值99609万元，其中完成第一产业增加值42706万元，第二产业增加值32541万元，第三产业增加值24362万元。1996–2009年，积极推进农业产业化、工业化、城镇化进程，全县国内生产总值年平均以10.7%的速度递增。2010年，全县地区生产总值达122.23亿元，其中第一产业增加值32.17亿元，第二产业增加值46.09亿元，第三产业增加值43.97亿元。一、二、三产业对CDP增长的贡献率分别为9.2%、48.9%和41.9%。分别拉动经济增长1.3个百分点、7.1个百分点和6.1个百分点。2011年，石门县纳入国务院《武陵山片区区域发展与扶贫攻坚规划》。县委、县政府提出推进“三项”建设，打造“四个中心”和建设“现代石门、活力石门、生态石门”战略，社会经济发展速度明显加快。

2012–2014年，全县按照县委、县政府关于瞄准“一个新任务”，开展“四大攻坚战”，落实“三大保障”，实施“十大标志性工程”总思路，开展小康社会先进县(三类县)建设，狠抓产业攻坚、城镇攻坚、民生攻坚、改革攻坚及全县各业全面发展，在推进生态立县战略中被成功纳入国家主体功能区建设试点示范县、省级生态县。全县先后有白云山国有林场、南北镇、楚江镇、东山峰管理区、二都乡、夹山镇、罗坪乡、所街乡、维新镇、新铺乡、秀坪园艺场获国家生态乡镇命名。子良乡、三圣乡、太平镇、壶瓶山镇被命名国家级环境优美乡镇。在推进旅游活县战略中，成功创建为湖南省旅游强县。在推进产业强县战略中，跻身全省粮食先进县。在推进主城区带动战略中，有蒙泉镇、皂市镇、壶瓶山镇成功入选全国

重点镇。在推进民生优先战略中实现了2.1万人脱贫,解决了16万人饮水安全问题。2014年,完成地区生产总值193.09亿元,其中第一产业增加值34.08亿元,第二产业增加值81.76亿元,第三产业增加值76.85亿元,一、二、三产业对GDP增长的贡献率10.9%、34.9%和54.2%,分别拉动经济增长0.8个百分点、2.5个百分点和3.9个百分点。全县人均GDP32161元。完成财政总收入101669万元,农林牧渔收入55.6亿元,完成工业总产值226.4亿元,其中规模以上工业完成了201.0亿元。

产业体系 中华人民共和国成立至1965年,全县有工业企业38家。1966-1976年,石门县工业企业稳步发展,至1978年达到186家,总产值达3416.45万元。中共十一届三中全会后,执行"改革、开放、搞活"政策,至1989年,全县工业企业发展到248家,产值16894.96万元。20世纪90年代初,全县工业所有制结构进行调整,国有工业企业37家,集体企业224家。20世纪90年代末,国有企业和集体企业实行改组、联合、兼并、租赁、承包、拍卖、破产等改革和大力推进全民创业,国有工业企业比重缩小,全县国有企业2家,集体企业80家,民营、私营、独资工业企业发展迅猛,全县达到4313家。2010年,全县推进新型工业化建设,加大电力、食品、建材、化工、机电、硅砂(石膏)等支柱产业建设力度,罐头、石膏、连杆、炸药、硫酸分别以70.7%、53.7%、41.2%、40.7%、141.1%的年增长速度增长。全县发展105家规模企业,完成工业总产值118.41亿元,其中规模以上工业企业完成总产值96.26亿元。2011年,实现工业企业总产值175.34亿元,实现工业增加值56.04%,其中规模工业实现总产值146.27亿元,占全部工业增加值79.3%。规模工业实现税金4.55亿元。是年,县委、县政府进一步推进工业强县战略,加快产业化升级,突出打造旗舰企业,全力推进"6211"工程,即发展壮大六大支柱产业,培育20家核心骨干企业,完成10个500万元以上技改项目,开工10个2000万元以上工业项目,确保规模工业产值达到146.27亿元,规模工业增加值达到44.43亿元,实现税金4.55亿元。全县六大支柱产业中电力、食品产业产值达30亿元,建材产业达20亿元,机电、化工、硅砂(石膏)产业达10亿元。六大支柱产业产值占全县规模工业企业总产值的比重超过80%。

培育了年产值过亿元的企业 17 家。其中过 10 亿元的企业 3 家。全县有 8 家企业进入湖南省中型企业行列,有 1 家企业进入湖南省小巨人行列,有 2 家企业进入全省创业计划行列。规模工业企业产值、增加值、效益等主要指标进入全市前列,有 4 家居全市工业 20 强,9 家居全市工业纳税 50 强。石门县被省委、省政府评为"湖南省推进新型工业化先进单位"。2014 年,全县推进产业强县三年行动计划,产业发展在转型升级中平稳发展。全年完成工业总产值 250.06 亿元,其中规模以上工业完成总产值 221.97 亿元,实现全部工业增加值 79.04 亿元。工业产品销售率 99.7%。

柑橘、茶叶是石门县的主导产业。全县创办了 10 个农业标准化示范区,石门柑橘荣获全国出口柑橘质量示范区称号,"石门银峰"成为 2014 年中国茶叶区域公用品牌最具发展力品牌。全县拥有农民专业合作社 100 家,其中属市级以上龙头企业 18 家。

柑橘。1984 年,县委、县政府制定了"南橘北茶中部桐"战略,并利用世界银行贷款 1800 万元,在全县 17 个乡镇 87 个村开发早熟温州柑橘园 10.39 万亩,年产量 3.1 万吨。被湖南省定为"早熟柑橘出口基地县",获国家首届"星火奖"一等奖。至 2000 年,全县拥有 100 个县级科技示范大户,柑橘收入过万元大户 6200 多户。2001 年,石门县被国家林业部(局)授予"中国柑橘之乡"。通过品种改良和技术推广,打造了"湘冠""金果"两个知名品牌。截至 2014 年,全县拥有柑橘面积 27.75 万亩,年产量 30.75 万吨。产品畅销国内及东南亚地区。

茶叶。1985 年,县委、县政府根据山区特点提出"北部茶、中部桐、南部橘"经济发展战略,对南部茶园实行毁茶改种,茶叶种植区域集中向南北镇、壶瓶山镇、所街乡、罗坪乡、太平镇、子良乡发展,全县拥有茶叶种植面积 6.48 万亩。1988 年,被列入湖南省茶叶出口县。1991 年,被确定为全国首批茶叶绿色食品基地县。2000 年,县委、县政府加大茶叶产业投入,引进新品种,推广新技术,开发名优茶,发展有机茶、无公害茶,在宜红(湘红)、牛抵、太青秀峰等传统名茶基础上,开发了石门银峰、白云银毫、东山秀峰、西山毛峰等茶叶品牌。2014 年,全县拥有茶叶面积 8.17 万亩,产量 6.56 万吨。

城市建设 中共十一届三中全会以来，全县城镇建设成果丰硕。县城建成区由1990年的5.6平方千米扩展到2014年的12.6平方千米，城区人口由5.2万人增加到13.5万人，先后被评为“湖南省文明县城”“全国文明示范小城镇”“国家生态建设示范区”“国家卫生县城”。县城区初步形成了以商贸为主的老城区，以行政、教育为主的东城区和以工业为主的宝峰经济开发区的“一城三区”城市新格局。城市功能配套完善。先后兴建、拓宽、硬化了永兴大道、夹山路、三江路、澧滨路、梯云路等城市主干道8条，硬化小街小巷50多条，城区道路硬化率达到96%。至2014年，有汽车站3个，开设公交线路14条，主干道均安装了红绿灯和电子警察。有综合批发城、楚江大市场、楚江路商业步行街、文庙市场等专业市场10个。拥有占地300亩的刘家湾垃圾处理场，各类公厕23座，垃圾中转站23个，环卫设施布局合理，配套到位。建成了6千米城市防洪大堤，城区开通了管道燃气。城市绿化体系健全。县城绿化总面积2250亩，其中，城市道路绿化面积150亩，公共绿地654亩，城区绿化覆盖率达34.6%，人均公共绿地面积达到8.02平方米，全县有省、市级园林单位41家。

乡村建设 从1984年开始，全县对灌区工程进行改造和加固，水土保持、人畜饮水工程进一步完善。1997年，被列入国家农业综合开发项目县。全县有新农村示范村19个，年投入新农村建设资金1.7亿元，较好地解决了农民安全饮水及农村生态建设问题。被评为全省城乡环境卫生“十佳县”。至2014年，全县完成乡村交通投资14.5亿元，实现村村通公路。

招商引资 1995年开始，全县实行“外力工程”战略，大力招商引资，至1996年年底，洽谈引进项目130多个，利用外资3亿多元。2007年，利用外资签订项目3个，1752万美元。2010年，利用外资签订项目4个，2365.33万美元。2014年，到位招商内资和外资107.7亿元和19811万美元。除国家重点工程石门火电厂、石长铁路、皂市水库枢纽工程相继落户石门外，海螺水泥、盛节节高食品、盛林机电、铭添制衣、大康牧业、赛奥硅产业园等20多个招商引资项目先后在石门安家落户。

社会保障 强农惠农政策全面落实。新型农村医疗保险、城镇居民养老保险、新型农村养老保险全面启动,社会保险实现无缝覆盖。1995年,农民人均纯收入1528元。2010年,农民人均纯收入增加到4825元,城镇居民人均可支配收入15295元。2011-2014年,农民直接受益惠农政策资金达11亿元,修建农村贫困户住房3219套。

2014年,城乡居民年人均可支配收入1.1498万元,其中城镇居民1.8245万元,农村居民8066元。全县城乡居民人均家庭消费支出1.0554万元,其中城镇居民1.4466万元,农村居民7295元。全县拥有从业人员38.04万人,增加城镇就业6420人,农村外出劳动力16.27万人,增加农村转移就业10540人。至2014年,全县农村贫困人口(按2300元测算)6.79万人,贫困村122个,城镇和农村"低保"对象月人均救助标准分别达到275元和121.2元。城镇、农村最低保障人数分别为7013人和36029人,发放城、乡保障经费分别为2322万元和5327万元。农村"五保户"分散供养标准达到3000元/年。参加新型农村社会养老保险26.2107万人。

四

石门是湖南省旅游资源大县,名胜古迹众多,风景迷人。位于县城东12千米处的夹山寺,规模宏伟,有"骑马关山门"之说,系唐代古刹。夹山寺自唐至明700多年间为澧水流域佛教文化中心。宋朝圆悟禅师所著《碧岩录》,是佛家宝典,誉为"宗门第一书",流传全国及朝鲜、日本。寺旁"奉天玉和尚"墓,相传是明末清初农民起义领袖李自成兵败禅隐圆寂后的墓葬,引起史学界的高度重视,被公布为全国重点文物保护单位。2013年建李自成博物馆,被《中国名胜辞典》收录。地处仙阳河畔的古城堤,为西晋太康年间溇阳县治,城垣残迹,至今可辨。明洪武三年(1370),武德将军覃天顺戍守的添平千户所遗址,仍完好地留存在所街乡留驾坪。鬼斧神工的"龙王洞",蜿蜒数十千米,洞内钟乳石争奇斗妍,异彩纷呈。在县西北的壶瓶山,主峰高达2098.7米,被称为"湖南屋脊"。壶瓶山被列为国家级自然保护区。县境南部的梭金山下,曾立有北宋书法家黄庭坚所书"蒙泉"二字碑,昔摹拓者甚多。位于溇水中下游的十家坪商代遗址,出土土陶俑、鼎足、矮足豆、炼铁炉灶及骨刀、骨锥等文物，2013年被公布为全国重点文物保护单位。阳泉乡燕耳洞旧石器时代晚期智人化石的发现，为研究现代人的起源，研究湖南古人类的发展和旧石器时代的历史提供了宝贵资料。至1995年，县委、县政府投资开发旅游景区21处。至2000年，夹山寺、壶瓶山、龙王洞、蒙泉湖、热水溪等成为知名旅游景区。2006年壶瓶山“壶瓶飞瀑”被评为新“潇湘八景”。至2014年建设开发了仙阳湖（皂市水库）、樱花溪仙人洞、子良大河洲温泉、东山峰鹿野仙踪、罗坪长梯隘、天目洞等11处。全县有红色旅游景点28处。2014年，全县接待游客435万人次，实现旅游收入43.2亿元。

五

全县交通邮电事业快速发展，成为湘西北交通枢纽。

铁路 1970年9月开始修建枝（枝城）柳（柳州）铁路，横贯县境25.7千米，1976年5月通车。1994年动工建设石（石门）长（长沙）铁路，1998年通车。枝柳石长铁路在石门县城形成T形交会。年货运量分别为1500万吨、1900万吨、5000万吨，襄（襄樊）石（石门）铁路复线货运量可达3200万吨。铁路客运可直达北京、上海、广州、南宁、昆明等城市。

公路 石门距207国道澧县段25千米，距常（德）张（张家界）高速公路桃源架桥收费站50千米、慈利东收费站40千米。1992–1995年，全县筹资1.5亿元，修建石门县城至桃源县陬市柏油路和石门至慈利县、桑植县、鹤峰县、五峰县的周边公路。兴修乡村公路267条1596千米。至2000年，全县公路总里程达3574.8千米。至2010年，全县共有省道600多千米，省道S303、S304贯穿县境。有村道3000多千米，80%以上的乡镇实现了通水泥路。至2014年，全县公路总里程3914千米。全县汽车保有量2.54万辆，其中私人1.83万辆。全年货物运输周转量13.79亿吨·千米。旅客运输周转量10.28亿人·千米。

水运 在石门境内建有阎家坝水运码头，最大吨位为100吨级。丰水期可直接从石门上船，枯水期可从澧县阳湖口码头或津市竹木坪码头上船（距石门60千米），经洞庭湖入长江。

邮电　1995年,全县拥有程控电话交换机容量7万门,19个乡镇全部实现了交换程控化、传输数字化。至1999年年末,全县开通数字移动基站18个,无线寻呼发射点11处,发展城乡电话用户5.5万户,移动电话用户6000户,寻呼用户1.4万户。至2014年,全县程控电话交换机总容量达到45.2万门,固定电话用户8.89万户,电话普及率9.2部/百人;移动电话用户40.87万户,移动电话普及率68.1部/百人。互联网宽带用户4.85万户。

六

全县文教卫事业全面发展。为打造澧水流域教育中心,2010-2014年全县投入教育资金1.5亿元,改造校舍18.4万平方米,建成合格学校39所,公办幼儿园11所。公共文化服务体系进一步完善,乡镇综合文化站建设、"农家书屋"建设位居全省前列。公共卫生服务体系不断健全,新农合参合率达98%。石门县人民医院成为全国县级医院百强。科技创新能力不断增强,2011年获国家专利授权46件,被评为"全国科技进步县"。人口计生奖扶政策全面落实,继续保持"全国计划生育优质服务先进县"称号。

文化　1995年,全县在市级以上报刊发表作品997件,长篇小说《绿色野人》《1947上海黄金风暴案》分别获全国第二、三届丁玲文学二等奖。1996年,李自成禅隐夹山成为主流说,写入教科书。是年,全县设立了19个乡镇文化站,750个村文化室,农村有线广播通播率达100%,有线电视入户达1.99万户。2003-2007年,全县拥有艺术表演团体16个,乡村电影放映队15个,卫星地面转收站44.0747万座,有线电视入户9.8万户。2010年,有线电视入户数10.59万户。至2014年,全县艺术表演团体发展到68个,电视完成了"村村通"工程,电视综合人口覆盖率达97.4%。

教育　1995年,全县投入教育资金4066万元,兴修和改造校舍9.7万平方米。1996年,全县有中小学442所,在校学生7.649万人,小学儿童入学率达99%,小学毕业升学率92%,初中人口入学率77%,为大专院校输送新生911人。石门县第一中学高考成绩稳居全市前列,作文改革经验向省内外推广,有7

名学生获奥林匹克赛国家奖。2003-2007年，全县狠抓基础教育与职业教育的同步发展。2007年，全县有中等职业技术学校6所，招生1978人，在校学生5232人；普通高中学校8所，招生4019人，在校学生1.2812万人；普通初中34所，招生7621人，在校学生2.1053万人，初中适龄人口入学率达100%；普通小学130所，小学教学点81个，招生5179人，在校学生3.3154万人，小学适龄儿童入学率和毕业生升学率达100%。全县有幼儿园74所，6341人。2010年，全县教学机构进行调整，普通高中学校由8所减少到5所，在校学生1.0546万人；普通初级中学由34所减少到25所，在校学生1.8782万人，入学率100%，升学率80%；小学由130所增加到195所。小学适龄儿童入学率、升学率达100%。2014年，全县中等职业技术学校减少到4所，在校学生3207人；高中在校学生9438人，初中在校学生1.4594万人，入学率100%，升学率87%。普通小学减少到86所(94个教学点)，在校学生3.1781万人，入学率和升学率达100%。全县有幼儿园102所，在园幼儿1.5470万人。全县有各类民办学校5所，建设义务教育合格学校4所。

卫生 1995年，全县有卫生事业机构38个，医院病床1162张，平均每千人床位1.9张，专业卫生技术人员1368人，农村村级医疗点490个，农村从医人员1649人。2010年开始对全县卫生机构进行调整。2014年，全县卫生机构为34个，其中医院、卫生院30个，病床3259张，卫生技术人员2797人。

楚　江　镇

★全国文明县城

★国家卫生县城

★全国文明示范小城镇

★国家生态乡镇

一、区域概况

地理位置

楚江镇位于县境东部，县城所在地，东与易家渡镇毗邻，西、北与新关镇接壤，南与二都乡隔澧水相望。澧水穿境而过，公路四通八达，枝柳铁路和石长铁路在境内交会。因古属楚国故地，境内有楚江楼而得名。镇人民政府驻澧阳中路38号，距石门县人民政府驻地0.3千米。

建置沿革

清康熙三十五年(1696)，全县设1坊2乡10里，镇域属万年坊。清末全县划8个团区，镇域为首善团。民国2年(1913)，全县设8区，21个自治区，首善团改为首善自治区。民国15年(1926)称挨户团。民国20年(1931)，全县设5区20乡，挨户团改为首善乡。民国24年(1935)，全县设6区2直属镇28乡，首善乡改为直属天门镇。民国27年(1938)，全县废区编乡，天门镇改为中心乡。民国32年(1943)，全县改设20乡1镇，中心乡改为楚江镇。

1949年7月25日县城解放。8月5日，石门县人民政府成立。9月，楚江镇改称城关镇，随即成立城关镇人民政府。1960年4月，城关镇改为城市人民公社。1972年7月，城市人民公社更名城关镇。1995年5月，全县撤区并乡，城关镇更名楚江镇，至2014年未变。

区划面积

1984年10月，新关镇荷花村划归城关镇管辖。12月，新关镇白云村划归城关镇管辖。2002年1月，龙凤园艺场整建制移交楚江镇。9月，县城区实行一体化管理，二都乡的黄泥岗、中渡口、新铺岗、双土庙、宝塔、月亮山、天供山、曹家棚、陈氏祠9个居委会，易家渡镇的阎家坝、新场(新厂)、晒谷(晒谷坡)、永固、永兴寺、刘家坪6个居委会及新关镇双红居委会划归楚江镇管辖。2002年12月，楚江镇辖城东、城南、城西、城北、荷花、观山、渫阳、西溶、红土坡、二天门、黄泥岗、中渡(中渡口)、宝塔、新铺岗、双土庙、月亮山、天供山、曹家棚、陈氏祠、阎家坝、晒谷坡、新场、永固、永兴寺、刘家坪、双红26个居委会和龙凤园艺场。

石门县城——楚江镇　楚江镇政府提供

2002 年 7 月，县政府对居委会进行调整，将城东、城南、城西居委会合并为老西门社区，观山、城北居委会合并为观山社区，澧阳、西溶居委会合并为澧阳社区。其他居委会区划不变，均改称社区居委会。2003 年 9 月，月亮山、天供山、曹家棚、陈氏祠 4 个居委会划归宝峰工业园区管辖。2006 年 9 月，将永兴寺、刘家坪居委会合并为刘家坪社区，新场、晒谷坡、阎家坝居委会合并为新场社区，新铺岗、双土庙居委会合并为双新社区，龙凤园艺场整体改为社区居委会。2014 年，全镇辖刘家坪、永固、新场、红土、二天门、荷花、观山、老西门、澧阳、双红、龙凤、中渡口、宝塔、双新、黄泥岗 15 个社区、270 个居民小区、208 个居民小组。

1949 年，全镇总面积 0.4 平方千米，1989 年为 5.51 平方千米。1995 年，城区区划调整，全镇面积扩展到 28.66 平方千米。2005 年，全镇面积扩大到 58.60 平方千米。2014 年，镇域东起刘家坪，西到三江口铁（路）公（路）大桥，南跨澧水至黄泥岗，北越枝柳铁路至群山林场，总面积扩展到 66.75 平方千米。

人口民族

1995 年，全镇有 31279 户 83966 人，其中男性 43466 人，占 51.77%；农业人口 4604 人，占 5.48%。人口以汉族为主，占 89.59％。12 个少数民族计 4110 人，

其中土家族3939人,蒙古族14人,回族56人,维吾尔族10人,苗族10人,壮族15人,朝鲜族1人,满族8人,侗族3人,瑶族2人,白族19人,畲族3人。

2014年,全镇有35945户83526人,其中男性42292人,占50.63%;农业人口21701人,占25.98%。汉族人口占全镇人口总数的62.33%。19个少数民族共41245人,其中土家族40826人,蒙古族10人,回族103人,维吾尔族12人,苗族129人,壮族40人,朝鲜族2人,满族10人,侗族41人,瑶族14人,白族39人,畲族5人,藏族1人,彝族1人,布依族1人,哈尼族2人,黎族3人,佤族5人,仡佬族1人。

自然环境

镇域地形以低山丘陵为主,西北高,东南低。北部多为山丘地,南部多为平原。澧水流经境内里程20余千米,沿河两岸形成以刘家坪、永固、新场为主的河北小平原和以中渡、宝塔、双新为主的南部小平原。蜈蚣寨为境内最高峰,海拔526.3米。最低点为澧水河边平原,海拔48米。镇域属亚热带季风湿润气候区,四季分明,年平均气温17摄氏度,年平均降雨1343.8毫米。森林植被以灌木为主,松、杉、樟为主要乔木树种。1998年7月和2003年7月,澧水发生特大洪水。其中1998年特大洪水,澧水石门洪峰水位达63.68米,街道最低处县总工会机关大院水深达4.73米,镇境被淹2/3。

2003年7月,澧水河特大洪水　王本平摄

二、经济发展

经济综述

1995年,镇党委、镇政府积极推进经济体制改革和经济增长方式转变,国民

经济和社会事业取得明显成就，全镇完成工农业总产值 24616 万元，其中工业总产值 23763 万元，农业总产值 853 万元。财政收入 388 万元。2000 年，积极推进农业产业化、工业化、城镇化进程，镇域经济快速发展，全镇完成工农业总产值 40996 万元，其中工业总产值 29719 万元，农业总产值 11277 万元。2005 年，以建成小康社会为目标，积极推行“三增三化一拓展”战略，促进经济平稳发展，全镇完成工农业总产值 37441 万元，其中工业总产值 23280 万元，农业总产值 14161 万元。2010 年，贯彻落实科学发展观，积极推进“三项”建设，加快“四化”进程，招商投资 5 亿元，引进项目 12 个，境内规模以上工业企业累计达到 25 家，全镇实现国民生产总值 22.6 亿元。2014 年，贯彻县委关于大力开展产业攻坚、城镇攻坚、民生攻坚、改革攻坚的战略部署，经济呈现稳中趋优态势，全镇实现国民生产总值 74.97 亿元，其中第一产业 2.65 亿元，第二产业 42.45 亿元，第三产业 29.87 亿元。全镇完成固定资产投资 31 亿元，其中工业投资 19.8 亿元。居民人均可支配收入 11603 元。

楚江镇步行街商品流通市场　王本平摄

工业

民国时期，境内工业主要是手工业，如翻砂、铸锅、印染、酿酒、缝纫等。民国 18 年(1929)，手工业作坊发展到 43 家。民国 32 年(1943)日军侵犯县城，手工业停产歇业。

中华人民共和国成立后，县委、县政府提出建立国有工业企业，扶持私营工业意见，进一步关爱扶持企业发展。1953 年，没收地主、反革命分子的同兴、甲盛两个锅厂，成立兴建锅厂。随后办起印刷厂。1962 年，根据中共中央关于“调整、巩固、充实、提高”的方针，境内工业实行“关、停、并、转”，全镇关闭所有手工业企业，从业人员返回农村生产队。

中共十一届三中全会后，实行“改革、开放、搞活”政策，镇内工业呈现活力。镇属企业有出口包装厂、东风汽车修配厂、电器修配厂、磨石厂等14家，委办企业有澧阳化学工业公司、荷花三建公司等70家。1989年，全镇拥有工业企业53家，实现工业总产值8402万元，占全县工业总产值的54.4%。1990年，镇政府加大招商引资力度，大力发展镇域工业经济，引进资金4200多万元，兴建出口包装厂、振兴动力机械厂等一批私营工业企业。

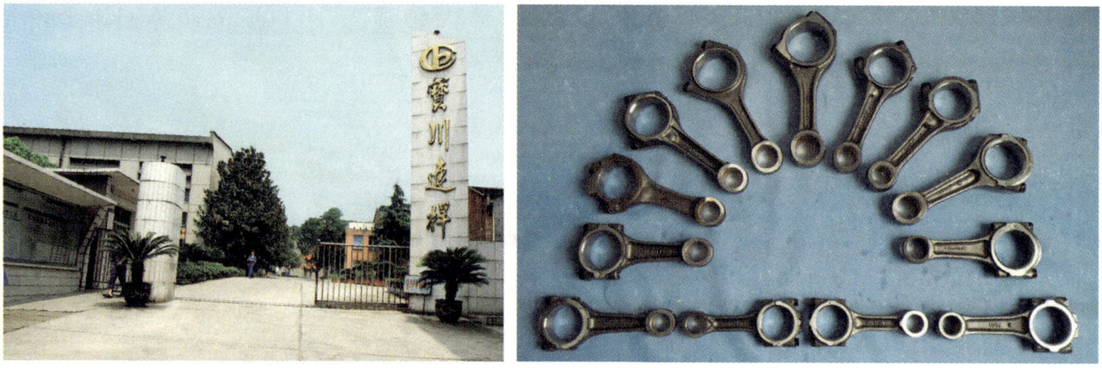

湖南石门宝川连杆制造有限责任公司和其产品连杆　王本平摄

2000年，楚江镇优化招商引资环境，引进犟哥野菜、雄久久、节节高饮料等项目，培育发展大户150个。全年实现企业总产值5.05亿元。

2010-2013年，镇党委、镇政府把握国家投资政策，实行招商引资与产业培育有机结合，不断拓展产业链向上下游延伸。2014年，引进澧水北岸风光带建设、物流园二期工程两个亿元建设项目，引进湘佳农牧6万吨冷链物流、永兴新型墙体材料厂、双红大理石厂、龙凤石材厂4个过1000万元加工项目。全镇拥有规模工业企业22家，规模以下工业企业458家，实现工业总产值7464万元。

农业

1995年，全镇拥有农田面积5366亩，因受自然灾害影响，粮食减产，农业总产值仅497万元。2000年，农林牧渔业稳步增长，农田面积增至2.7930万亩，农业总产值11277万元。2005年，把稻谷、柑橘、棉花作为主导产业，农田面积1.5311万亩，农业总产值达14161万元。2010年，积极推进农林牧渔业全面发

展，农田面积 1.8248 万亩，农业总产值 37781 万元。2014 年，大力发展农业经济，农田面积 18867 亩,完成总产值 17246 万元。拥有柑橘生产大户 7 户，养殖专业户 78 户，农民合作社 9 家，推广柑橘标准化生产技术 7800 亩。

种植业 境内主要种植稻谷、油菜和棉花。1950 年，推行良种良法，引进“万利籼”“茶粘 1 号”“南京 1 号”等一季稻优良品种。1953 年起，开始种植双季稻，先后引进推广“雷大粘”“南特号”“西湖早”等早籼高秆品种，并进行农业技术改革，改稀植为合理密植。1956 年，积极推广蒙泉乡水制农业社“分大厢”插秧法，提高栽插密度。1960 年，执行中共中央“大办农业、大办粮食”和增产节约指示，扩大农田种植面积。1995 年，种植水稻 2300 亩，产量 990 吨；油菜 800 亩，油菜籽产量 100 吨；棉花 500 亩，皮棉产量 46 吨。2000 年，种植品种扩大到小麦、红薯和玉米，产量提高。种植水稻 4970 亩，产量 2360 吨；油菜 4100 亩，油菜籽产量 430 吨；棉花 2080 亩，皮棉产量 229 吨；小麦 1400 亩，产量 112 吨；红薯 1781 亩，产量 356 吨；玉米 4186 亩，产量 1667 吨。2005 年，调整产业结构，积极发展优质稻、优质棉，取消早稻和晚稻，粮、棉、油面积减少 20%以上。2010 年，在稳步提高农业单位面积产量的基础上，狠抓蔬菜、马铃薯的发展，全镇拥有蔬菜面积 4120 亩，产量 5948 吨；马铃薯 592 亩，产量 57 吨。2014 年，全镇种植业面积 8130 亩，产量 2049 吨。

1995 年，全镇拥有柑橘总面积 2075 亩，产量 705 吨。2000 年，主抓柑橘面积产量和退耕还林，柑橘面积扩展到 7574 亩，产量 6877 吨。2005 年，柑橘成为全镇经济的主导产业，柑橘面积达 9210 亩，产量 1.1195 万吨。2014 年，全镇柑橘面积达到 1.8190 万亩，产量 1.4640 万吨。

养殖业 1995 年，全镇出栏生猪 3120 头，存栏 2202 头；出笼家禽 1.86 万羽，存笼 7450 羽。2000 年，在巩固生猪和家禽的基础上大力发展山羊、肉牛和水产品。2005 年，全镇出栏山羊 3560 只，存栏 3548 只；出栏肉牛 1795 头，存栏 3977 头；水产品养殖面积 2420 亩，总产量 1270 吨。2010 年，全镇养殖业产值占农业总产值的比重达到 49.4%。2014 年，全镇出栏生猪、山羊、肉牛、家禽分别达 28127 头、1337 头、1080 头、364.08 万羽。水产品养殖面积增加到 177.6 公顷，产

量达1115吨。

商贸服务

1949年，境内有手工业作坊、店铺40余家。1989年，全镇有集体店铺143家，个体商业户538户，社会商品零售额12704万元。1995-2000年，镇域全民和集体商贸企业改制重组，私营商业快速发展。其间先后建起东方桥农贸市场、建材综合批发城。2014年，全镇个体私营商业户达9406家，门面8058个，从业人员16757人。东方桥、楚江、站西路等6家大型农贸市场，有摊位2143个，门面2500个。有新合作、综合批发城、农资市场3家综合市场，有好润佳、惠利佳、平安等60家购物超市。社会商品销售总额26亿元。有石门国际大酒店、尧业国际大酒店等宾馆、酒楼75家，客房5574间，饭店及农家乐餐馆412家，住宿餐饮业收入7.7亿元。接待游客5.1478万人次，实现旅游收入9.4亿元。

财政金融

1995年，全镇实现财政收入520万元，财源主要是农业税和镇办企业收入。2014年，依托城镇建设、工业发展、商贸税收等，全镇实现财政收入6466万元；镇内有工商银行、农业银行、建设银行、中国银行、农业发展银行、农商银行、邮政储蓄银行等金融机构8家，储蓄网点85个，年末存款余额146亿元，各项贷款余额58.7亿元；有中国人寿保险、财产保险、平安保险等保险机构5家，投保金额1.5亿元，理赔6200万元，理赔率为42%。

三、基础设施

交通运输

公路运输　民国23年(1934)，慈(利)张(公庙)公路建成，镇域始有公路。1996年修建红蔡公路3.5千米。2013年修建省道S308绕城线，经过镇域3.4千米。2014年，全镇公路总里程达180余千米，公路通达各个居民社区及居民小组。境内有公路大桥2座，澧水石门一桥1994年10月建成通车，澧水石门二桥2012年9月建成通车。此外还有澧水三江口枝柳铁路(公路)大桥和澧水三江口水电站大坝桥。有东站、西站、南站3个汽车站。汽车东站为客运中心站，紧邻石门火车北站,2014 年 6 月建成投入使用,日发送客车 230 余班次。

铁路运输 1976 年 7 月枝柳铁路建成通车,经过镇域 18.9 千米,在境内设石门县站。1998 年石长铁路建成,在境内与枝柳铁路接轨。2014 年,新增石长铁路复线。2013 年 7 月,在东城区建成石门火车北站,日开行旅客列车 16 对。老火车站改为货运站,年吞吐货物量 400 万吨。

1998 年 10 月,石长铁路全线通车运营　吴扬钦摄

水路运输 民国时期和中华人民共和国成立初期,境内有城隍庙、官码头、曹家码头 3 个简易水运码头。1958 年在新街口建专用码头。后为适应磷肥、矽砂等矿产品运输,陆续建专用码头 8 处,靠泊能力均为 60 吨,货物吞吐量 22 万吨。1989 年,澧水三江口电站竣工关闸,码头失去作用。1991 年,县交通局投资 312 万元在阎家坝兴建 100 吨级航运港口,面积 1500 平方米,泊位 2 个,1996 年 6 月建成投入使用。

城区交通 城区交通始于 20 世纪 80 年代末,由人力三轮车(俗称“慢慢游”)在城区载客。20 世纪 90 年代初,机动三轮车取代人力三轮车。1995 年开始,政华、三和等出租车公司相继成立。至 2014 年,境内有出租车公司 6 家,出租车 400 辆,年载客 300 万人次。

1999 年,城区中巴公交车开始在澧阳路等主要街道营运。至 2014 年,拥有城市公交车线路 14 条,设立公交车停靠站(点)110 处,公交车辆 92 台,年运送乘客量 1172 万人次。

2003 年 5 月,城区交通信号灯系统建成投入使用,共安装交通信号灯 9 处,主要街道路口全部实行交通智能化管理。

邮电通信

邮电 清光绪三十年(1904)始设信柜,清光绪三十二年(1906)改设邮政支

1991年建成石门县无人值守程控电话机　王本平摄

局。民国3年(1914)设电报代办所，民国15年(1926)改设电报局，民国32年(1943)改设为五等电信局。民国36年(1947)邮政支局改设为三等一级邮局。1950年4月，县人民政府接管邮政、电信机构，1951年5月25日成立县邮电局。1969年12月1日，邮电分设，成立县邮政局、县电信局。1973年10月31日，邮电合并，恢复县邮电局体制。1998年6月，无线寻呼从邮电局剥离，成立湖南省电信寻呼有限责任公司常德分公司石门营业部。9月，县邮电局析为县邮政局和县电信局。1999年7月，移动通信从县电信局析出，成立湖南移动通信公司常德分公司石门营业处。邮政业务主要是邮政储蓄、汇兑、函件、报刊发行、邮购、广告、保险等，2014年，完成储蓄额18.79亿元。

通信　电信业务主要是电话和电报。1991年8月开通自动电话。1995年境内有固定电话用户8200户，2014年达到1.5万户。1995年全镇有移动通信用户300余户。2014年，境内有中国移动、中国联通、中国电信3家公司从事移动通信业务，全镇移动通信用户8万余户，互联网用户2.8万户。

供电供水

供电　民国末年，境内建有火力发电厂。1969年6月，县火电厂动工修建，1972年3月投产发电，安装3台3000千瓦机组。1976年，三江口水电站动工兴建，安装5台机组，总容量6.25万千瓦，1989年开始发电；2011年在三江口左岸修建发电厂，安装2台机组，总容量5万千瓦。1996年建成湖南石门火电厂，为国家重点工程项目，装机容量60万千瓦。2006年二期工程竣工投产，装机容量为60万千瓦。

供水　20世纪70年代，境内有石门磷肥厂、石门火车站等9家单位在澧水河建水泵机房抽水自用，其余单位、居民靠自行掘井用水。1987年修建杨岭岗水厂，县城开始供应自来水。2014年年末，境内自来水供水总管长220千米，日供水量5.5万立方米，城区居民自来水普及率达100%。2013年起，镇境实施农村安全饮水工程。至2014年，全镇共投资296万元，完成农村安全饮水项目5处，供应7320户25301人的安全饮水。

湖南石门火电厂 楚江镇政府提供

城镇建设

民国24年（1935）7月澧水特大洪水肆虐和民国32年（1943）5月日军飞机轰炸焚烧，境内城镇街道几乎被夷为瓦砾平地，破烂不堪，后逐渐修建住房、商店。至1949年，街区范围东起东方桥，西迄梧桐巷（今零阳路南段），长约1370米，南起澧水河岸，北抵长溪，宽约200~300米，面积0.4平方千米。20世纪60年代，机关住房增多，地方工业发展，街道越过长溪，渐向北面山麓拓展。1978年，城镇建成区达1.86平方千米。1989年扩大至5.51平方千米。至2014年镇辖面积66.75平方千米，建成澧阳路、楚江路、澧滨路、宝峰路、梯云路、永兴大道、

楚江镇澧阳路升级改造 王本平摄

石门大道、黄金路等 12 条主要城区道路。2014 年，投资 3 亿元对 3.4 千米澧阳大道进行升级改造，全线实行管、线入地、雨(水)污(水)分流、铺设炒砂路面、建港湾式公交站、更换路灯、重新绿化。至 2014 年年末，全镇共开发商住小区 86 处。城区绿化面积 150 万平方米，绿化覆盖率 70 %。建成省级园林单位 45 个，市级园林单位 10 个。

四、社会事业

教育

幼儿教育 民国 20 年(1931)，境内始设幼稚园 1 所。1950 年设幼儿班 1 个，后陆续设有数个幼儿园。“文化大革命”时期，保留党政群幼儿园，撤销了其他幼儿园。中共十一届三中全会后，境内设党群、商业、公交 3 所幼儿园。1995 年开始，民办幼儿教育得到发展。至 2014 年，全镇有公办、民办幼儿园 17 所，入园幼儿 3900 人，幼儿教师 944 人。

小学教育 清光绪二十九年(1903)，石门县知事陈福萌在石门县城上河街兴建校舍，创办石门县小学堂，为县立第一所小学，光绪三十一年(1905)改为石门县高等小学堂。清宣统元年(1909)由知县创办石门县简易小学堂，1949 年 7 月更名为楚江镇小学，1950 年改为楚江镇第一完全小学。1969 年，境内各生产大队均建有小学。2002 年后小学布局进行调整，各村小学逐步撤销。2014 年，全镇有一、二、三、四完小及龙凤小学、永兴学校、石磷小学、县属实验完小 8 所小

石门县第一中学　楚江镇政府提供

学，在校学生 8800 人，教师 527 人。

中学教育 民国元年(1912)，石门县高等小学堂改为石门县立中学校，学制四年。1960 年，学校改名为湖南省石门县第二中学，成为一所全日制普通完全中学。1996 年 12 月，省教委批复将石门县第二中学更名为湘北职业中专学校。2011 年两校分设，石门县第二中学迁至二都乡陈氏祠社区居委会。民国 30 年(1941)10 月，县人肖忠贞、郑洞国等创办湖南私立九澧中学，为澧水流域最早的完全中学，校址设县城下河街。1953 年 10 月，湖南私立九澧中学被常德专署接管，更名为湖南省石门县第一中学(简称石门一中)。1995 年 6 月，楚江镇政府在荷花社区建楚江镇中学，2001 年改为石门一中分校，2007 年改为石门县第三中学。2007 年石门一中整体迁入东城区，原校址设民办石门县澧斓实验完全中学。2013 年，石门县澧斓实验完全中学迁至二都乡宝塔社区居委会，原校址设石门县第三中学，原石门县第三中学校址设楚江镇第四完全小学。石门一中为全省重点中学，本科升学率保持在全省领先水平。镇境内还有石门县新科电子职业学校、石门县秀峰学校 2 所民办培训学校，年培训 2000 余人次。至 2014 年，全镇有公、民办中学 4 所，在校学生 1.003 万人，教师 706 人。

科技

中华人民共和国成立后，境内设有农机、畜牧、林业技术推广机构。1995 年起，镇农技部门每年编印、发放各类技术指导资料 8000 余份，开展柑橘、蔬菜等技术培训 10 余场次，培训人员 1200 余人次。龙凤园艺场为柑橘生产示范园，刘家坪蔬菜基地为蔬菜种植示范基地。2014 年，全镇有各类科技示范户 130 户。

文化

1980 年 3 月，境内设立石门县图书馆，办公地址石门县城关镇第二完小。1983 年 10 月迁址方顶山。2006 年 9 月搬迁至石门县第一中学院内。截至 2014 年，县图书馆藏书达 18 万册。

石门县文化馆前身为石门县民众教育馆，1950 年更名为石门县文化馆。1952 年改名石门县人民文化馆。1954 年复名石门县文化馆。馆设美术书法、摄影、舞蹈、戏曲等文化活动门类。

石门县博物馆位于石门县文庙内，1982 年，石门县政府将文庙移交县文化部门管理，作为博物馆舍之用，馆内藏有历史、革命、民族等文物 2000 余件。1985 年正式开放后，共接待中外观众 100 余万人次。

1995 年，楚江镇设立综合文化站，编制 2 人，负责全镇文化、广播电视、体育等管理工作。境内有县级专业剧团 1 家，社区民间表演团体 7 家，演员 180 余人，年均演出 200 多场次。2013 年，老西门快乐阿姨艺术团在常德市群众文艺演出百团大赛中获金奖。2008–2014 年，楚江镇政府先后投资 500 多万元，建设观山、龙凤、澧阳、荷花、永固 5 个社区文化广场，面积 3000 平方米。2014 年，境内石门县老年大学有学员 120 人，开设有书画、诗词、太极拳等专业培训班。中渡、荷花 2 个社区建有书画、诗词协会，会员 50 多人，其作品多次在城区展览，被石门县文明委授予"书画诗词社区"称号。镇设有广播室 1 处，与 8 个社区建立广播网，共安装喇叭 140 只。有民营电影放映城 1 座，年放映 3000 余场次。

体育

1985 年，楚江镇第一完全小学被评为实施国家体育锻炼标准先进单位，2002 年被定为常德市乒乓球训练基地。1992 年，境内建县级体育馆 1 处，设举重、射击、田径等训练场所。1998 年，楚江籍举重运动员李丽莹代表湖南省参加全国"明星杯"青少年女子举重锦标赛，获 63 公斤级抓举金牌，总成绩铜牌。2013 年，镇机关篮球队在全县职工运动会上获篮球友谊赛冠军。2014 年，投资 9000 万元对县体育馆进行整体扩建，更名为石门县全民健身活动中心。各社区建有健身场所 52 处。

群众文化体育活动——太极拳表演　王本平摄

医疗卫生

1931 年，国民党军队在城关镇等地设立军医所。民国 28 年(1939)，创办石门县卫生院，院址在老新华书店右侧民房内，有医务人员 10 人。1949 年 7 月 25 日，石门县城解放，县人民政府民政科接管县卫生院，组建石门县人民政府卫生院。1951 年和 1953 年，县人民政府卫生院两易院址，后定址于城关镇丁家巷杨建武旧居，有医务人员 33 人，病床 34 张。1955 年 11 月，县人民政府卫生院更名为石门县人民医院，有职工 36 人。1961 年 4 月，石门县人民医院迁至澧阳路 45 号，开设病床 120 张，增设儿科和传染科，职工 115 人。1968 年与县防疫站、县中医院、县妇幼保健站合并更名为石门县人民防治院，1972 年 5 月 29 日恢复石门县人民医院名称。1995 年 9 月，以湖南省县级医院最高分(948 分)通过二级甲等医院评审。1999 年 1 月被卫生部认定为国际紧急救援中心网络医院，2 月通过卫生部组织的"全国百佳医院"评审。2014 年，医院总面积 13.9 万平方米，固定资产 5 亿元，医务人员 1100 人，年门诊就诊病人 45 万人次。

石门县人民医院住院大楼　王本平摄

1952 年创办石门县妇幼保健所。1960 年更名县妇幼保健站。1988 年 9 月对外开展医疗业务。2014 年，县妇幼保健院建筑总面积 8500 平方米，医务人员 130 人。

1954 年 5 月创办石门县中医院。2014 年，县中医医院建筑总面积 2.67 万平方米，固定资产 5000 万元，医务人员 330 人，属二级甲等医院。

1956 年成立石门县血防院。2004 年，经省血防办核定为防治一体化县级专业防治机构，负责全县血吸虫防疫和血吸虫病人救治工作。2012 年，经常德市卫生局同意，试点筹建石门县楚江镇社区卫生服务中心，承担部分公共卫生服务职能。

1988年建城关镇卫生院，面积840平方米。1995年有医务人员25人，病床10张。2000年改为石门县人民医院楚江分院。

2014年，全镇有社区卫生室15家，个体诊所38家，从医人员104人，年诊治患者5万余人次。镇内有民营药店62家。镇计划生育技术服务所有专业技术人员5人，设有B超室、康复室、化验室、手术室等，开展生殖健康、妇幼保健、生育保险等业务。

城镇管理

环境保护 1980–1988年，关闭污染严重的城关镇造纸厂、石门县矿石粉厂，搬迁石门县化工一厂。1996年开始建立县城饮用水源保护区和烟尘控制区，禁止城区燃放“响雷”。1997年，禁止在城区生产、销售、燃放烟花爆竹。1998年在澧阳路等主要干道对机动车辆实行禁鸣高音喇叭。2000年起，镇内所有企业严格执行废气、废水排放标准，全面实行达标排放。

澧水石门大桥（一桥）夜景 楚江镇政府提供

城区污水处理工程　王本平摄

环境卫生　1971年成立石门县环卫处，1988年划归石门县建设局管理，2003年划归楚江镇政府管理，2008年划归县城管执法局管理。城区环境卫生实行县环卫处和镇共同保洁体制，县环卫处负责澧阳路、楚江路的卫生保洁，其余大街小巷由楚江镇政府组织保洁员保洁。2012年，境内全面开展城乡环境卫生整治，投入资金800万元，修建垃圾中转站(屋)28座，垃圾焚烧地264处，再生资源回收站18处。2014年，全镇共有公厕10处，建沼气池653个，改厨、改厕、改水2万余处。镇管理保洁员177人，保洁街道70余条，保洁里程50余千米，日清运处理垃圾130吨。永固、新厂、二天门、黄泥岗、中渡、双新、龙凤、红土社区取得“省级卫生村”称号，刘家坪、双红社区取得“市级卫生村”称号，荷花、老西门、澧阳、观山、宝塔社区取得“县级卫生村”称号。

楚江镇“全国文明村镇”奖牌　楚江镇政府提供

文明创建　2007年起，全镇广泛开展文明单位、文明社区创建活动。印发资料10万余份，建立“道德讲堂”16处，组建志愿者队伍20支4000余人。至2014年，镇政府、县财政局、县国税局取得“国家文明单位”称号，中渡、老西门、澧阳、宝塔、新厂、荷花、黄泥岗社区获“省级文明单位”称号，刘家坪、永固、龙凤、双红社区获“市级文明单位”称号。

平安创建　从2012年开始，全镇实施网格化管理，镇辖8个社区划分为99个网格，以网格建立管理机构，对小区实施社会事务管理。2014年，有64个小

区达到“平安小区”建设标准。镇内有致远、洞天、宏杰等12家物业管理公司，负责56个小区的物业管理。

生态保护 1998年起，全面实行封山育林，严格落实森林防火措施，建起群山林场、白云山林场两个护林哨所。2010年全面禁止水面投肥养鱼。2013年关闭永兴砖厂黏土砖生产线，投资1000万元修建环保页岩砖厂。至2014年，有楚江镇和龙凤社区取得国家生态镇（村）称号，黄泥岗、中渡、刘家坪、二天门、永固社区取得省级生态村称号，澧阳、新厂、荷花、观山、双红等社区取得市级生态村称号。

社会保障

1990年，县政府在红土社区建设石门县光荣院，占地面积5000平方米，床位50张。2012年，观山社区投资金80万元建养老服务中心，占地面积1100平方米，床位40张。2014年，二天门社区邓久军承建二天门福利院，占地面积8000平方米，床位150张。是年，全镇供养“五保”老人59人，其中集中供养25人。

2000年，启动城乡贫困户最低生活保障制度。2005年，推行新型农村合作医疗制度。2006年，实施城镇居民医疗保险制度和爱心屋工程。

2014年，全镇参加新农合1.725万人，参合率95.1%，参合金额202万元。参加城镇居民医疗保险2.2566万人，参保率100%，参保金额902万元。实施大病救助，共为92人发放大病救助资金43.25万元。1544户2713人享受城镇最低生活保障，全年共领取保障金636万元。635户1000人享受农村最低生活保障，全年领取保障金140万元。参加社会养老保险1.27万人，参保资金1929万元；已享受养老金1.424万人。修建爱心屋85处，有138名贫困人员、“五保户”入住。建廉租房6处4820套，建筑面积28.92万平方米，入住3890户1.2万人。

五、特色地情

历史人物

王展程（1903–1927） 字公赤，男，清光绪二十九年（1903）冬出生于楚江镇城隍庙巷一个普通市民家庭。民国15年（1926）1月考入黄埔军校第四期。民国

16 年(1927)8 月 1 日参加南昌起义。民国 17 年(1928)年 4 月到达井冈山后任红四军第 28 团参谋长。民国 18 年(1929)年 2 月,牺牲于江西省遂川县戴家埔村官山岭。

文化遗址

宝塔商代遗址 位于二都乡宝塔村 10 组。1984 年 2 月,湖南省文物考古研究所和石门县博物馆联合发掘。1989 年,被石门县人民政府公布为第二批文物保护单位。

石门文庙 明洪武四年(1371)县丞刘澄鼎重建文庙。原址在县城东科甲牌坊之右(今县供销社),继迁方顶山南。清乾隆四十五年(1780)再迁楚江镇(今文庙路)。光绪十七年(1891)进士覃远进、举人黄照临、郑纪略等捐款增修状元桥、东西便门及钟楼、鼓楼。1984 年 5 月,县政府将文庙公布为石门县第一批文物保护单位。2002 年 5 月,被湖南省政府公布为省级文物保护单位。

石门文庙　王本平摄

梯云塔 位于楚江镇宝塔社区。清道光三十年(1850)邑人王大猷督建,属七级重檐楼阁式盔顶花岗石塔。

秀峰书院 位于湖南省湘北职业中专学校内。前身为天门书院,始建于清乾隆年间。民国 10 年(1921)改为忠烈祠。

纪念地、纪念设施

抗战阵亡将士纪念碑 位于楚江镇第一完全小学内。民国 33 年(1944)9

月，石门县各界为纪念在民国 32 年(1943)11 月与日本侵略军激战县城而牺牲的国民革命军第 73 军暂五师师长彭士量等将士而修建。

王尔琢烈士纪念园 位于湖南省湘北职业中等专科学校前。1985 年 5 月，为纪念中国工农红军第四军参谋长王尔琢烈士而建。

"石中惨案"烈士纪念亭 位于楚江镇澧滨路与东门路交会处。2014 年 8 月，为纪念在民国 17 年(1928)3 月"石中惨案"中被杀害的苏清镐、熊彦明等 17 位共产党员和革命志士而建。

名优特产

石门肥肠 "石门肥肠"是石门土家族人世代相传，受人喜爱的一道传统名菜.它是杀猪时把猪大肠翻过来，再用食用碱或食用油反复搓揉，最后用热水漂洗，清洗干净后用滚刀法切成斜面小段爆炒，炒时先将茶油烧滚，再放入大肠，炒至金黄色后，放大蒜瓣、生姜块、花椒、豆瓣酱、青椒、料酒等佐料，干焗慢火燉，香飘四溢，令人赞不绝口。是到石门旅游者必点的一道地方菜。"石门肥肠"有鲜肠、冻肠、干肠、腊肠之分，做法大致相同，但味道各具特色。

石门肥肠　张吉全摄

重大事件

1981 年 7 月，城西王承英母子 3 人，办王记米店。该店为中共十一届三中全会后县城第一个个体经商户。

1986 年 3 月，被国家计生委评为全国计生工作先进单位。

1986 年 6 月，石门县城关镇农村母亲学校被全国妇联、国家教委评为优秀家长学校。

2004 年 11 月，荣获全国卫生县城称号。

2008 年底，被中央文明委评为全国首批文明县城。

2014 年 6 月，被环保部评为国家级生态镇。

2015 年 2 月，被中央精神文明建设指导委员会评为全国文明村镇。

易 家 渡 镇

★全国文明村镇

★国家级生态乡镇

一、区域概况

地理位置

易家渡镇位于县境东部，北纬 29°34′，东经 111°25′。东与临澧县新安镇接壤，西抵楚江镇，南与二都乡隔澧水相望，北连新铺乡。境内澧水右渡口有易姓环居。时有船，由易姓人捐置，故名易家渡。镇人民政府驻易家渡居委会，距石门县人民政府驻地 13 千米。

建置沿革

清代，全县设南、中、北 3 乡 24 都，镇域属中乡二都。民国初期，全县设 8 区、21 个自治区，镇域属易市自治区。民国 18 年(1929)改为易市乡。中华人民共和国成立后，1952 年 2 月，全县设 14 个行政区、281 个乡，镇域置双溪、共和、友助、军垱、荷花、铁弓、临河、高坪、合坪、新厂 10 个乡。1956 年 6 月并为易市乡。1958 年 9 月，实行人民公社体制，镇域属双红人民公社。1961 年析置易市人民公社。1982 年，易市人民公社更名为易家渡人民公社。1984 年 4 月，撤销人民公社体制，改为易家渡乡；同年 7 月，改为易家渡镇。1994 年 5 月，设立石门县东城新

易家渡镇　林攸忠摄

区,6月15日改为东城区。1995年2月21日,东城区与易家渡镇合并,以东城区作为辖区名称。2002年10月,撤销东城区,复名易家渡镇。至2014年未变。

区划面积

1961年,易市人民公社辖阎家坝、新厂、晒谷、永固、明阳、合毕、临河、咸池、井湾、易市、红旗、八一、铁弓、荷花、双河、丁山、军垱、共和、友助、书房、枧桥、青山、双溪、一心、双桥、笔架、太子、塘市28个大队。1971年5月,县革命委员会发文,由阎家坝、新厂、晒谷3个大队组建成立石门县新厂良种繁育场,直属县农业局管理。1984年,撤销人民公社,大队改为行政村,生产队改为组。2002年9月,因县城扩容,将刘家坪、永兴寺、永固、新厂、晒谷、阎家坝6个村划归楚江镇管辖,易家渡镇下辖2个居委会和20个行政村。2007年,根据县委、县政府合村并组部署,全镇22个村(居),合并为2个居委会和8个行政村,分别是:杨二汉居委会、井湾村、咸池山村合并为杨二汉居委会,易家渡居委会、高家坪村、许家山村合并为易家渡居委会,铁弓堤村、叶家坪村合并为叶家坪村,双河村、丁家山村合并为丁家山村,马鞍铺村、军垱桥村合并为军垱桥村,盘山庙村、长青山村、枧桥村合并为盘山庙村,川店铺村、留驾铺村合并为双溪村,笔架山村、太子坡村、塘上铺村合并为塘上铺村,双桥村、冉家坪村区划未变。至2014年未变。

1995年,全镇拥有土地面积71.9平方千米,耕地面积3.559万亩,其中水田1.0515万亩,旱地2.5075万亩。2014年,因县城扩容,6个行政村划出,全镇国土面积减至49.27平方千米。耕地面积3.1682万亩,其中水田1.4585万亩,旱地1.7097万亩。

人口民族

1990年,全镇有9746户3.6217万人,其中男性1.8225万人,占50.32%。总人口中,汉族2.353万人,占64.97%;土家族1.2681万人,占35.01%;其余为壮族1人,白族4人。2014年,全镇有8465户2.9562万人,其中男性1.4659万人,占49.58%。总人口中,汉族2.0454万人,占78.78%;14个少数民族分别为土家族9064人,蒙古族1人,藏族1人,苗族9人,壮族8人,布依族5人,满族1人,侗族5人,瑶族2人,白族2人,黎族1人,畲族1人,水族6人,仫佬族1

人。

自然环境

镇域大部分为澧水冲积平原，北部为丘陵，中为低矮平缓的汉阳山自西向东亘于镇境，人们习惯称山以南的平原地区为山南，汉阳山以北的丘陵地区为山北。境内最高点位于塘上铺村的笔架山，海拔 180 米；最低点位于叶家坪村的铁弓堤，海拔 50 米。全境平均海拔 60~70 米。澧水流经镇域 10 千米。双溪为境内主溪流，源出于新铺乡爪子峪，经双桥、双溪、军垱东南入澧水。镇域属中亚热带向北亚热带过渡的季风湿润气候区，冬夏长，春秋短，四季分明，光照充足，雨水丰沛。年平均气温 16.7 摄氏度，最热月（7 月）均温 28.5 摄氏度，最冷月（1 月）均温 4.9 摄氏度。平均日照数 1646.9 小时，平均年降水量 1540 毫米，无霜期达 282 天。镇域土壤肥沃，主要有清泥田、河沙泥田、黄泥田和少部分冷浸田，土壤以酸性为主。境内生物资源丰富，森林植被以灌木为主，松、杉、樟为主要乔木树种。矿产主要有石英砂岩、石灰岩、煤、煤矸石、粘土矿、石膏、大理石、硫铁矿等，储量丰富。境内主要自然灾害为洪涝和风灾。1992 年 4 月 28 日，全镇遭遇龙卷风和雹灾，死亡 6 人，伤 700 多人，死亡大小牲畜 2532 头，倒塌房屋 152 栋 628 间，直接经济损失 3658 万元。

二、经济发展

经济综述

1995 年，全镇完成工农业总产值 33943 万元，财政收入 378 万元，农民人均纯收入 1523 元。农业建成棉花、小麦两大繁育基地和油菜、柑橘、马头羊、瘦肉型猪、缓延季蔬菜、特种养殖、葡萄 7 大生产基地。农业产业化进程加快。镇村企业和个体私营经济形成建材、煤炭、鞭炮、农副产品加工、运输等产业体系。2000 年，全镇拥有工业企业 26 家，其中规模工业企业 5 家，实现工业总产值 12335 万元。2014 年，在工业上积极推进新型工业化和招商引资，农业在柑橘、蔬菜等特色农业上提质增效，先后淘汰落后企业 9 家，兴建祥顺、湘一、玉树 3 家环保企业，发展个体私营企业 15 家，增加蔬菜基地 1000 亩，建立无公害柑橘基地

2000亩。全年实现地区生产总值147846万元，其中第一产业13846万元，第二产业68000万元，第三产业66000万元。农民人均纯收入8219元。

农业

种植业 境内种植作物主要有棉花、小麦、油菜、稻谷、柑橘、蔬菜和花生。1995年，全镇小麦播种面积8000亩，产量1980吨；水稻2万亩，产量7000吨；棉花2万亩，产量1870吨；油菜1.83万亩，产量2070吨。实现农业总产值5844万元。2010年，全镇种植水稻6500亩，棉花1.35万亩，油菜1.8万亩，柑橘1.3万亩，蔬菜3000亩，实现农业总产值13392万元。2014年，全年种植粮食及经济作物3.1762万亩，其中稻谷种植面积1.4585万亩，单产502千克，总产7322吨；小麦4500亩，单产250千克，总产1125吨；玉米8577亩，单产450千克，总产3860吨；蔬菜6500亩，单产1200千克，总产7800吨；柑橘1.3万亩，总产3万吨。

2010年4月18日，中共石门县委副书记、县长杨琦明（前右二）到易家渡汉阳山调研。 易家渡镇政府提供

易家渡镇大棚蔬菜基地 易家渡镇政府提供

养殖业 1995年，镇党委、镇政府扩大规模养

殖业，全年饲养生猪3.3428万头，出栏1.6871万头，养牛1590头，养羊7889头，养兔1.1617万只，家禽出笼47.9万羽。2000年全镇调整产业结构，养殖规模缩小。2007年，生猪饲养量下降到2.8537万头，肉牛1265头，山羊增长到1.2310万只，家禽出笼增加到104.15万羽。2008年，镇政府根据全镇生猪下滑的情况，狠抓养殖大户建设。至2010年，全镇发展养殖大户34家，全年出栏生猪3.3万头。2014年，全镇养殖生猪4.2万头，出栏3.4万头。出栏肉牛690头；出栏山羊6219只；出笼家禽140万羽，产禽蛋5174吨。

林业 1995年，全镇拥有林地面积2280亩。2000年开始退耕还林。2013年营造省级生态公益林1228亩，中央级生态公益林5914亩。道路绿化68千米。2014年，全镇有林地5万亩，森林覆盖面积2.9万亩，森林覆盖率达58%。实行封山育林3万亩，省级生态公益林1228亩，中央级生态公益林9624亩，完成义务植树1.1万株，完成公路绿化9.5千米。

工业

1995年，全镇拥有企业1831个，其中县属企业4个、镇属企业13个、村级集体企业90个、个体私营企业1724个，从业人员6847人。镇村企业完成固定资产投资1087万元，实现产值18229万元。主要产品产量：原煤1.8万吨，石灰3.5593万吨，红砖4286万块，水泥预制件9020平方米，砂石32.7万吨，鞭炮3.22万标箱。1996年，镇党委、镇政府按照因地制宜，优势互补的原则，紧紧围绕农业产业化和区位优势，大力发展和巩固龙头企业、外向性三资企业和建村企业，建成了12家企业小区。1996年，全镇完成企业总产值2.81亿元，实现销售收入26204万元，利税110万元。从2003年开始，全镇私营经济和个体经济形成了建材、煤炭、工艺品制作、鞭炮、农业产品加工运输等产体系，至2007年，全镇拥有企业1149个，其中私营企业59个、个体企业1090个，产值达50万元以上的有56家，其中100万元以上的有18家、500万元以上的规模企业有2家，从业人员5644人。全年完成企业总产值3.28亿元，实现税金980万元。2010年，在规模企业上抓效益、上水平，全镇拥有骨干企业26家、规模企业5家。全年实现工业总产值1.23亿元，实现税金670万元。工业固定资产投资8740万元，工业技改投资5200万元。2014年调整产业结构，关停9家黏土砖厂，并对关停后的土地复垦、订单协议等遗留问题进行了妥善处理；组建祥顺、湘一、玉树等3家尾矿利用环保砖厂。祥顺建材公司投资2000万元，年产环保砖可达6000万块；湘一建材公司投资1500万元，年产环保砖5000万块；玉树建材公司投资1200万元，年产环保砖4000万块。

财政金融

1995年，全镇实现财政总收入595万元。2006年实现财政收入1062万元。2008年实现财政收入1062万元。2014年实现财政收入2183万元。

1953年，成立易家渡镇农村信用合作社。2014年年末，存款余额23854万元，贷款余额14977万元。

三、基础设施

交通运输

石门县火车北站　王本平摄

1936年建成张公庙至慈利公路（省道S304线）新安至石门段，经境8千米。贯穿境内的枝柳铁路临澧至石门段于1970年修建，1976年5月通车，1999年建成复线，2009年实现电气化。至2014年，境内有省、县、乡、村道公路150千米，其中硬化120千米。

邮电通信

民国36年（1947）设立易家渡乡电话指挥室，1949年解放时被毁。中华人民共和国成立后，石门县人民委员会根据上级精神，于1962年设立易市人民公社邮电所。1969年11月，根据国务院和中央军委指示，邮电分设，成立易市人民公社邮政所、易市人民公社电话所，电话所归军队管理。1973年6月，国务院、中央军委指示邮电体制合并，撤销军管，复名为易市人民公社邮电所。1984年改为易家渡镇邮电所。1995年，易家渡镇邮电所，升格为支局，更名为东区邮电支局。1998年9月，邮电分营，分别设立易家渡镇邮政支局、易家渡镇电信支局。至2014年，易家渡镇有家庭固定电话2000部，移动电话4000部，互联网用户2000多户。

供电供水

供电 1996年10月，盘山庙22万伏变电站建成，工程征地56亩，拆迁11户。2014年，全镇拥有输电线路67.24千米，配电变压器86台13045千伏安。

2015年12月8日，常德市"园区攻坚、民生升温、城市提质"三大战役流动现场会与会人员在市委书记王群(前右二)，市委副书记、市长周德睿(前右一)率领下，由石门县委书记谭本仲(前右三)陪同参观双红水库安饮工程。 易家渡镇政府提供

供水 2010年，整合国家安全饮水项目资金以及镇级自筹880万元，兴修建筑面积1.5亩的易家渡镇供水站。至2014年，易家渡集镇、叶家坪村、丁家山村、军垱桥村、盘山庙村、冉家坪村等地4000户1.5万人用上了安全饮用水。

镇村建设

东城新区 1994年县委、县政府依托国家重点工程，以石门火车北站建设推动石门城区发展。5月组建东城新区管理委员会。1995年完成4.7平方千米的控制性详细规划。1996年进入全面建设。1997年建成6万平方米的石门火车北站广场，完成东城区骨干道路永兴大道(长3.2千米，宽40米)全面硬化。至2002年，累计投入建设资金4亿元，城市基础设施基本配套完善。22万伏变电站和3.5万伏变电站工程建成并投入使用。供水主管敷设竣工通水，石门县广电中心竣工并交付使用，汽车东站竣工投入运营。有7家县直部门和单位近千人相继落户。

从左至右：县广电中心、县环保局、县林业局　王生湘摄

易家渡集镇　地处石门县城东郊、澧水北岸，是传统的农副产品交易中心。受镇政府几次移址搬迁影响，1995-2011年间，易家渡集镇建设管理基本停滞。2011年年底，随着镇政府新院落建成回迁，集镇开始重建。至2014年，共投入建设资金2230万元，完成集镇两横两纵3.8千米的街道路面扩宽硬化，铺设人行道板及路沿石8000平方米，绿化道路5.7千米，安装路灯81盏、垃圾果皮箱50个，改造下水道1750米，建成压缩式垃圾中转站1座，拆迁房屋6幢、拆除违章棚罩198个，兴建居民休闲文化广场2处，勾画集镇交通标志线，安装街道视频监控系统，改扩建集镇农贸市场，取缔“马路市场”。成立集镇建设管理协会，聘请专业保洁员5名，实行“户集村收镇运”的卫生管理模式。集镇建成区面积0.63平方千米，常住人口3200余人。

永兴大道　王本平摄

四、社会事业

教育

民国13年(1924),开办西竺寺学堂,学生10人。民国15年(1926)改名为易市乡中心国民完小,民国19年(1930)有学生40名。1970年村民筹资在易市居委会10组修建易市小学,有5个年级,学生210人,教师6人。1985年更名为易家渡镇中心小学,2003年改称易家渡镇完全小学。

1986年,全镇有易家渡镇中学、冉家坪中学和双溪坪中学3所初级中学,18个教学班,中学生1060人,教职工61人。另有镇完小1所,片高小3所,村小17所,教职工163人,小学生4923人。

1989年,根据县教育局部署,辞退民办及代课教师17名。1995年9月撤销冉家坪中学并入易家渡镇中学;2003年9月撤销双溪中学并入易家渡镇中学。1999年全镇通过"普九"验收。2009年、2010年易家渡镇完小和易家渡镇中心学校先后通过合格学校验收。

至2014年年底,全镇有中学1所,完小3所,初小1所。中小学教职工169人,中小学生1083人。民办幼儿园6所,在园幼儿540人。

文化体育

2007-2012年,建农家书屋20个。2012年,在塘上铺村笔架片开通广播电视用户100户,2013年开通140户。2014年建镇级广播室1个,村级广播室10个,广播点109个。电视覆盖率达98%。

医疗卫生

民国年间,境内有中医郎中走方行医。中华人民共和国成立后,1953年组建易市联合诊所。1959年改为易市人民公社卫生院,下设冉家坪村卫生所。20世纪60年代初期,年均门诊2万人次,住院100人次。1968年实行农村合作医疗制度,生产大队建立合作医疗站,配备赤脚医生2~3名。1975年,人民公社出资并抽调劳力为卫生院修建10间3层门诊住院综合楼1栋,总建筑面积2200平方米,其中业务用房1100平方米。购置30毫安X光机1台、显微镜1台,可以开展外科清创、阑尾、疝气等小手术和计划生育上环、结扎、刮宫手术等。1988年开始，卫生院下设街道门诊、易新诊所、军垱诊所、双溪诊所、东城诊所、塘上铺诊所、三星花园诊所、新场诊所、购物城诊所、永固诊所、永兴寺诊所、瑜远中学医务室12家诊所和医务室。2000年3月，全县实行医疗与公共卫生服务分离，乡镇成立卫生工作服务与管理站。镇卫生院分离出部分人员组建易家渡镇卫生工作服务与管理站，院、站分开核算。2005年，又将卫生工作管理站与卫生院合并，实行统一管理。2013年，投资70多万元改造门诊楼960平方米。2014年7月，投资170多万元建设公共卫生综合楼和国医馆。至2014年，卫生院拥有固定资产1000多万元，医务人员62人，病床60张，年均就诊人数达2.4万人次，年均住院病人3000人次。

血吸虫病防治 20世纪50年代，镇域有血吸虫疫区154处4715亩，1.9098万人感染。1956年5月成立石门县血吸虫防治领导小组。1956年11月27日，省委委员、省血防领导小组组长华国锋到易家渡考察血防工作。1966年，境内基本消灭钉螺。

社会保障

2014年，全镇供养“五保”对象160人，其中分散供养137人，在敬老院集中供养23人。享受农村低保1079人，领取低保金131.7万元；享受城镇低保103人，领取低保金28.4万元。大病救助27人，发放救助金8.0700万元。参加新型农村合作医疗3.3561万人，参合率95%。参加新型农村社会养老保险1.3506万人，参保率68%。增加就业383人。完成农村危房改造25户。

居民住宅区 易家渡镇政府提供

人民生活

中华人民共和国成立初期，境内种植单季稻和棉花，产量不高。农民住房为普通平房，

大部分为茅屋，少量瓦房。20 世纪 50 年代末开始种植双季稻，粮食产量有所增加。中共十一届三中全会后，农村实行家庭联产承包责任制，粮食产量大增，农民的温饱问题基本解决，并有余粮外卖。20 世纪 80 年代后期，调整农村产业结构，发展柑橘产业和劳务输出，农民收入增加，生活条件改善。至 2014 年，全镇农民人均纯收入 8219 元，90%的农户建起楼房，电视、电冰箱、洗衣机等电器普及农家。全镇有二、三轮摩托车 4237 辆，低速车 77 辆，面包车 64 辆，大货车 53 辆，客车、小汽车 152 辆。

五、特色地情

历史人物

刘植吾(1896–1932)　清光绪十八年(1892)1 月 9 日出生于易家渡刘家坪。民国 16 年(1927)2 月任泥沙区委书记。民国 21 年(1932)7 月被敌人杀害，时年 36 岁。

钱树登(1913–1981)　民国 2 年(1913)出生于易家渡镇，民国 24 年(1935)2 月参加红军。历任排长、连指导员、营长、副团长、团长、副师长、军分区副司令员等职。1955 年被授予二级红星荣誉勋章。1971 年任中共乐山地委委员、常委等职。1981 年 2 月病逝于四川，享年 68 岁。

蔡益武(1915–1985)　民国 4 年(1915)出生于冉家坪村。民国 24 年(1935)8 月参加红军。中华人民共和国成立后，历任常德公安处治安科副科长、劳教科副科长，湖南烈士公园参观所所长，长沙市城建局园林科科长等职。1960 年离职休养，享受副师级待遇。1985 年病逝，享年 70 岁。

纪念地、纪念设施

石门烈士陵园　位于易家渡镇双桥村画墙岭。2011 年被湖南省人民政府列为湖南省第一批重点建设单位，占地面积 140 亩。2012 年 10 月 12 日奠基，2014 年 8 月 1 日开园。石门烈士陵园为省级烈士纪念设施和省级爱国主义教育基地。

重大事件

2012 年，易家渡镇获全市首批十个“长寿之乡”称号。

二　都　乡
(湖南石门经济开发区)

★国家生态乡镇

一、区域概况

地理位置

二都乡位于澧水南岸，紧邻县城，东接临澧县杉板乡，西抵慈利县苗市镇，南邻夹山国家森林公园，北隔澧水与楚江镇、易家渡镇相望。乡人民政府驻中渡社区，距石门县人民政府1.5千米。

建置沿革

清雍正十三年(1735)，全县划为1坊、3乡、24里，乡域属中乡二里。里一度称都，故又名二都。民国2年(1913)，全县设8区、21自治区，二乡域置二都自治区。10年(1921)，改为二都乡。1952年2月，全县设14个行政区、281个乡，乡域置镇龙、青龙、大兴、土山、陈市、曹市、天供、八坪、宝塔、新街、花山、龙潭、任家坊13个乡。1956年6月，合并为二都乡。1958年9月实行人民公社体制，二都乡与易市乡、新关乡、城关镇合并成立双红人民公社。1961年，双红人民公社撤销，乡域设二都人民公社和新街人民公社。1965年1月，二都人民公社与新街人民公社合并为二都人民公社。1984年4月撤销人民公社体制，复名二都乡。

1994年，经省人民政府批准，二都乡析为湖南宝峰经济技术开发区(简称宝峰开发区)和二都乡。

石门经济开发区　二都乡政府提供

2006 年，宝峰开发区所属宝塔、中渡、黄泥、新双、双土 5 个村划归楚江镇管辖，宝峰开发区更名为湖南石门经济开发区（简称石门经开区），管辖二都乡析出的月亮、天供、曹家棚、陈氏祠 4 个行政村。2007 年年底，石门经开区与二都乡合并，实行区乡合一体制，两块牌子，一套人马。至 2014 年无变化。

石门经济开发区夜景　石门经开区提供

区划面积

1994 年，二都乡辖界牌、花山、花龙、花桥、竹园、新街、八坪、九峰、先锋、月亮、天供、陈氏祠、曹家棚、南台、卫星、千台、丰台、土山、大兴、河堰、通桥、青龙、镇龙、高桥 24 个行政村。宝峰开发区辖宝塔、中渡、黄泥、新双、双土 5 个行政村。

2006 年，二都乡辖界牌、花山、花龙、花桥、竹园、新街、八坪、九峰、先锋、南台、卫星、千台、丰台、土山、大兴、河堰、通桥、青龙、镇龙、高桥 20 个行政村。石门经开区辖月亮、天供、曹家棚、陈氏祠 4 个行政村。

2007 年，二都乡与石门经开区合并后，辖界牌、花山、花龙、花桥、竹园、新街、八坪、九峰、先锋、月亮、天供、陈氏祠、曹家棚、南台、卫星、千台、丰台、土山、大兴、河堰、通桥、青龙、镇龙、高桥 24 个行政村。至 2014 年无变化。

1995 年，乡域总面积 186.30 平方千米，耕地面积 2.2696 万亩，其中水田 9817 亩，旱地 1.2879 万亩。2014 年，全乡总面积为 144.6 平方千米，耕地面积 2.1 万亩，其中，水田 1.1321 万亩，旱地 4823 亩；林地面积 6.5670 万亩。

人口民族

1990 年，二都乡有 9443 户 3.4945 万人。其中男性 1.7611 万人，占全乡人口

总数的50.39%。汉族2.9743万人，占85.11%；其他有回族6人，维吾尔族1人，苗族2人，壮族1人，土家族5192人。

2014年，二都乡有7911户2.777万人，其中男性1.3665万人，占49.21%。全乡汉族1.8945万人，占68.2%；其他为土家族8775人，回族5人，苗族28人，壮族5人，布依族2人，侗族6人，瑶族2人，白族2人。

自然环境

二都乡地处中亚热带向北亚热带过渡的季风湿润气候区，气候温和，热量丰富，日照充足，降水丰沛。年平均降水量1350毫米，春夏雨量占全年降水量的75.2%。年平均气温在12~14摄氏度之间，年平均晴天在170~200天左右，无霜期较长，平均在280天左右。1月份最冷，极端低温零下4.8摄氏度，7月份最热，极端高温40.7摄氏度。镇域地势西南高东北低，四面群山环绕，丘陵占领30%，山区占70%，最高点九峰村大五山海拔1136.6米，最低点七里庙村海拔100米。境内主要河流有澧水贯穿全境，长达16千米。境内林木资源有杉、樟、油茶及灌木等，主要集中在十九峰山脉。矿藏储量最大的是矽砂，探明储量达20亿吨。

二、经济发展

经济综述

2002年，全乡实现国内生产总值11623万元，财政收入630万元，农民人均纯收入1828元。2014年，全乡国内生产总值达到19.3亿元。其中第一产业增加值1.7亿元，第二产业增加值16.4亿元，第三产业增加值1.2亿元。实现财政总收入1.027亿元。全乡人均生产总值61812元。农村居民可支配收入10370元。

农业

种植业 境内主要农作物为水稻、红薯、玉米、柑橘、油菜等。2012年，全乡农作物播种面积6.6210万亩，其中无公害认定面积有柑橘1.623万亩，水稻、油菜2.3205万亩，玉米、红薯、蔬菜4515亩。有机、绿色及无公害产品种植面积的比例达66.4%。特色产业发展迅速，种植核桃2000亩、草莓200亩、红提500亩、麒麟瓜400亩、大棚蔬菜600亩。2014年,全乡建设绿色无公害标准橘园1万亩,出口柑橘基地3000亩,改造低产园1500亩,柑橘产量达3万吨,出口5000吨。增加纸质核桃2000亩,红提250亩,草莓80亩,甘蔗30亩,苗木120亩。

养殖业 2001年,全乡出栏生猪2.4万头、马头羊6000只,出笼家禽400多万羽,生产禽蛋1000吨、水产品900吨。是年8月,石门县富民禽业、石门县宝峰禽业有限公司先后成立,推行“公司+农户”的生产经营方式,为养鸡专业户提供包种苗、包技术、包饲料、包销售的“四包”服务。2003年2月22日,两家公司实行强强联合,组建成立湖南双佳农牧科技有限公司,经过10多年摸索发展,形成从饲料和肥料生产、优质种禽繁育、优质家禽饲养到产品加工、销售于一体的产业链。2010年,全乡拥有年产20万吨饲料生产车间、6000万羽的孵化场、1500吨冷藏库及日屠宰4万羽的家禽屠宰线,成为湘西北最大的家禽批发市场。2014年,境内有各类专业养殖户2000多户,全乡共养殖生猪4.6437万头,出栏3.58万头。养殖家禽2500万羽,出笼482万羽。

湖南湘佳牧业股份有限公司 1992年,二都乡月亮村村民邢卫民与喻自文摒弃家庭传统养殖模式,探索专业化、标准化、规模化、商品化养殖方式。邢卫民和喻自文按规模养殖的要求新建了鸡舍。从上海引进了新品种“艾维茵”种鸡,一年后净赚了3万多元,在当地引起了极大的轰动,周边群众纷纷效仿。1995年,蒙泉镇、夹山镇、易家渡镇、二都乡和临澧县周边乡村500多农户加入到规模养殖的行业中来,在较短的时间内摆脱了贫困走上了致富之路。

2008年10月23日,中共湖南省委书记、省人大常委会主任张春贤(前排左二)视察湖南湘佳牧业股份有限公司。 王本平提供

为了更好地服务和组织农民扩大规模养殖,他们创办了石门县亚飞农牧科技有限公司和宝峰禽业有限公司,主要是为农民代

购鸡苗、饲料和药品，按市场价格联销成鸡。在运行中，公司认为这种极散的联销不利于产业的发展，于是积极思考探索生产管理模式，采取“公司养鸡放贷”，农民还鸡抵贷的运作模式。公司将孵化的鸡苗、饲料、药品以赊销的方式提供给农民，并无偿提供技术服务，待鸡出栏时按合同价收购，公司与农户的利益均沾、风险共担的联合体。从而，充分调动了农户养殖积极性，公司养殖规模迅速攀升。至2000年，经过不断完善和发展，形成了“公司+农户”运行模式，公司承担市场风险，主攻种禽繁育、孵化鸡苗、生产饲料、技术服务、市场营销，完全退出养殖环节，农户承担养殖风险，负责栏舍建设和饲养管理。在此基础上，两家公司合并成立了以双佳农牧公司为依托的互助组织——湖南省石门县双佳禽业合作社。合作社坚持“民办、民营、民受益”的原则，实行民主管理、自主经营、收益共享、风险共担、入退自由。合作社以“五统一”(统一供应鸡苗、统一供应饲料、统一供应药品、统一技术服务(防疫)、统一销售)、“一分散”(分基地或家庭按照生产标准进行管理)的方式运作，取得了较大的经济效益和社会效益。在常德市范围内发展养殖户1650户，签订订单种植农业协作户1500余户。2003-2014年公司发展很快，注册资本从800万元增加到了7650万元，固定资产从1200万元增加到6.14亿元。2004年11月，在中国湖南省第六届(国际)农博会上获得金奖，被湖南省人民政府认定为“湖南省农业产业化龙头企业”。2010年，“湘佳鸡”养殖标准化示范区顺利通过国家标准化管理委员会验收，成为第六批全国标准化示范基地。2011年，公司“湘佳及图”商标被湖南省工商局认定为湖南省著名商标。2012年，“湘佳”系列产品荣获湖南省名牌产品。2013年，“湘佳及图”商标被国家工商总局认定为中国驰名商标。2014年1月，公司联合中国工程院农业生物技术国家重点实验室、湖南省畜牧兽医研究所成立了院士工作站。2014年7月，“石门土鸡”获得国家地理标志保护产品。2014年9月，湘佳牧业正式挂牌新三板，成为常德市首家新三板挂牌企业。2014年11月，公司被认定为“国家级农业产业化重点龙头企业”。公司以畜禽批发市场、省地级城市大中型超市为销售平台，提供麻羽、黑羽等近10种地方特色品种家禽。使用自主注册的“湘佳”牌商标。活禽产品销售到湖南、湖北、江西、贵州、河南、广东等省市，并与沃尔玛、华润万家、家乐福、家润多、平和堂、步步高、永辉等50多家大型商场的2000多家门店建立了长远战略合作关系。

林业 2014年，全乡有林地面积6.567万亩，其中经济林1.74万亩，四旁林8175亩，全乡道路绿化率达98%，森林覆盖率62.59%，建成区人均公共绿地面积13.01平方米。

工业

1994–2011年，全乡实行“以区带乡，区乡合一”的管理体制，在石门经济开发区的带动下，新型工业化、农业现代化、新型城镇化、服务业产业化进程明显加快，成为产业特色鲜明、城市功能齐备、人居环境优良的工业新城。石门经济开发区辖宝峰创业园、兆恒科技工业园、海螺建材工业园，有规模工业企业51家、服务业企业68家、出口型企业68家。其中，电力有大唐、华电、三江、兆恒4家大型发电企业，农副产品加工业有湘佳牧业、盛节节高食品、杨氏果业等13家，非金属矿物制品有海螺水泥、明达硅砂、赛奥硅业、中美矽砂等12家。2012年跨入常德市百亿园区行列。2014年，实现规模工业总产值137.86亿元，占全县规模工业总产值的68.6%。规模工业企业入库税金3.36亿元，居常德市第一位。

湖南盛节节高食品股份有限公司及其产品 王本平摄

商贸服务

1993 年，县委、县政府筹资 1760 万元，建成占地面积 50 亩，建筑面积 2.48 万平方米，拥有门面 750 间、散摊 2000 多个的商贸城大市场。2001 年，劳务输出 5217 人，创收 4070 万元。至 2014 年，全乡有个体工商户 3020 户，实现运输业收入 8407.08 万元，商业收入 4719.2 万元，服务业收入 2298.2 万元，其他收入 1303.63 万元。

石门经济开发区

1992 年 6 月，县委、县政府在二都乡建立宝峰经济技术开发区，规划近期开发 4.2 平方千米，中期开发 10.8 平方千米，远期开发 30 平方千米。1994 年，湖南省人民政府批准设立省级开发区——湖南石门宝峰经济技术开发区，3 月正式挂牌。1995 年，完成城市基础设施建设 10 亿元，建成宝峰路、梯云路、电厂路、夹山路四条城市主街道，形成以石门电厂为中心的工业小区，以宝峰路为轴线的金融一条街，以商贸城、武陵街为网络的私营经济园和以碧岩新村为依托的居民住宅区。2003 年，经济开发区已建成以电力、农副产品加工、非金属矿物制品为主导产业的综合型开发区。2005 年 12 月，石门宝峰经济技术开发区更名为湖南石门经济开发区。经过两轮调整扩区，至 2014 年，建成区面积达 4.15 平方千米，有各类企业 267 个，其中工业企业 109 个；从业人员 1.9268 万人，其中工业企业 1.7583 万人。

湖南石门经济开发区总体规划调整(2012-2020)土地利用规划图　　石门经济开发区提供

三、基础设施

交通运输

从 1959 年起，二都人民公社组织劳力，修建新街口至高桥公路，与临澧杉板公路接线，全长 15.5 千米，1968 年全线竣工通车。1964 年，建成石门至陬市公路（县道 X021 线）新街口至杨坪段，长 15.3 千米。1995–2013 年，建设乡村公路 107.6 千米。2014 年，修通全乡 14 个村（居）的进村道和村组道，村道硬化率达 100%，进户率 90%以上。全乡建有 14 个交通管理服务站。全乡有各种运输车辆 1996 台。

夹山大道　贺欣初摄

水利建设

1998 年 7 月，境内遭受特大洪水袭击，澧水南岸新街口至镇龙村一片汪洋，经济开发区大门左侧被淹 0.58 米，商贸城大门对面批发部被淹 1.5 米。洪灾过后，县委、县政府决定对澧水南岸进行治理，建设防洪大堤。是年，澧水南岸防洪大堤被纳入全省湘资沅澧四水治理工程项目。堤防自三江口水电站大坝至临澧青山水轮泵站副坝，总长 5.85 千米。整个工程自西而东分四期建设，累计投资 1.99 亿元，至 2002 年全部完成。2014 年，境内拥有 2 座小Ⅰ型水库、6 座小Ⅱ型水库，骨干堰塘 520 口，总库容 1195.7 万立方米，水利工程 266 座。建成旱涝保收面积 1.46 万亩。有水电站 5 座，装机容量 630 千瓦，年发电量 260 万千瓦时。

常德石门三江口水电站　二都乡政府提供

镇村建设

2010年开始，二都乡以“产业培育、村庄建设、环境保护、乡风文明”为内容，创建生态乡镇。2011年，编制《二都乡环境规划》，开展5项科普示范，建立生态农业样板。2012年，实施清洁田园工程，作物秸秆利用率达到97.7%，主要农产品农药残留合格率达到97.5%，农村饮用水合格率达100%；建设沼气池1100多个，普遍推行“猪沼菜”“猪沼果”循环农业生产模式，主要农产品、绿色及无公害产品种植面积达到2.3万亩，占总面积的66.4%。有12家企业先后投资5000多万元更新环保设施，关闭7家不符合环保规定的企业，建成高标准污水处理厂。发挥紧邻夹山国家森林公园的优势，对南湾生态植物观光园、紫和寺、抗战碉堡群、璞谷文化生态园以及十九峰植被进行生态保护。2013年投入资金250多万元，开展城乡

二都乡卫星村　王本平摄

环境整治，增加环卫设施，配备专职保洁员 56 名，建立卫生保洁长效机制。2014 年，被环保部评为“国家级生态乡镇”。

四、社会事业

教育

1963 年 2 月，曹市小学改名二都乡中心学校，1980 年被确定为县农村重点小学。1986 年改名为二都乡中心小学，1987 年被常德市教委验收为“合格中心小学”，1991 年被省教委验收为“仪电设备达标学校”。1996 年，与先锋、九峰、天供、月亮四村学校合并，开办教学班 8 个，学生 240 人，教职工 35 人。校园面积 1 万平方米，有仪器室、实验室、电脑室、图书阅览室，图书 1.1 万册，图书馆及阅览室面积 100 多平方米。2009 年 8 月更名为二都乡中心学校。

2002 年 8 月，成立宝峰幼儿园，设有小、中、大、学前班共 6 个班，在册幼儿 200 名。2005 年被常德市民政局授予“优秀民间组织团体”称号。

2014 年，全乡有中学 1 所，小学 6 所，幼儿园 8 所。

医疗卫生

1956 年秋，在曹市建二都乡卫生院，1962 年改为二都人民公社卫生院，1984 年更名为二都乡卫生院。2003 年 4 月 30 日，石门县红十字会医院在二都乡卫生院挂牌，一个院落两块牌子。2004 年石门县红十字会医院与二都乡卫生院合并，定名石门县红十字会医院。2005 年 2 月定为副科级事业机构。2014 年升格为县二级医疗机构。2008 年择址筹建，2014 年 6 月建成搬迁。石门县红十字会医院占地面积 20 亩，建筑面积 1.86 万平方米。固定资产总值 782 万元，医疗设备总值 121 万元。医院按功能分区为门诊楼、医技楼、住院楼 3 部分，床位 200 张，干部职工 180 人，执业医师 60 名。年均接待门诊病人 3.26 万人次，入院病人 2203 人次。

社会保障

2012 年农村“五保”106 人，发放金额 23.32 万元；

2010 年，镇居民医疗参保 1400 人，新型农村合作医疗参保 2.6813 万人。

2012 年，全乡参加新型农村合作医疗保险 2.8153 万人，参合率达 99%，大病医疗救助款 18.4 万元，临时救助款 13.39 万元。2014 年，全乡参加新农合 2.9210 万人、新农保 1.3030 万人。

2012 年，农村社会养老保险 1.3137 万人，参保率达 86%；

1999–2010 年，全乡实行城市低保和农村低保政策，社会保障面进一步扩大，农村低保保障人数达到 585 人。2012 年，实施农村低保 166 户 336 人，发放金额 47.4432 万元；城市低保 62 户 102 人，发放金额 25.7208 万元。改造农村危房户 28 户；发放救灾救济款 51.34 万元，军人优待金及部分优抚对象生活补助 31.08 万元。2014 年，发放涉农补贴 486.62 万元，发放低保、“五保”、优抚、救灾、弱势群体救助等资金 287.98 万元。

五、特色地情

历史人物

王大猷（1800–1877）　清嘉庆五年（1800）出生于二都坪（今二都乡）。清道光元年（1821）考中举人。清光绪三年（1877）病故，享年 77 岁。

贺麟书（1904–1930）　清光绪三十年（1904）年出生于二都乡八坪峪村。民国 11 年（1922）春考入澧州军官教导队受训。民国 12 年（1923）下半年毕业后，经林德轩介绍到贺龙混成旅当兵，历任班长、排长、连长。民国 16 年（1927）3 月升为营长。民国 19 年（1930）农历腊月初六，被国民党反动派杀害，时年 26 岁。

文化遗址

望夫台西汉古墓　位于二都乡高桥村杨家山，属中型西汉墓，封土堆残高 10 米，占地面积约 0.5 亩。1984 年被公布为县级文物保护单位。

紫和寺　又名存心观，位于二都乡十九峰山上，为唐代女周芳所建。民间传说周芳为周野人妹妹，居夹山，心地善良。其兄常食生人，周芳力劝不止。高僧善会和尚云游至此，周芳力劝高僧远避，以免受兄所害，高僧笑谓无妨。后其兄被高僧降服，周芳出家，于紫和山建寺。清代重修，共五殿，20 世纪 50 年代初尚存。“文革”时期拆毁，仅存遗址和古井一口。2003 年，紫和寺被县民宗局批准为宗教信仰活动场所。2004 年 12 月，被县政府公布为文物保护单位。

抗日碉堡群 位于澧水南岸三江口、新街口、月亮湾、天供山、风车口一线，为国民革命军第 73 军为抵抗日军侵犯石门时所修筑。今存 4 座。1998 年 12 月，石门县人民政府公布其为文物保护单位。

璞谷文化生态园 是一处集赏石品茶、垂钓健身、艺术创研、旅游观光于一体的原生态文化休闲农庄。位于二都乡土山村，占地面积 265 亩，内有湘西北最大的奇石乐园——璞谷大石堂，拥有各类奇石 100 多种、万余件，其中石门国画石、澧水彩蜡石、类太湖石、古生物化石尤为出众，多次参加全国大型石展并获奖。

璞谷文化生态园·奇石馆　王本平摄

纪念地、纪念设施

石门曹家棚英烈纪念碑 位于二都乡曹家棚居委会。石门曹家棚英烈纪念碑由纪念碑、烈士墓、烈士简介碑、中国工农红军第二军团第四师第十一团曹家棚救护所旧址(重建)等组成，占地面积约 100 平方米。

名优特产

石门土鸡 石门特产。公鸡鸡冠大而红，性烈好斗，母鸡鸡冠较小而性情温顺；羽毛色泽有“黑、红、黄、麻”等；脚为黄色、青黑色。鸡肉、鸡蛋品质优良、营养丰富。饲养方式以放牧为主，辅以少量原粮粗放饲养。

石门土鸡　湖南湘佳牧业股份有限公司提供

石门土鸡肤色偏黄、皮下脂

肪分布均匀，肉汤透明澄清，脂肪团聚于汤汁表面，香味浓郁。

湘佳鸡、鸭产品 湖南湘佳牧业股份有限公司生产。2009 年被国家农产品质量安全中心认定为无公害农产品。

橘片、蘑菇、甜玉米罐头 湖南盛节节高食品股份有限公司生产。产品出口美、日、俄等国家和欧盟、东南亚地区，在湘鄂粤晋等省占有较高的市场份额。

大蒜油、蒜蓉辣椒酱 湖南常德九品福食品有限公司生产。在湘西北、鄂东南享有盛誉。

苦荞糊(茶、酒) 石门山寨旺苦荞食品有限责任公司生产。畅销省内外。

重大事件

民国 32 年(1943)冬，日本侵略军从临澧县黄茂冲侵犯至二都乡高桥村，将来不及逃走的村民赶进刘家祠堂进行屠杀。2 天内，日军杀死村民吴德成等 32 人，烧毁房屋 14 栋，奸淫妇女 40 余人。

1983 年 6 月，养鱼专业户杨祖树被选为第六届全国人大代表，并于 6 月 6–21 日在北京参加第六届全国人民代表大会。

1985 年 4 月 20 日，湖南石门火电厂厂址定在二都乡黄泥村。10 月 22 日，国务委员兼国家计委主任宋平到石门视察并实地踏勘石门火电厂厂址。

1994 年 10 月湖南石门电厂挂牌。第一期工程总投资 27.3 亿元，总装机容量 2×300 兆瓦。1996 年 12 月投产发电。

2000 年 4 月，天供村农民喻自文被评为“湖南省劳动模范”。

2003 年 10 月 22 日，湖南石门电厂二期工程开工，工程总投资 24.8 亿元。总装机容量2×300 兆瓦。2005 年 9 月 29 日第一台机组投产发电。2006 年 3 月 23 日第二台机组投产发电。

2008 年 9 月 17 日，石门海螺水泥公司首条日产 5000 吨新型水泥熟料生产线点火投产。

2008 年 10 月 23 日，中共湖南省委书记、省人大常委会主任张春贤，到石门经济开发区调研，并视察石门海螺水泥公司、湖南双佳牧业股份有限公司。

夹　山　镇

★国家生态乡镇

一、区域概况

地理位置

夹山镇位于县境南部，东与夹山国家森林公园、临澧县杉板乡毗连，南与秀坪园艺场、临澧县佘市桥镇接壤，西与慈利县苗市镇相连，北与二都乡为邻。石(门)陬(市)公路和石(门)长(沙)铁路穿境而过。镇人民政府驻杨坪社区，距石门县人民政府驻地 18 千米。

建置沿革

清雍正十三年(1735)，镇域属南乡第五都管辖。民国 2 年(1913)，设官渡桥自治区；民国 23 年(1934)，改官渡桥乡。民国 32 年(1943)，三板桥划归福田乡管辖，官渡桥划归蒙泉乡管辖。1952 年 2 月，全县设 14 区 281 个乡，镇域置 23 个乡。1956 年 6 月，撤区并乡，青玄、两河、官渡、长龙、栗山、东泉、西周、晓星、汉阳、马塌(马塔)、总队 11 乡并为官渡桥乡；姊妹、犁子、肖家、三板、木山、砖桥、雨淋、邵福、花兰、昂头、停队、东周 12 乡并为三板桥乡。1958 年 9 月，实行人民公社体制，官渡桥乡、三板桥乡分别改为官渡桥人民公社、三板桥人民公社。1960 年，从三板桥人民公社析置杨坪人民公社。1984 年 4 月，撤销人民公社体制，设官渡桥乡、三板桥乡、杨坪乡。7 月，官渡桥乡改为官渡桥镇。1995 年，杨坪乡、三板桥乡、官渡桥镇合并，设立夹山镇。至 2014 年未变。

夹山镇人民政府　夹山镇政府提供

区划面积

1984 年 4 月，人民公社改乡后，杨坪乡辖中坪、东周、下官、姊妹、枣峰、枣园、停队、何岗、邵福、花兰、新泉、杨坪、昂头、夹山 14 个行政村，官渡桥镇辖马塌、荷花、新岗、两合、官峰、官渡、双龙、青玄、东泉、太平、栗山、灌坪、晓星、西周、新桥、汉阳、汉丰、青龙 18 个行政村，三板桥乡辖总堆、桂花、孙家、联合、三板、南门、雨淋、浮坪、青桥、四斗坪 10 个行政村。

1995 年，合并设立夹山镇，村区划未变，全镇辖 42 个行政村。2007 年实行合村并组。至 2014 年，夹山镇辖马塌、两合、双龙、东泉、栗山、西周、汉丰、枣峰、邵福、新花、浮坪、孙家岗、桂花 13 个行政村和杨坪、三板桥、官渡桥、青玄山（青玄）4 个社区，共 216 个村民小组。总面积 187 平方千米，耕地面积 8.12 万亩。

人口民族

2000 年，夹山镇有 13463 户 4.7713 万人，其中男性 2.4864 万人，女性 2.4849 万人。2011 年，全镇总人口为 5.7122 万人，其中男性 2.9185 万人，女性 2.7937 万人。2014 年，全镇有 18644 户 5.7832 万人，其中非农业人口 5600 人，男性 2.9542 万人，女性 2.8290 万人。总人口中，汉族 4.4605 万人，占 77.12%；土家族 1.2381 万人，占 21.4%；其他少数民族 209 人，其中侗族 33 人，回族 10 人，瑶族 15 人，朝鲜族 1 人，布依族 8 人，苗族 74 人，壮族 67 人，藏族 1 人。

自然环境

镇域为低山丘陵区，最高山峰为十九峰，海拔 280 米，最低点位于三板桥社区的四斗坪，海拔 80 米。全境平均海拔高度 181 米。有杨坪、四斗坪、南嘎坪、匡家坪、灌坪、李家坪、中坪、马塌坪 8 个小型平原。发源于慈利县五雷山的道水，为境内最大河流，流径 10 多千米。镇域属亚热带季风湿润性气候，年平均气温 19 摄氏度，常年主导风向为东南风，次主导风向为西北风。年平均降雨量 1391.8 毫米，最多的 1954 年 2103.4 毫米，最少的 1977 年 923.8 毫米。全年平均日照时数为 1712 小时。全年无霜期 287 天。植物主要有马尾松、香樟、枫、栗山、油茶等。野生动物有国家二级保护动物野猪、猪獾、狐狸、野猫、穿山甲等。土壤为酸性，含铁、硅、铝、硫等元素，以粘土为主，适宜松树、樟、油茶等林木生长。矿产资源以烟煤、石煤、石膏、海泡石、矽砂、粘土等储藏量大，探明有烟煤 1200 万吨、石煤 2 亿吨、石膏矿上亿吨、海泡石 1000 万吨。

二、经济发展

经济综述

1995年，全镇工农业总产值1.52亿元，其中工业产值9562万元，农业产值5666万元。2000年，全镇工农业总产值1.99亿元，农民人均纯收入1970元，财政收入616.1万元。2014年，镇党委、镇政府优化工业布局，促进产业集群发展，全力打造以浮坪为中心的石膏矿工业经济区，以十九峰山为主的石煤矿工业经济区，以杨坪为中心的柑橘深加工工业经济区。全镇工农业总产值14.5亿元，农民人均纯收入6565元。

农业

种植业　境内主要种植粮食作物和柑橘。1995年，农作物播种面积15.4988万亩，其中水稻8.32万亩。2014年，镇里承接县农业局多个办点示范项目，即桂花村1100亩“双季稻万亩创建示范片”、两合村1.15万亩“万亩玉米高产创建示范片”、杨坪社区和三板桥社区2000亩“省级万亩中稻高产创建示范片”、邵福寺村和桂花村100亩“万亩测土配方示范片”和“千亩‘种三产四’示范区”、邵福寺村和桂花村各100亩“万亩柑橘高品质栽培示范园”。全镇共培育种植科技示范户50户，培育家庭农场8个。全镇注册柑橘专业合作社2家，建立柑橘专业合作社4个，参社农户达5000户以上，60万担柑橘实现协会统一销售。亚辉柑橘合作社跻身省级示范社，拥有社员1000多户，柑橘种植面积达1.8万亩。2014年，全镇柑橘总面积达3.5万亩，受益面积2.7万亩，销售柑橘3.5万多吨，产值4200万元。发展猕猴桃、合欢果等特色种植

夹山镇千亩柑橘园　夹山镇政府提供

1.6万亩，创收200多万元。种植粮食作物10.9035万亩，产量32432吨。种植经济作物6.364万亩。

养殖业 1995年，全镇饲养生猪4.6543万头，出栏2.6587万头；饲养耕牛6752头；出栏山羊1950只，出笼家禽29.7542万羽。2014年，全镇养殖生猪7.6万头，其中出栏6.4万头；养湘西黄牛2180头；养马头山羊1.5万只；养家禽650万羽，产禽蛋3280吨；出水鲜鱼1840吨。全年养殖创收2.5亿元。

林业 1995年，全镇有林地6.1980万亩，占山地面积的42.27%，森林覆盖率为41.22%，人工植林23亩，封山育林6.5万亩，经济林1.2万亩。2014年全镇有林地6.4197万亩，森林覆盖率42.5%。

工业

1995年乡镇合并后，境内有各类企业68家。其中：烟煤矿52家，石煤矿3家，石膏矿8家，红砖厂2家，人造金刚石厂1家，年产2万吨的油脂厂和水泥厂各1家，年产3万吨的石膏粉厂1家，完成工业总产值9562万元。2000年，全镇拥有环保砖厂、塑料包装厂、预制板厂、红砖厂、煤矿、石膏矿等企业52家。2002年，关闭部分小煤矿和小型企业。2003年，境内有石膏矿8家、红砖厂1家、灰渣砖厂2个、水泥厂3家，年创产值1.3亿元。2014年，全镇有工业企业129家，完成工业总产值14.5亿元。

商贸服务

清代和民国时期，境内有杨坪、三板桥、周思庵、官渡桥、青玄墟场，主要进行牛、生猪交易和经营日常生活用品及农副产品。小麻花、糍粑、桂花糖、独丝糖等土特产品畅销常德、桃源等地。中华人民共和国

夹山镇柑橘包装出口市场　夹山镇政府提供

三板桥农贸市场　夹山镇政府提供

成立后，在乡（公社）驻地建立供销社、肉食站、粮店等国营集体商贸企业，成为农村中心市场。“文化大革命”期间，墟场被取缔。中共十一届三中全会后，农村市场日益活跃。1995年，全镇社会零售商品总额达1亿元。2008年10月，杨坪农贸市场建成开业，市场占地面积4000平方米，有商铺门面23间，摊位233个。2014年，全镇实现商贸服务收入3981万元，其中商饮收入2061万元。

财政金融

1995年，全镇财政总收入438万元。2006年财政收入975.6万元。2014年财政收入2700万元。

1995年，境内有农村信用合作社3家，邮政储蓄所1家，年末各项存款余额19000万元，贷款余额58900万元。2014年，境内有金融机构4家，年末各项存款余额19544万元，贷款余额6720万元。

三、基础设施

交通运输

1957年，石门县城至青峰煤矿公路建成通车，全长28千米，途经境内15千米。1965年，县道石（门）陬（市）公路新街口至白洋湖段建成通车，经过境内20千米。20世纪70年代加强乡道建设，20世纪90年代，加强通村通组公路建设。至2014年，全镇拥有公路437千米，实现村村组组通公路，公路硬化率100%。开通了官渡桥、青玄、三板桥、杨坪通往石门、常德、长沙的客班车。

邮电通信

1995年，境内有邮电所1家，邮政代办所1家。2010年，建立移动营业部1个，移动通信网站6个。2014年，全镇有家庭固定电话3700部，移动电话657部，互联网用户1600多户。

供电供水

供电 1966年，在官渡桥的山坡上修建3.5万伏的变电站。主要是供青峰煤矿、广福桥煤矿的用电。1967年，官渡、青峰、两合口、青玄等村及靠近煤矿周边的部分居民均用上了电。1981年，官渡桥2.5万多居民用上了电。1985年，官渡桥变电站升级，建起了11万伏的变电站。1987年，官渡桥、三板桥、杨坪分别建立农电站，供农户及52家私人煤矿用电。至2014年，区域内年用电量达1.7万千瓦时。

官渡桥集中供水站　夹山镇政府提供

供水 2007年，建成杨坪供水站，日供水量620吨。2009年，国家投资1000多万元，建成东泉水库供水站，日供水量4500多吨。建成西泉堰供水站，解决了青玄、官渡、双龙、马塌、汉丰5个村和蒙泉镇的三堡、梭金山、将军山3个村以及青峰煤矿共1.64万人的饮水安全问题。2010年，接通蒙泉水库供水站，解决了夹山镇两合、马塌、桂花村，9200多人饮水安全问题。2014年，接通临澧县牛头山供水站，使境内2100多人用上了安全饮用水。至2014年，全镇1.3万多户4.78万人吃上安全饮用水。

水利建设

1957年，在周思庵村建成共青水库，是为境内第一座水库，库容量100余万立方米，灌溉面积3000亩。至2014年，全镇拥有中小型水库23座，其中中型水库1座，小Ⅰ型水库6座，小Ⅱ型水库16座，总库容量2179万立方米。有388

口骨干塘,4267口一般堰塘,总蓄水量950万立方米。中小型溪坝255处,提灌机埠145处。渠道755千米,其中硬化205千米。溪河11条,总长187千米。有灌坪、孙家湾、两合、恩子潭、马家溶、坦奶瓶6处渡槽,总长3787米。水库、堰塘、溪河等总灌溉面积4.5万亩。

镇村建设

民国时期,境内有杨坪集镇街道300米,个体经商户40多户。1995年并乡后,杨坪集镇作为夹山镇政府驻地,征用土地100亩,建设街道面积6万平方米,总长6000米,临街门面1300个。2008年,开发临河面54亩,建成杨坪农贸大市场,有摊位和门面300个。同时启动三板桥、周思庵、官渡桥、青玄等社区的集镇建设。2010年1月4日,三板桥农贸市场建成开业,有大棚2500多平方米,固定摊位门面151个。2014年,境内各集镇基础设施建设基本完善,共有商铺1708家,从业人员3218人。

四、社会事业

教育

民国13年(1924),乡绅丰玉树等在下官桥玉皇庙创办私塾,每年招收学生10~20人。民国32年(1943),福田乡创办下官桥国民小学。1949年石门县解放后,人民政府重视教育。至1958年,境内设有小学9所,其中完小3所,教职工118人,在校学生1280多人。1969年,下官桥完小增设初中班,有学生30人。1970年创办杨坪中学,设4个教学班,学生220人,教师16人。官渡桥、三板桥2所中学也相继建立。1972年,各大队

三板桥中学教学楼　夹山镇政府提供

均办有小学。1976 年，官渡桥、三板桥、杨坪 3 所中学增设高中班。1979 年，高中班停办。1995 年合并为夹山镇后，全镇有初中 3 所，小学 37 所，其中完小 8 所，有教职工 500 人，学生 7089 人。2000 年，生源减少，学校开始撤并。2002 年，全镇有中小学 22 所，教职工 368 人，在校学生 4600 多人。至 2014 年，全镇有中学 3 所，小学 9 所，教职工 280 人，在校学生 2621 人，其中中学生 773 人。幼儿园 11 所，幼师 75 人，在园幼儿 1356 人。

文化体育

1980 年，境内设有三板桥、杨坪、官渡桥 3 个人民公社文化站，主要负责广播，开展文化活动。1995 年，并乡建镇，设镇文化站、镇广播站，有电影院 3 个、电视差转台 2 座。2014 年，建成镇文化活动中心，有 500 多平方米的多功能文化活动大厅、1000 多平方米的群众文化广场、100 多平方米的夹山之窗文化宣传走廊。有镇图书馆 1 所，藏书 1.1 万册。全镇实现村村通广播，覆盖率达 100%。电视入户率达 98%，其中有线电视入户 4200 户，入户率达 90%。各村（社区）建有文化活动室和农家书屋 43 个，藏书 8.6 万余册。建有老年人戏剧团协会、诗词书法协会、摄影协会、健康舞蹈协会、女子管乐协会、门球协会、写作协会等群众文化组织，有百花、朝阳、两合等 17 个民间文艺演出团体。夹山集镇体育活动场所有 300 平方米的群众健身广场，100 多平方米的塑胶羽毛球场，篮球架 2 个，乒乓球桌 4 个，其他体育健身器材 18 套。

江家湾农民论坛　夹山镇政府提供

医疗卫生

1956 年 9 月，刘可富、刘久福等 22 人组成杨坪联合中医医疗诊所，下设冷水街、药铺岗 2 个分所。1958 年，人民公社成立，中医诊所转为集体，分别成立官渡桥、三板桥和杨坪3个人民公社卫生院。1960年,年就诊人数8000人次,年住院700人次。1984年,人民公社卫生院改为乡卫生院。1995年乡镇合并后,杨坪乡卫生院改为夹山镇卫生院,三板桥乡卫生院、官渡桥镇卫生院分别改为夹山镇卫生院三板桥分院、夹山镇卫生院官渡桥分院。下辖36个村卫生室。全镇有医务人员近100人。2011年起加大对夹山镇卫生院的基本建设。至2014年,镇卫生院占地面积7427平方米,建筑面积6817平方米,其中业务用房4308平方米,生活用房2509平方米。医疗设备总值达100多万元,设有内科、外科、儿科、妇产科、中医科及制剂、化验、放射等辅助科室。有医务人员60人,病床70张。下设三板桥、官渡桥2所分院,有医务人员65人,病床80张。下辖16个村卫生室,有村医35人。全镇年就诊人数2.6万人次,年住院病人3000人次。

社会保障

五保 2004年,在三板桥社区建成夹山镇敬老院,占地面积40亩,建筑面积2200平方米,有床位67张,年内有42名"五保"对象居住。2014年,全镇供养"五保"对象271人。

低保 2014年全镇有低保户1131户1943人。居民最低生活保障分为三等:A等,属于"五保"户边缘的,人均每月发放最低生活保障金175元;B等,家内有重度残疾1个或2个以上,人均每月发放最低生活保障金140元;C等,普通困难户,人均每月发放最低生活保障金110元。

农村合作医疗 从2007年开始,人均交费10元作为农村合作医疗保险,参加医保人数3.9391万人。2008年,参保人数4.1709万人。2009年人均交费提高到20元,参保人数4.0943万人。2010年,参保人数增加到4.3264万人。2011年人均交费30元,参保人数4.4765万人。2012年人均交费增加到50元,参保人数4.5345万人。2013年人均交费60元,参保人数4.5822万人。至2014年,农村合作医院特殊门诊1020人,年审673人,参与农合人数4.5630万人。

新型农村社会养老保险 从2011年开始,居民每年人均交新型农村社会养老保险金100元,有的交200~3000元,参保人数为2678人。2013年参保人数增加到2.4998万人。2014年,全镇养老保险缴费2.1554万人。

人民生活

中华人民共和国成立初期,境内种植单季稻,产量不高,人均口粮不足300千克,农民住房为普通平房,大部分为茅屋,少量瓦房。20世纪50年代末,开始种植双季稻,粮食产量有所增加。中共十一届三中全会后,农村实行家庭联产承包责任制,粮食产量大增,农民的温饱问题基本解决。20世纪80年代后期,调整农村产业结构,发展柑橘产业和劳务输出,农民收入增加,生活条件改善。至2014年,全镇农民人均纯收入6561元,85%的农户建起楼房,电视、电冰箱、洗衣机等电器普及农家。全镇有二、三轮摩托车2637辆,低速车69辆,大汽车83辆,小汽车103辆。

五、特色地情

历史人物

陈寿山(1902-1928) 清光绪二十八年(1902)1月9日生于夹山镇官渡桥陈家湾。民国13年(1924)考入黄埔军校,民国16年(1927)2月任游击队分队长,民国17年(1928)8月5日被敌人杀害于湖北省长阳县李田窑,时年27岁。

陈太陔(1892-1930) 清光绪十八年(1892)出生于夹山镇官渡桥新岗村,民国17年(1928)5月任游击队分队长,民国19年(1930)编入红军任红二军独立团连长,2月被诬为“改组派”错杀于湖北江陵,时年38岁。

陈昆山(1901-1931) 清光绪二十七年(1901)年11月18日出生于夹山镇官渡桥汉丰村。民国14年(1925)考入黄埔军校。民国17年(1928)任二区游击队副队长。民国19年(1930)10月任红军营长,11月回到石门任红色警卫队队长。民国20年(1931)1月20日在皂市白沙渡战斗中牺牲,时年29岁。

贺声洋(1902-1938) 清光绪二十八年(1902)10月22日出生于夹山镇官渡桥。民国13年(1924)5月考入黄埔军校第一期,先后任国民革命军连长、副营长、代理参谋长,民国19年(1930)任闽西红军新编第十二军代理军长。民国27年(1938)二月五日在南京病逝,时年36岁。

纪念地、纪念设施

石门南乡起义革命烈士纪念碑和烈士墓 位于夹山镇官渡桥西周村(旧称善人坡)9组。

临石联立崇秀寺小学遗址 位于夹山镇官渡桥汉丰村崇秀寺。

2013年维修后的南乡起义烈士纪念碑　王本平摄

善人坡南乡起义殉难烈士墓　王本平摄

重大事件

1954年12月下旬，境内遭受特大冰冻，连续降雪15天，最低气温零下10摄氏度，井、塘、溪、河封冻，居民凿冰取水。倒塌房屋47间，冻死5人。

1984年7月1日，县民政局投资2.5万元在官渡桥建立全县第一个乡镇光荣院。

1998年7月26日，夹山镇发生水灾。倒塌房屋113间，受灾人口1285人，受灾面积达1.1万多亩。

1998年8月，全国人大常委会在夹山镇召开全国人大信访工作现场会，参会代表300多人。

1999年7月，中共湖南省委书记杨正午到夹山镇考察。

2011年12月12日，石门县最大的农村饮水安全工程东泉水厂正式通水。

蒙　泉　镇

★全国重点镇

★国家级生态乡镇

一、区域概况

地理位置

蒙泉镇位于县境南端，东与临澧县佘市桥镇、文家乡、太浮镇交界，南与桃源县双溪口乡、马鬃岭乡接壤，西与慈利县广福桥镇相邻，北与夹山镇毗连。因境内有北宋书画家黄庭坚所题“蒙泉”石碑而得名。镇人民政府驻白洋湖社区，距石门县人民政府驻地30千米。

建置沿革

清雍正十三年(1735)属石门县南乡。民国2年(1913)，全县设21个自治区，镇域置蒙泉、磐石(盘石)、花薮3个自治区。民国20年(1931)，全县设20个乡，镇域置蒙泉、磐石、花薮、白洋4乡。1952年2月，全县设14个行政区281个乡5个区辖镇，镇域置夏家巷镇和33个乡。1955年4月撤销夏家巷镇。1956年6月，全县撤区并乡，花薮、清水、首桥、浮邱、花寺、天子、锅耳、太平、界溪、上午通10乡并为花薮乡；保宁、澧阳、大同、上七里、白洋、下七里、荆田观、水制、广寿、夏市、将军、复兴、观国13乡并为蒙泉乡；羊毛、茶龙、兴龙、潘市、莲花、丰溪、凤凰、太浮、白泉、望仙10乡并为磐石乡。1958年9月，实行人民公社体制，镇域分属花薮、蒙泉、磐石、三板人民公社。12月，花薮、磐石、三板并入蒙泉人民公社。1961年4月，由蒙泉析置花薮、磐石、三板人民公社。10月，由三板析置白洋人民公社。1982年，白洋人民公社更名为白洋湖人民公社。1984年4月，撤销人民公社，改为蒙泉、花薮、磐石、白洋湖

蒙泉镇政府办公大楼　蒙泉镇政府提供

乡。7 月，蒙泉乡改为夏家巷镇。1995 年 4 月，撤区并乡，夏家巷镇和花薮、磐石、白洋湖 3 个乡合并为蒙泉镇。至 2014 年无变化。

区划面积

1995 年，蒙泉镇辖 76 个行政村，共 738 个村民小组。2007 年 5 月合村并组后，辖 18 个行政村 2 个居委会，110 个村民小组、32 个居民小组。2014 年，全镇辖礼阳山、梅家河、下七里、保宁桥、黄旗峪、梭金山、将军山、上七里、天子岗、两河口、上午通、中午通、羊毛滩、孙家嘴、凤凰峪、望仙树 16 个行政村，白洋湖、夏家巷、花薮坪、潘家铺 4 个社区，110 个村民小组、32 个居民小组。全镇总面积 238 平方千米。耕地面积 8.8995 万亩，其中，水田 7.8 万亩、旱地 1.0995 万亩；林地 17.7132 万亩；草地 8452 亩；水域面积 3.3615 万亩。

蒙泉镇夏家巷集镇　蒙泉镇政府提供

人口民族

1995 年，全镇有 19025 户 5.7846 万人，其中男性 3.0079 万人，占 52%；女性 2.7767 万人，占 48%。农业人口 5.6293 万人，占 97.3%。人口出生率 7.8‰。人口以汉族为主，有 5.6689 万人，占 98%；少数民族 1157 人，占 2%。

2014 年，全镇有 21122 户 6.8082 万人，其中男性 3.5403 万人，占 52%；女性 3.2679 万人，占 48%。农业人口 6.3934 万人，占 93.9%。人口出生率 10.5‰。汉族人口 6.4678 万人，占 95%；12 个少数民族共 3404 人，其中土家族 3297 人，回族 28 人，苗族 31 人，壮族 12 人，布依族 6 人，满族 1 人，侗族 11 人，瑶族 5 人，白族 4 人，佤族 1 人，仫佬族 1 人，仡佬族 7 人。

自然环境

镇域地形属武陵山余脉，东南连太浮山脉，西北连五雷山脉。最低点在白洋

湖社区龙口桥，海拔59米；最高点位于望仙树村的太浮山山顶，海拔605米。全镇平均海拔高度265米。有道水、麻溪河、东河3条主要河流，最大河流道水发源于五雷山，自西向东流经境内15千米。镇域属季风湿润气候区，四季分明，年平均气温17摄氏度，年平均降雨1350毫米。树木以乔木为主，主要有松、杉、樟、梓、枫、栗山、槐、油桐、油茶、楠竹等30多种。野生动物有国家一级珍稀保护动物中华秋沙鸭、云豹、黑鹿、雕、老鹰，国家二级珍稀保护动物穿山甲、大蟒、白鹭、锦鸡等12种。镇域95%是石英砂岩地质，地下矿藏有石膏、矽砂、煤、海泡石等，其中石膏储量1亿吨，煤储量30万吨。

二、经济发展

经济综述

1995年完成工农业总产值18116万元，其中工业总产值9852万元，农业总产值8264万元。1996年引进高产优质水稻和生产技术，兴修水利，治理水土流失。2002年镇村集体企业实行改制，改公有为私营，民营经济得以快速良性发展。2005年，全镇工农业总产值达58723万元，其中农业总产值23646万元，工业总产值35077万元。2005-2014年，镇党委、镇政府全力开展招商引资，9年间引进工业项目8个，引进资金1.5亿元。引进农业项目3个，引进资金9500万元。2014年完成国民生产总值31.8亿元，其中第一产业65000万元，第二产业180420万元，第三产业72580万元，实现财政收入5045.23万元，农民人均纯收入8546元，居民储蓄存款突破7亿元。

农业

种植业　蒙泉素有石门“粮仓”“橘乡”之称。境内种植历来以粮食作物为主。1995年种植水稻4.6995万亩，总产粮食18798万吨，利用旱地和高田栽种玉米、土豆、红薯4200亩，蔬菜5250亩。2000年，镇政府推广优质稻“两优培九”，亩产比1995年增加200千克。2012年起，镇农技站先后在白洋湖、礼阳山、花薮坪、黄旗峪、望仙树、梅家河、下七里等村居开展早稻集中育秧示范、水稻“种三产四”示范、“三一工程”示范、玉米高产创建示范，促进传统农业转型升级。2012年,蒙泉镇入选常德市粮食生产先进乡镇。蒙泉镇柑橘面积55000亩。2013年通过出口基地认证和绿色食品认证,确立生态农业精品柑橘基地3万亩。是年,柑橘产量突破6万吨。特色农业不断壮大,2014年,湖南稼和农业有限公司投资1800万元,在礼阳山村流转土地500亩,种植反季节蔬菜取得成功。丰瑞乐家庭农场建设“三一工程”100亩,加工开发富硒稻蛙米、紫嫩粉丝、生态食用油、紫嫩土豆、丰瑞乐青蛙等六大系列20多种特色农产品。至2014年,境内有农民专业合作社35家,家庭农场39家,流转土地1.5万亩,农业生产朝着规模化、集约化、机械化转变。全镇粮食种植面积12.91万亩,粮食总产37436万吨,实现农业总产值65000万元。

白洋湖优质稻 王本平摄

养殖业 1995年,全镇养殖生猪7.5万头,其中出栏6.1万头,养牛830头,养禽8.7万羽,出水鲜鱼612吨。2000年起,镇政府扶持养殖大户,成立养猪、养鸡协会,与农户签订合作协议,开辟销售渠道,推动养殖业发展。白洋湖居委会村民杜灯龙2007年开始规模养猪,每年出栏1500头至2000头。黄旗峪村村民潘新文,2008年投资规模养鸡,年出笼4.5万羽。2014年,境内养殖大户发展到35户,其中生猪养殖年出栏500头以上的15户,养鸡年销售1万羽以上的有10户,养鸭年销售1万羽的有10户。全镇养殖生猪12.3万头,出栏10.2头,其中大康牧业盛旺达种猪场年出栏生猪7万头。养家禽86.5万羽,养牛832头,养山羊1.2万只,出水鲜鱼851吨。

林业 1995年,全镇林地总面积17.7132万亩,其中有林地面积11.7994万亩,森林覆盖率45.1%。1996年,镇党委、镇政府实施全面封山育林、植树造林和国家长防林工程,造林2700亩,退耕还林造林676亩,农户自发造林1264亩,纳入国家与省级公益林补助面积4.4407万亩。至2014年，全镇拥有林地面积12.4147万亩，其中用材林面积11.6385万亩，木材总蓄积量43.0518万立方米，森林覆盖率48.8%。境内有国家一、二级野生珍稀保护植物8种，古树602株。2014年，蒙泉镇获得国家级生态乡镇称号。

工业

民国时期，境内手工业（竹制品、木制品、铁制品）发达，酿酒作坊兴盛。在夏家巷西街有一家私立铜芯锅厂，石门解放后该厂继续开办，1954年改为蒙泉手工业联社，1958年更名蒙泉农机社，1964年改为蒙泉农机厂，属县二轻局企业。1973年兴办蒙泉人民公社安全煤矿。1984年后乡镇企业蓬勃发展。1995年，境内有镇办集体企业38家，村办集体企业46家，个体和联营企业2064家，全镇完成企业总产值17646万元，实现利税2874万元。2002年，境内有花薮石膏工业公司、白洋毛巾厂、夏家巷机砖厂、磐石机砖厂、黄旗耐火材料厂等骨干企业18家。2005年，引进石门福慧达农产品加工物流公司，年内加工柑橘2万吨，实现产品销售收入4000万元。2009年，开办石门县金麟鞋业有限公司，职工550人，年生产童鞋250万双，产品出口

2009年开办的石门县金麟鞋业有限公司　蒙泉镇政府提供

李尔页岩砖厂　蒙泉镇政府提供

美国、加拿大等市场，2013 年出口创汇 900 万美元，占全县出口创汇 70%。2009 年，合并全县 11 家小纯净水厂组建石门县九九太浮饮业公司，成为常德市饮用水龙头企业。2014 年全镇工业企业发展到 357 家，其中规模工业 8 家，实现工业总产值 19.47 亿元。

商贸服务

清代，境内集镇有夏家巷、盘石、上午通 3 处，经营商品有杂货肉食、百货布匹、粮油食品、手工业品、农具、家具、文具书籍等。民国时期先后兴办蒙泉、上午通、磐石、白洋湖、羊毛滩 5 处墟场。中华人民共和国成立后，在乡(公社)驻地建供销社，肉食站、粮油站，成为农村中心市场。各村(大队)开设有集体商业零售店和代销店。“文化大革命”期间，墟场被取缔。中共十一届三中全会后，个体商贸服务业得到发展，农村市场日益活跃。1995 年，境内有蒙泉、白洋湖、磐石、花薮、上午通、羊毛滩、望仙树 7 个墟场，个体商业店铺发展到 600 个，餐饮业 60 个，社会商品零售总额 3288 万元。随着商业流通体制改革的深入和小城镇发展的需要，镇党委、镇政府筹资进行集镇基础设施建设，鼓励农民进城经商。2002-2010 年，先后建成夏家巷、白洋湖、磐石、上午通集贸市场。羊毛滩村、望仙村筹资建成两个村级边贸市场。2014 年，全镇有商业店铺 760 家，个体工商从业者 1680 人，墟场赶集日破万人次的有夏家巷、磐石墟场，5000~10000 人次的有白洋湖、上午通墟场。社会商品零售额 6.5 亿元，其中集市商品成交额 4.45 亿元。

旅游业

境内旅游资源丰富，有蒙泉湖省级水利风景区、三王峪 48 寨风景区、观国山道教文化区。2000 年和 2001 年，镇党委、镇政府举办“蒙泉湖杜鹃花会”。2014 年，蒙

“湘北小洞庭”蒙泉湖水利风景区　王生湘摄

泉湖景区有豪华电瓶游船 2 艘，汽艇一艘，其他游船 5 艘。有蒙泉湖度假村、蒙泉迎宾大酒店、鑫如家宾馆、凤凰农庄、太浮山庄、黄旗生态农庄、花薮客栈等 22 家旅社酒店，接待床位 200 张，餐位 600 个。全年旅游接待收入 500 万元。

三、基础设施

交通运输

1956 年，建成蒙泉—青玄村—花山村—石门公路，是境内第一条公路。1957 年，建成磐石—白洋湖—三板桥—水井垭—石门的公路，每天一个客运班次往返。1959 年，建成蒙(泉)临(澧)公路。1964 年，县道石(门)陬(市)公路新街口至白洋湖段建成。1995 年，境内县乡公路总长达 180 千米，通村简易公路 4 条总长 35 千米。每天有 16 个班次开往常德市、石门县、临澧县。2005 年，建成县道雅(林)菖(蒲)公路。2006 年，启动公路村村通工程和公路硬化工程，建成潘望线镇道公路。2008 年，建成三板桥至杨坪线镇道公路。2013 年，建成夏(家巷)上(午通)县道公路。至 2014 年，境内有县、镇、村道公路 667 千米，硬化 353.5 千米。全镇 75%的组通公路，每日有 42 班次客运车往返常德、石门、临澧、桃源，客流量达 1800 人次。

邮电通信

20 世纪 60 年代中期，设立蒙泉邮政支局，下设白洋、磐石、花薮、官渡、杨坪、三板、青峰 7 个邮政所，7 个电话所。1965 年，大部分大队通摇把电话。1993 年机关单位开通程控电话。1996 年，开通移动电话，程控电话普及到家庭。1998 年邮电分家，设立蒙泉邮政支局和蒙泉电信支局，邮政支局下设白洋、磐石 2 个邮政所。电信支局下设 2 个电信所。2000 年，开通互联网，移动、联通进入千家万户。2014 年，境内有邮政支局 1 家，邮政所 2 家，电信支局 2 家，移动通信代办点 1 家，移动手机专卖店 13 家，联通手机专卖店 10 家，有家庭固定电话 4967 部，移动电话 5.2642 万部，互联网 2308 户，邮政电信业务收入 452 万元。

供电供水

供电 1974 年，架设官渡—青玄—蒙泉的高压线路，供电负荷 300 千瓦，是为境内第一条输电线路。1980 年架通官渡—白洋—花薮的高压线路。是年建立磐石供电所,隶属桃源县供电局,磐石乡用电由桃源县小水电供应。1986 年,蒙泉、白洋、花薮农电站相继建立。2001 年,撤销蒙泉、白洋、花薮三家农电站,组建蒙泉供电所。2014 年,蒙泉供电所供电负荷达 16500 千伏安,年总供电量 3000 万千瓦时,售电量 2700 万千瓦时,可满足境内农村生活用电和工业用电。

供水 2008 年,修建黄旗水厂和望仙水厂,2010 年,修建蒙泉水厂,2012 年,修建寺垭供水站,2013 年,修建首桥供水站。5 座自来水厂日供水量 4100 吨,受益人数 6.1 万人,安全饮水率达 98%。

水利建设

1957 年,境内修建第一座水库——首桥水库,总库容 1415 万立方米,正常库容 1070 万立方米,有效灌溉面积 1.5 万亩。1958 年,修建寺垭水库,总库容 1700 万立方米,正常库容 1400 万立方米,有效灌溉面积 1.8 万亩。1974 年,修建蒙泉水库,总库容 6300 万立方米,正常库容 5120 万立方米,有效灌溉面积 3.2 万亩。蒙泉水库建有小型水电站 1 座,装机容量 570 千瓦,年发电量 250 万千瓦时。1995 年,境内有首桥、寺垭、蒙泉 3 座中型水库,5 座小Ⅰ型水库,20 座小Ⅱ型水库,骨干堰塘及山塘 4250 口。2009 年,国家和省投入专项资金 6000 万元,对蒙泉水库进行除险加固。2008-2009 年,投入专项资金 2300 万元,对寺垭、首桥 2 座中型水库进行全面除险加固。境内有羊毛滩、孙家嘴、夏家巷岩巴垴 3 处 4 座电排,总装机容量 300 千瓦。2014 年,全镇自流灌溉面积 6 万亩。

蒙泉水库 蒙泉镇政府提供

镇村建设

1995年4月，乡镇合并时，境内夏家巷、磐石、白洋、花薮、上午通集贸市场均为马路市场，城镇化率7.8%。1999年，在白洋湖中街，投资建设经商门面30个。2002年，镇政府投入资金230万元，拉动社会投资1050万元，建设白洋湖、夏家巷两大集贸市场。白洋湖市场用地面积3777平方米，建成固定摊位208个，固定商业门面50个，总建筑面积7800平方米。夏家巷市场用地面积7800平方米，建成固定摊位250个，固定商业门面60个，总建筑面积1.36万平方米。2007年，制定《蒙泉镇总体发展规划》，镇区面积定位5.58平方千米。镇政府投入资金285万元，拉动社会投资6715万元，建设磐石边贸大市场，用地面积3.9068万平方米，建成固定摊位224个，固定商业门面80个，总建筑面积4.4854万平方米。2010年，镇政府投入资金125万元，拉动社会投资1105万元，开发建设上午通集贸市场，建成固定摊位50个，固定商业门面80个，总建筑面积8000平方米。望仙树、羊毛滩、花薮坪三个村级农贸市场也有发展。至2014年，白洋湖集镇建成区面积1.5平方千米，常住人口3500人左右，总建筑面积10.6万平方米，街道总长6.5千米，主街长3.8千米，街道硬化面积5.2万平方米。磐石集镇建成区面积0.6平方千米，常住人口3500人左右，总建筑面积12.8万平方米，街道总长2千米，主街道长1.5千米，街道硬化面积1.34万平方米。花薮集镇建成区面积0.2平方千米、常住人口700人左右，总建筑面积2万平方米，街道总长1千米，街道硬化面积6000平方米。夏家巷集镇建成区面积1平方千米，常住人口5000人左右，总建筑面积14.4万平方米，街道总长3.1千米，主街道长2.5千米，街道硬化面积2.48万平方米。全镇城镇化率达到18.9%，20个村（居）都建成有村级活动中心。

四、社会事业

教育

1980年，境内有中学5所，小学72所，中小学生7181人，教职工561人。其中白洋湖乡设白洋湖初级中学和15所小学。磐石乡设磐石、望仙2所初级中学，21所小学。夏家巷镇设育才初级中学和21所小学。花薮乡设花薮初级中学和15所小学。后根据教育资源变化，不断调整学校布局。1988年，望仙中学与磐石中学合并为磐石乡中学，境内中学减至4所。到1994年，小学减至46所。1995年，并乡建镇后，撤销乡镇联校，设立蒙泉镇教育办公室，管理全镇各中小学校。磐石乡中心小学更名为蒙泉镇磐石完小，白洋湖中学更名为蒙泉镇中学，白洋完小更名为蒙泉镇完小，夏家巷镇育才中学更名为夏家巷中学。大部分学校硬件设施得到改善，2001年，全镇中小学均通过"两基"验收。2003年，乡镇教育机构改革，蒙泉镇教育办更名为蒙泉镇中心学校。后因生源减少，全镇小学再次撤并为12所。2012年，国家财政投资300万元，兴建蒙泉镇中心幼儿园。至2014年，全镇共有学校16所，其中初级中学4所，镇完小1所，片完小3所，村完小3所，教学点5处。中小学教师382人，其中初中教师186人，小学教师（含幼儿教师）196人。在校学生4630人，其中初中生1632人，小学生2998人。在园幼儿1107人。全镇学校校园占地面积29.3万平方米，校舍建筑面积6.8524万平方米，教学设施设备总价值约366万元。

石门县第五中学　蒙泉镇政府提供

文化体育

中华人民共和国成立后，境内农村文化活动活跃，主要有地方业余花鼓戏剧团、舞狮队、民间吹打乐队等演出。20世纪60年代中期至1974年，每年有省、县电影队下乡流动放映。1974年5月，蒙泉人民公社成立社办电影队。1975年9月，花薮、磐石、白洋湖社办电影队相继成立。1982年，蒙泉人民公社文化站建立。1986年，磐石乡文化站建立。1995年并乡建镇后，设立蒙泉镇文化站。全镇有农家书屋4个，书刊2000册；各类体育场所9个；文学艺术爱好者200多人。

2006年成立镇有线电视管理站，部分农民开始接收有线电视。2008年，镇政府投资45万元，建成405平方米高标准综合文化站，站内设有多功能活动厅和多媒体室，有各类藏书1.5万多册。2012年，20个村(居)建成农家书屋69家，书刊11万册。2013年，14个村(居)广播"村村响"工程全面完成，有530户完成电视网络改造。2012-2014年，蒙泉镇南边红管乐艺术团连续三年获得常德市群众文艺演出百团大赛二等奖。2014年，境内有镇文化站1个，有线电视管理站1个，群众业余剧团2个，男女中西管乐队16支，舞狮队3支，舞龙队2支，腰鼓队1支，业余健身舞蹈队40多支，有文学、音乐、美术、诗词、书画、唢呐等文学艺术爱好者320人，有线电视入户1.8640万户，各类体育场所12处。

医疗卫生

1952年7月，在白洋湖老街一民居内，设立蒙泉区卫生所。1956年，设立蒙泉、花薮、磐石3所乡卫生院。1961年，设有蒙泉、花薮、磐石、白洋4所人民公社医院。1966年，蒙泉区卫生所改为蒙泉区医院，有病床30张，设手术室、化验室。1984年，设夏家巷、白洋湖、花薮、磐石4所乡镇卫生院。1998年，蒙泉区医院与夏家巷卫生院合并为蒙泉镇中心卫生院，下辖白洋湖、花薮2个分院。2003年4月，白洋湖卫生分院并入蒙泉镇中心卫生院，更名为蒙泉镇中心卫生院二院。2007年，花薮卫生分院及所属上午通诊所并入蒙泉镇中心卫生院。2014年，蒙泉镇中心卫生院兴建住院部大楼、中医馆，改造门诊楼和公卫楼，改善医疗设备和环境。

社会保障

中华人民共和国成立后，人民政府对困难群众给予救助安置。2003年，镇政府投入资金100万元在原花薮乡政府大院修建蒙泉镇敬老院。2013年，投入资金150万元对敬老院进行升级改造。2014年，全镇309名"五保"对象全部落实供养政策，其中集中供养28人。

2005年，实施新型农村合作医疗制度，全镇参合人数4.6783万人，参合率80%。年住院门诊6661人次，住院补偿金200.28万元。2014年有6.3128万人参加农村合作医疗，参合率达99%。2.28万人次门诊住院，支付住院医疗补偿金

2947.37 万元。

2006 年,启动贫困居民最低生活保障制度,有 1098 人享受农村最低生活待遇保障,85 人享受城镇最低生活保障待遇。2014 年,全镇有 1847 户 2960 人享受农村最低生活保障待遇,110 人享受城镇最低生活保障待遇, 有 1.2634 万人享受社会养老保险待遇,领取养老金 1137.06 万元。

五、特色地情

历史人物

阎镇珩(1846–1910) 清道光二十六年(1846)七月初八出生于蒙泉镇夏家巷。清同治三年(1864)考中秀才。清宣统二年(1910)六月初二病逝,享年 64 岁。

蔡晴川(1903–1927) 清光绪三十九年(1903)出生于蒙泉镇冯家坪村。民国 5 年(1916)毕业于石门县立高小。民国 14 年(1925)考入黄埔军校第三期,曾任红十一军第二十五师第七十五团三营营长,参加过北伐战争,任叶挺独立团连长。民国 16 年(1927)参加“八一”南昌起义。同年 10 月在广东省大埔三河坝战斗中壮烈牺牲,时年 24 岁。

易法琛(1890–1933) 清光绪十六年(1890)4 月出生于蒙泉镇白洋湖易家桥。民国 19 年(1930)1 月任石门县苏维埃政府主席,4 月任中共五峰县委书记。民国 21 年(1932)以“改组派”罪名被捕。民国 22 年(1933)4 月牺牲,终年 43 岁。

纪念地、纪念设施

太浮山匪变殉难烈士纪念碑 又名石门南乡革命烈士纪念园,位于蒙泉镇夏家巷居委会 3 组。1984 年 5 月,太浮山匪变殉难烈士纪念碑被县政府公布为县级文物保护单位。2013 年 5 月 7 日,石门南乡革命烈士纪念园被常德市人民政府公布为市级文物保护单位。

湘西工农革命军第四支队成立地遗址 位于蒙泉镇花薮中午通村樟木岗。民国 17 年(1928)5 月中旬,南乡起义部队在此成立湘西工农革命军第四支队。

风景名胜

蒙泉湖 即蒙泉水库。建于 1974 年,聚水面积 6000 亩,蓄水 6000 万立方米。湖中岛屿星罗棋布，数万只白鹭、鸬鹚、野鸭栖息。湖周重峦叠障，万木争荣，百花斗艳，享有“花山鸟岛”美誉。2004年，被确定为湖南省水利风景区。

观国山 又称“小武当山”，位于道水南源龙潭河南岸。平均海拔400米，主峰海拔445.6米，由泥盆系砂岩构成，面积5平方千米。相传明嘉靖年间，民女苟瑞在观国山赤霞洞修道成仙。山上尚存苟瑞仙石棺、飞来臼、仙灵泉等遗迹。

三王峪 西起五雷山脚，东至蒙泉水库，全长约20千米，为五雷山的2条支脉向东延伸至石门县境而形成的山谷，是常德、津市、澧县、石门一带香客朝拜五雷山的必经通道。峪中流淌着2条小河，在两河口汇合，成为道水发源地。峪两侧寨岩林立，千姿百态，计有48寨，总面积30多平方千米。据传是李自成大顺军的后期根据地。

名优特产

春莲牌、居家牌优质大米 畅销湖南，湖北、广东等地。

袁哥牌、美日多牌、百旺牌优质精品柑橘 畅销东北三省和北京、上海、广东等地。

白洋湖板鸭 20世纪90年代开始闻名于世，产品畅销省内外。

九九太浮山泉水 2014年中国(湖南)食品博览会在长沙召开，九九太浮瓶装山泉水被湖南省政府批准为大会指定饮用水。

重大事件

1950年10月，湖南省军政委员会主任程潜到一区水制乡办土改试点。

1954年冬，全县第一座小(二)型水库花寺水库建成。

1958年，蒙泉公社集中劳力8400多人，动工兴建“超美”水库。后改名为“首桥”水库。

1974年12月，全县最大的水库——蒙泉水库动工。1976年1月大坝竣工。1981年灌区基本配套。集雨面积为69.6平方千米，总库容6320万立方米。

1978年，蒙泉水库北干渠恩子潭渡槽建成。槽长1500米，排架高42米，为当时全国单排架之最。

2013年，通过国家级生态乡镇评审验收。

新 关 镇

★全国重点镇

一、区域概况

地理位置

新关镇位于渫水和澧水交汇处,北纬 29°37′,东经 111°13′。东与楚江镇毗连,南与二都乡隔澧水相望,西与慈利县苗市镇相邻,北与新铺乡、皂市镇接壤。镇人民政府驻新关居委会,距石门县人民政府驻地 7 千米。

建置沿革

民国时期,镇域称新关乡。中华人民共和国成立后,废除旧的乡、保、甲。1952 年 2 月全县设 281 个乡,境内置安乐、太平、五桂、松林、大龙潭、樟木、天门、保尔、红土、申家 10 乡,1956 年 6 月并为城关乡。1958 年 9 月,实行人民公社体制,与易市乡、二都乡、城关镇合并成立双红人民公社。1959 年析置城关人民公社。1966 年,皂市人民公社的新关、茅山、新泉、深坪、联合 5 个大队划入城关人民公社,城关人民公社驻地迁至新关,更名为新关人民公社。1984 年撤销人民公社体制,改称新关乡。1985 年 10 月改为新关镇。至 2014 年未变。

新关镇人民政府　新关镇政府提供

区划面积

1985 年至 1988 年,先后将保尔、荷花、白云、红土、先进、大龙等村划归城关镇和龙凤园艺场管辖。1995 年,新关镇辖清山河、向家坪、七松、任家坊、界溪河、樟木滩、九同碑、深坪、新泉、安乐、中茅坪、申子峪、竹园塝、松林峪、阎家溶、五桂桥、双红 17 个行政村,新关、新桥 2 个居委会。总面积 110 平方千米。

2002 年双红村划归楚江镇管辖,2007 年实行合村并组。至 2014 年,新关镇辖七松、阎家溶、五桂桥、松林、长岭 5 个行政村和新关、新桥 2 个社区。总面积 79.5 平方千米。耕地面积 1.65 万亩,其中水田 8400 亩,旱地 8100 亩;山地面积 8.55 万亩;可养殖水面 3150 亩。

石门县新关镇行政区划图　新关镇政府提供

人口民族

1995 年,新关镇有 8673 户 2.36 万人,其中男性 1.1894 万人,占 50.4%。人口以汉族、土家族为主,占 99.61%;其他民族有壮族 15 人,苗族 18 人,傣族 1 人,回族 23 人,水族 2 人,羌族 4 人,阿昌族 1 人,黎族 18 人,朝鲜族 5 人。

2014 年,全镇有 7985 户 2.3498 万人,其中男性 1.2050 万人,占 51.28%。农业人口 1.9869 万人,占 84.56%。全年人口出生率 12‰。总人口中,汉族 1.1921 万人,占 50.73%。境内有 16 个少数民族,其中土家族 1.1521 万人,占总人口的

49.02%；蒙古族2人，苗族11人，彝族2人，壮族14人，布依族2人，朝鲜族2人，满族3人，侗族8人，瑶族1人，白族2人，哈尼族1人，傣族2人，黎族4人，土族1人，仡佬族1人。

自然环境

镇域三面环山，一面临水，形成由西北向东南倾斜的盆地地形。最高点为西北面的茅山，海拔587.8米。最低处在西南面的任家坊，海拔68米。澧水和渫水形成丁字形交汇于任家坊的三江口。镇域属中亚热带向北亚热带过渡的季风性湿润气候区，气候温和，四季分明，雨量丰沛，日照充足。常年平均气温17.2摄氏度，极端最高气温40.9摄氏度，最低气温零下13摄氏度。常年主导风向东北风，次主导风为西北风。多年平均降雨量1540毫米，最多年2053.6毫米，最少年962.4毫米。全年平均日照时数为1656小时，全年无霜期270天。境内林木有马尾松、杉、油茶、油桐、樟、梓、枫、棕、栗、槐、山竹和南竹80多种。野生动物有25种，其中国家二类保护动物有野猪等，二级鸟类有阳雀等。境内地表物质组成主要为泥盆系砂岩二叠系，三系灰岩，侏罗系砂砾岩，三纯红砂岩分化物，适应于各种农作物生长。地下矿产资源丰富，主要有石煤、烟煤、石灰石、白云石、矽砂、方解石、铁矿、粘土等8种。石灰石分布在竹园、松林峪、新关、大水井、深坪、茅山、九同碑、七松、向家坪等村，储量在100亿吨以上。铁矿储量达亿吨以上，分布在中茅坪、大水井、深坪、任家坊、茅山等地。1840–2014年，发生较大自然灾害86次，特别严重的有13次，最为严重的是民国24年（1935）洪灾，新关境内渫澧流域居民房屋大部冲毁，被洪水淹死的居民达200余人。

二、经济发展

经济综述

1995年，全镇完成工农业总产值10100万元，其中工业总产值8000万元，农业总产值2100万元。2000年，全镇完成工农业总产值达1.9亿元，农民人均收入达1992元。1991年获“湖南省百强乡镇”称号。2000年，镇村集体企业实行改制，民营经济得到发展，石门三江口水电站、石门县玉叶化肥厂、湖南特种水泥厂、石门县东峰水泥厂(石门县水泥一厂)、石门县水泥二厂、西北建筑公司成为镇境骨干企业。全年实现工农业总产值 99000 万元，其中工业总产值 88000 万元,农业生产总值 11000 万元。2002 年,镇党委、镇政府不断引进外资,先后引进福建老板毛朝文等 5 人合伙投资 404 万元兴办的金属装饰材料厂;邵东老板旭东先生投资兴办的陈家湾铁矿及石门海螺水泥有限责任公司。是年,全镇实现固定资产投资总额达 850 万元,其中外来资金占 65%。全镇劳务输入 3000 余人。截至 2014 年,境内拥有外资企业 20 家。实现国民生产总值 34100 万元,其中第一产业 11000 万元,第二产业 18000 万元,第三产业 5100 万元。三次产业结构比为 30 : 48 : 15。

石门海螺水泥有限责任公司　新关镇政府提供

农业

种植业　1995 年，全镇种植水稻 7343 亩、玉米 3420 亩、红薯 1.1 万亩。2005 年柑橘种植面积 1.6 万亩,受益面积 1.0006 万亩,产柑橘 1.3 万吨。设有 4 条外贸加工生产线,柑橘销往美国、加拿大、马来西亚等 10 多个国家及国内 18 个省份。2014 年,粮食种植面积达 1.6373 万亩,其中优质水稻 7343 亩,粮食总产 4038 吨;特色红薯 9030 亩,总产 9030 吨;蔬菜 2010 亩,总产 4020 吨;油菜 3540 亩,产油菜籽 637 吨;柑橙 2.2 万亩,总产 57720 吨。

松林村核桃园　新关镇政府提供

养殖业　1995年，镇党委、镇政府扶植科技养殖户，引导农民养殖湘西黄牛、马头羊，建鸡场、养猪场。境内办起养猪场6个。2014年，全镇养殖生猪0.795万头，出栏0.681万头；养家禽27万羽；养湘西黄牛378头；养马头羊2130只；出水鲜鱼20吨。

林业　1995年，境内有林地面积8.25万亩，森林覆盖率50%。从1996年起，镇党委、镇政府发动群众开展封山育林、植树造林，退耕还林3.746万亩，利用世界银行贷款造林1500亩。至2014年，全镇有林地12.276万亩，森林覆盖率74.4%。经济林有薄壳核桃6.35万株、板栗4000亩、桃李梨2300亩、油茶5000亩。

工业

1995年，境内驻有湖南特种水泥厂、石门三江口水电站、常德矿山机械厂、石门县水泥一厂、石门县水泥二厂、石门县化肥厂、石门县罐头厂等10余家市、县企业，有新关镇水泥厂、新关镇彩色水泥厂等2家镇办工业企业。新关镇被誉为“矿都”和“水泥城”，年开采矿石500万吨，产水泥60万吨，实现工业总产值7000万元。至2014年，全镇有各类工业企业96家，完成工业总产值149559万元，实现利税16490万元。

湖南特种水泥厂　1969年建厂，1998年更名为湖南坝道水泥股份有限公司，2002年改为湖南石门特种水泥有限公司，属常德市直中二型企业。1989年兴建第一条年产15万吨的湿法回转窑生产线。至2001年6月先后建成三条生产线，年产能力达60万吨，完成工业总产值55862.1万元。2001年12月，因企业负债过重而破产，后转为私营企业。生产的坝道牌中热硅酸盐水泥主要供应三峡等大型水利工程。2014年5月，改为三峡集团葛洲坝特种水泥有限公司。

湖南石门特种水泥有限公司　新关镇政府提供

石门县化肥厂　始建于1966年，1968年正式投产。1995年10月，赎买破产企业石门县氮肥厂，接收职工2400多人。1996年12月，正式组建石门县第一家股份有限公司——玉叶化肥股份有限公司。公司总投资6000万元，兴建7条生产线，年产8万吨工业硫酸、30万吨过磷酸钙、10万吨矿粉和400吨氟硅酸钠。2001年8月，国有股权254.4万股在公司内部一次性出售，成为县内最大的私营企业。2002年4月，被湖南省个体劳动者私营企业协会评为湖南私营企业十大行业500强企业。

商贸服务

清代及民国时期，境内渫水河两岸有商业街道，北岸是猪娘街，南岸为新关街，主要经营手工制作的油纸扇和油纸伞，销往石门县西北乡及澧县、津市，换回粮油食品、布匹、南北杂货。中华人民共和国成立后，1956 年，在乡政府驻地开办供销合作社、肉食站、粮油站，成为境内中心市场。各村开设代销店。中共十一届三中全会后，个体商贸服务业得到发展，农村市场日益活跃。随着商业流通体制改革的深入和小城镇发展的需要，镇党委、镇政府筹资进行集镇基础设施建设。2000 年，修建农贸街，鼓励农民进镇经商。推动商贸服务业快速发展。2014 年，全镇有商铺 341 家，从业人员 2450 人。墟场 1 个，逢场日赶集人 5000 余人。全年商贸服务收入 1088 万元。

建筑业

1972 年，组建新关建筑队，有建筑工人 50 多名。2000 年改名为西北建筑公司，有建筑工人 300 多人。2014 年，西北建筑公司拥有 700 员工多人，年创收 3000 万元。

财政金融

1995 年，全镇实现财政收入 300 万元。2003-2005 年，调减、免征农业税，停征屠宰税，财政收入逐年减少。后随着镇域经济的发展，镇财政收入逐步增加。2013 年，全镇实现财政收入 890 万元。2014 年，全镇完成地税税收 5200 万元，财政收入 2195 万元。

1952 年，设立新关信用社。2000 年，境内有农村信用分社 1 家，营业所 2 家。年末存款余额达 7100 万元，贷款余额 5200 万元。2014 年，年末存款余额 2.5 亿元,贷款余额 9204.55 万元。

三、基础设施

交通运输

1950 年 10 月，建成石门县澧水渡口，临澧县张公庙至慈利县公路通车，途经境内 17 千米。1959 年，石门县城至南镇清官渡公路建成通车，纵贯境内 17 千米。1970 年动工兴建，1978 年建成通车的枝柳铁路跨经境内 7 千米。1974 年，石门三江口公路铁路两用桥建成后，以大桥桥头为基点，扩改建石门至慈利公路，境内长 11 千米。1976 年修通新泉大队至樟木大队公路。1982 年修通境内海拔

最高、坡度最大的新关大队至茅山公路。1995年修通二都乡竹园村至清河村、七松村、向家村公路。2014年,全镇拥有公路19条81.2千米,其中省道S304线石门至慈利公路11千米,省道S303线石门县城至南镇清官渡公路12千米。硬化公路67.2千米,硬化率83%。

邮电通信

1976年,境内有邮电所1家,邮政代办所1家。2003年增加移动通信1家。全镇实现村村通电话。2014年,全镇有固定电话用户3600多户,移动电话2.14万部,互联网用户4280户。

供电供水

供电 1975年成立新关人民公社农电站,有10万伏变压器1台。1990年并入大电网。2006年8月,全镇实现村村户户通电。2014年,全镇拥有输电线路105千米,变压器69台5890千伏安,总用电量419万千瓦时。

供水 2002年开始,新关镇党委、镇政府把居民安全饮水提到议事日程,是年分别投资74.6万元、70万元,建成竹园、升子峪2个水厂。2009年,投资179.2万元建起松林水厂。2013年,投资258万元,在阎家溶村进行县自来水管网延伸建设。2014年投资210.09万元,在五桂桥村建起二天门水厂;投资110万元在长岭村建起界溪水厂;投资70万元在七松村建起清河水厂;投资202万元在七松村进行县自来水管网延伸建设;投资2390万元进行集镇自来水厂延伸建设。至2015年,全镇总投资3563.89万元,共建设供水工程9处,日供水量2100吨,7个村(居)及中小学校,共2.925万人饮上自来水。

水利建设

1960年, 在五桂村建立境内第一座水库一六〇水库, 五桂村、阎家溶村2000亩农田受益。1963-1964年,相继修建小Ⅱ型水库4座。至2014年,境内有小Ⅰ型水库1座,小Ⅱ型水库6座,塘坝710个,总蓄水量2900万立方米,受益面积8300亩。

境内有1个大型水电站——湖南三江电力有限责任公司。1992年,5台机组建成发电,每台机组装机容量为1.25万千瓦,年发电量在1亿千瓦时以上。

2001年,由常德金健米业有限公司收购。

镇村建设

1998年,镇党委、镇政府征收土地120亩,建成镇政府前大街1000米、农贸街400米。新街道门面130多个,占地面积35亩。2001年,硬化迎宾路、新堰路、熊家岗路。至2014年,集镇建成区面积达3.5平方千米,常住人口3283人,进镇经商户283家,从业人口1200多人。两个居委会和5个行政村均建起村级活动中心。

四、社会事业

教育

清代,境内有私塾数家。清光绪二十七年(1901),乡绅申悦庐办起一所高标准初等小学,校址设姚家祠堂,有3名教师,50多名学生。宣统二年(1910),学校改名为新关初等小学堂。民国元年(1912)改为二等小学校。民国19年(1930)年,学校设4个教学班,有田租87亩,学生发展到150多人。民国21年(1932)学校被定为石门县区立高等小学,民国29年(1940)更名为新关中心国民学校,增招高级班1个。中华人民共和国成立后,人民政府重视教育,将新关中心国民学校更名为新关完小,设立五桂、松林、茅坪、安乐、升子峪、联合、单家河、三江、七松、龙泉河、歪角垭、保尔、二天门、红土坡14所小学。1958年,在新关完小设1个农中班,一期后并入皂市桅市农中。1969年新关完小更名为新关中学。1976年增招高中班,1980年高中停办。1992年,扩招初中班至24个,有教师65人,学生1118人。20世纪90年代调整学校,1995年,全镇有初中1所,小学4所,教师200余人,在校学生3500人,学龄儿童入学率100%。2014年,全镇有初级中学1所,教师63人,学生415人;有新关镇、中茅坪、七松、阎家溶4所完小,教师66人,学生757人;有新兴、太平、新蕾、盼盼、贝蕾5所幼儿园,教师34人,入园幼儿265人。

文化体育

文化　1971年,创办新关人民公社广播站,实现队队通广播。1974年建立新关人民公社文化站，管理境内文化体育事业。1993年设立新关有线电视台，7个村1300户农户接通有线电视。2014年，全镇有图书馆(室)5所，共藏书6.8万册。村、社区均有运动场所，村镇文化艺术活动有声有色。

体育 1987年，长岭舞狮队参加全县舞狮大赛获第一名。2014年，新关镇代表队参加全县广场健身舞暨首届摆手舞大赛，获最佳编排奖；参加全县第四届职工运动会广播体操比赛，获乡镇组一等奖。

医疗卫生

民国年间，境内有私人诊所1家。中华人民共和国成立后，由个体医生组建联合诊所。1956年建立城关乡卫生所，1959年改为新关人民公社卫生院，有医务人员13人，病床2张，下设26个大队卫生所。1985年更名为新关镇卫生院，有医务人员21名，病床5张。卫生院下设新关、七松、龙凤3个医疗站。2014年，镇卫生院有医务人员31人，病床50张，下辖3个村级卫生室，年诊治患者1.4万人次。为改善农村卫生条件，7个村(居)建有垃圾池，有45名保洁人员对街道和聚居点进行清扫。

社会保障

1995年，全镇供养“五保”对象37人。2008年建立镇敬老院，建筑面积2800平方米，可同时入住80人。2014年，全镇62名“五保”对象全部入住敬老院集中供养。

新关镇敬老院 新关镇政府提供

2005年，推行新型农村合作医疗制度。年内参加合作医疗1.5611万人，参合率99%。至2014年，有1.9950万人参加农村合作医疗，参合率100%。有0.5万人次享受门诊、住院补偿金160万元。

2006年，启动贫困居民最低生活保障制度，568人享受农村居民最低生活保障待遇，298人享受城镇居民最低生活保障待遇。2014年，有414人享受农村最低生活保障待遇，领取低保资金72.966万元；232人享受城镇居民最低生活保障待遇，领取低保资金48.348万元。

2008年，实施新型农村社会养老保险制度，年内135人参加新农保。2014年，有1.385万人参加新农保，参保率99%。4150人享受社会养老保险待遇，领取养老金373.5万元。

人民生活

1950年，境内人均耕地1.5亩，其中水田0.6亩，普遍种植单季稻，年人均口粮不足200千克。农民住房普遍为平房，其中部分为茅草房。1962年开始种植双季稻，粮食产量增加，人民生活有所改善。中共十一届三中全会后，农村经济得到发展。1983年，粮食产量大增，人均产粮380千克，农民基本解决温饱。部分富裕家庭开始兴建楼房，购置电风扇、电视机、电冰箱、洗衣机等家用电器。1995年，全镇农民人均纯收入1200元，年末人均储蓄50元，70%的农户建房，有210户购买摩托车。2000年，镇党委、镇政府密切关注民生民利，组织农村剩余劳动力发展经济和外出务工经商。是年，全镇拥有拖拉机120台，运营汽车62辆。个体开矿兴起，农民收入不断增加。2014年，农民人均纯收入7800元，年末储蓄余额人均4237.28元。90%农户入住新楼房，60%农户有摩托车。全镇农民拥有货车420辆，中巴车9辆，小车153台。

五、特色地情

历史人物

林德轩(1877-1927)　清光绪三年(1877)出生于新关镇莫家塌。22岁入湖南弁目学堂学军。光绪三十年(1904)任四川军协统(师长)。民国16年(1927)5月9日病逝，终年51岁。

邓恒泰(1889—1927)　清光绪十五年(1889)8月18日生于新关镇茅坪村。民国15年(1926)7月，石门县总工会筹备处成立，邓恒泰被推选为筹备处成员。

民国 16 年(1927)2 月 5 日,石门县总工会成立,邓恒泰被选为副会长。民国 16 年(1927)5 月 27 日被杀害于石门县城常德桥,年仅 38 岁。

闫昌奎(1903-1927) 清光绪二十九年(1903)出生于新关镇太平村老鸦山。民国 15 年(1926)正月,新关成立农民协会,阎昌奎被推选为会长。民国 16 年(1927)6 月,阎昌奎被敌人绑到县城蒋家洲杀害,时年 24 岁。

龙在前(1903-1946) 清光绪二十九年(1903)出生于新关镇。曾任中共石门县委委员、红四军一团党代表、湘鄂川黔省政府委员、慈利县委书记等职。民国 35 年(1946)被敌人杀害,终年 43 岁。

申悦庐 (1884-1970) 清光绪十年(1884)九月二十一日出生于新关镇。光绪三十年(1904)考中秀才。1970 年逝世,享年 86 岁。

文化遗址

七松古文化遗址 位于新关镇七松村,范围东至海螺水泥转移站,南至石慈公路,西至徐年华家,北至澧水河,内有大水井殷商文化遗址、马安墓等。1998 年 5 月,被定为石门县第一批文物保护单位。

大龙潭石器遗址 位于新关镇大龙潭村 3 组,西距县城 3.6 千米,东距三江口水电站大坝 1 千米,南临澧水河 200 米,海拔 68 米。1987 年全省文物普查时发现。

纪念地、纪念设施

彭士量将军殉国处——岩门口 位于新关镇安乐村岩门口。民国 32 年(1943)11 月,日军进犯石门,国民革命军第七十三军暂编第五师师长彭士量率部奋力抵抗。11 月 15 日,暂五师渡河时遭到日军围攻,彭士量指挥突围,不幸在岩门口被敌飞机机枪射中,壮烈殉国。

重大事件

1983 年,新关公社安东大队农民熊先佑在熊家岗挖到虎纽錞于 15 件。据考证,系战国和汉代窑藏珍品。

1991 年,荣获全省百强乡镇称号。

2011 年 9 月 20 日,新关镇人大主席团副主席陈建教荣获第三届"全国道德模范提名奖”。出席在北京举行的第三届全国道德模范颁奖典礼，受到李长春等中央领导接见。

2013 年 3 月，阎家溶村被中华全国妇女联合会、全国农村妇女“双学双比”活动领导小组授予“全国城乡妇女岗位建功先进集体”荣誉称号。

陈建教（前排右）出席第三届全国道德模范颁奖典礼，受到李长春（中）等中央领导接见。

新　　铺　　乡

★国家生态乡镇

一、区域概况

地理位置

新铺乡位于县境东北部，东与澧县码头铺镇、临澧县新安镇接壤，南与易家渡镇相邻，西与新关镇交界，北与皂市镇和三圣乡毗连。乡人民政府驻羊子垭社区，距石门县人民政府驻地 13 千米。

新铺乡荣获省级文明乡　新铺乡政府提供

建置沿革

民国年间，境内设瓜花、燕山 2 乡。中华人民共和国成立初，属石门县第四区。1952 年 2 月，全县设 281 个乡，境内置有 17 个小乡。1956 年 6 月，黄木、新铺、洛浦、河曲、岩门、塘市、天池、西流、笔架 9 乡合并成新铺乡；两河、青龙、开花、龙坪、土桥、双堰、中和、花桥 8 乡合并为青龙乡。1958 年实行人民公社体制，青龙乡改为青龙人民公社，新铺乡划入双红人民公社。1961 年析置新铺人民公社。1984 年撤销人民公社体制，新铺人民公社改为瓜子峪乡，青龙人民公社改为燕子山乡。1995 年撤区并乡，燕子山乡与瓜子峪乡合并成立新铺乡。至 2014 年无变化。

新铺乡政府办公大楼　新铺乡政府提供

区划面积

1995 年，新铺乡辖黄溪峪、红庙山、岩门口、青狮岭、御驾沟、河曲峪、毛家峪、新铺、东湾、千斤塔、碑垭、天池堰、仙女洞、艾家山、岳家棚、泉水洞、西溪峪、黄木岗、羊子垭、开化寺、风垭头、中河铺、圈门铺、营盘岗、大柳树、凉井、王家

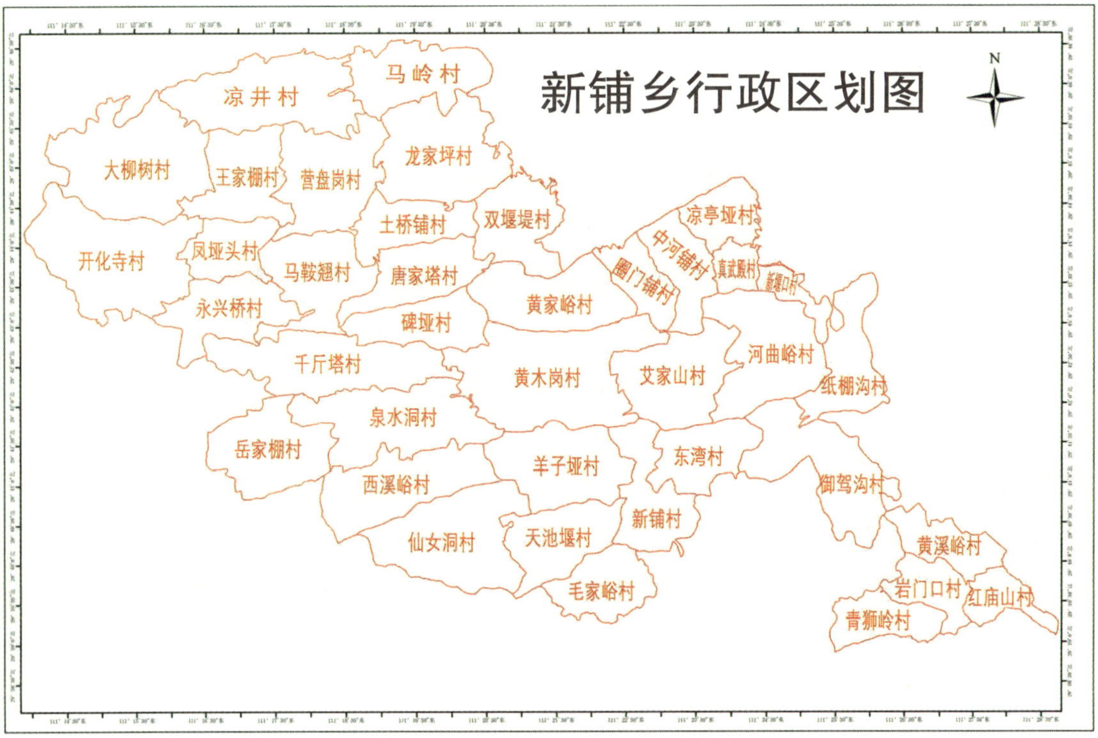

新铺乡行政区划图　新铺乡政府提供

棚、永兴桥、马鞍翅、新堰口、纸棚沟、双堰堤、龙家坪、马岭、真武殿、凉亭垭、黄家峪、土桥铺、唐家塔39个行政村。全乡总面积161.54平方千米，耕地面积3.249万亩，其中，水田2.088万亩，旱地1.161万亩。2007年合村并组后，所辖行政村减为23个。

2014年，新铺乡辖黄溪峪、青狮岭、河曲峪、毛家峪、千斤塔、天池堰、艾家山、岳家棚、西溪峪、黄木岗、开化寺、中河铺、营盘岗、大柳树、永兴桥、新堰口、双堰堤、龙家坪、真武殿、黄家峪、土桥铺21个行政村，新铺、羊子垭2个社区，共451个村民小组。全乡总面积未变，耕地面积3.92万亩，其中，水田2.9849万亩，旱地9351亩。

人口民族

1995年，新铺乡有8976户3.4万人。2014年，全乡有10207户3.32万人。人口民族构成以汉族为主，有2.483万人，占74.79%；其余为土家族8300人，苗族

25 人,布依族 8 人,侗族 16 人,壮族 15 人,彝族 2 人,瑶族 3 人,回族 1 人。

自然环境

乡域属丘陵区,地势西北高、东南低。北边有燕子山脉为屏障,中间有羊子垭、桃垭、仙凤山横亘。东南面岗峦起伏,山岭分隔,形成河曲峪、西溪峪、瓜子峪、岩门口峪 4 大山峪。位于大柳树村的望祖坛为境内最高点,海拔 580 米。位于黄溪峪村的红庙山为境内最低点,海拔 75 米。燕子山北麓有涔水流经,沿涔水北侧有平均宽 1 千米、长 7 千米的平地燕子坪。燕子山在女儿垭分支往东伸出一条山岭直抵新堰口,在主脉和支脉之间形成一条东西长、南北窄,面积约 4 平方千米的平地花桥峪。乡域属中亚热带向北亚热带过渡的季风气候区,四季分明,热量充足,雨水集中,严寒期短。年平均降雨量 1250 毫米。年平均气温 14.70 摄氏度, 最冷的 1 月平均气温 2 摄氏度, 最热的 7 月平均气温 27.5 摄氏度。全年无霜期 279 天。境内植被种类多样,珍稀树种有银杏、香樟、榉木等。野生动物有野猪、野兔、锦鸡、果子狸、黄麂、麻雀、喜鹊等。境内矿产资源丰富,探明矿种有烟煤、石煤、铁矿、磷、石灰石、白云石等 25 种,其中烟煤储量 2300 万吨,石煤储量 2500 万吨,石灰石储量 100 亿吨,铁矿可开采储量 100 万吨,白云石储量 5000 万吨。煤炭以优质烟煤为主,主要集中在中部新堰口片境内,储量大、煤层浅、开采性好。

二、经济发展

经济综述

1995 年,全乡实现工农业总产值 1.69 亿元。2004 年,调整产业结构,突出发展工业,全乡实现国民生产总值 4.3 亿元,其中第一产业增加值 1.07 亿元,第二产业增加值 1.65 亿元,第三产业增加值 1.71 亿元。2010 年,以建设小康社会为目标,工业农业齐头并进。至 2014 年,全乡国民生产总产值增加到 6.8 亿元。

农业

种植业 1995 年,全乡种植粮食作物 4.81 万亩,产量 1.29 万吨;油料作物 1.87 万亩,产量 1345 吨;柑橘产量 1127 吨。1996 年起,大力发展柑橘产业。1998

新铺乡万亩油菜基地 新铺乡政府提供

年，粮食总产量 1.2796 万吨；油料作物 2.05 万亩，产量 1950 吨；柑橘产量 2187 吨。2004 年，柑橘产量 6500 吨。2011 年柑橘产量，达 1.5927 万吨。2014 年，全乡柑橘种植面积达 2.15 万亩，良种覆盖面 90%，优质柑橘园面积达到 80%，无公害柑橘栽培面积 1.5 万亩，产量 1.35 万吨。全乡由政府统一供种供肥，规范化栽培，油菜 2.3 万亩，油菜籽产量 2680 吨。

养殖业 新铺乡是全县马头羊繁育基地。1995 年，饲养马头羊 2.14 万只，出售肉羊 1.24 万只。出栏生猪 2.79 万头，牛 1554 头。出笼兔 1.04 万只，家禽 10.8 万羽。1999 年后，养殖业成为境内主导产业。2003 年，饲养生猪 5.8 万头，山羊 4.1 万只，耕牛 0.8 万头。2011 年，出栏生猪 6.53 万头，山羊 1.69 万头，肉牛 1511 头，出笼家禽 40.8 万羽。2014 年，出栏生猪 3.56 万头，牛存栏 7974 头，山羊存栏 1.81 万头，家禽存笼 31.2642 万羽。

林业 1995 年，全乡造林 5000 亩。1998 年，完成封山育林 11 万亩，退耕还林 200 亩。2002-2003 年共退耕还林 3643 亩，荒山配套造林 3038 亩。2005 年，生态公益林面积达 4.36 万亩。2010 年完成燕子山片大柳树等 8 个村 52.57 平方千米水土保持两轮综合治理，完成黄溪峪、岳家棚2个村丘岗地开发700亩。黄溪峪村被授予“常德市十大丘岗地开发示范片”称号。2014年，完成义务植树8万株，中央补贴造林1000亩。是年，全乡林业用地17.2万亩，木材蓄积量8.6万立方米，森林覆盖率61%。

工业

1995年，全乡有各类企业1126家，实现企业总产值1.45亿元。永兴煤矿年产原煤10多万吨，上缴利税650万元，居全省乡镇煤矿之首，被评为“湖南省科技示范企业”、湖南省“乡镇企业效益百强企业”。1996年，境内有9家煤矿投产，其中5个煤矿产值过百万元，全乡产煤30万吨。新铺水泥厂年生产能力8.8万吨，产品销售湘鄂两省。1998年，全乡实现乡镇企业总产值26405万元，其中工业产值14238万元。2004年，全乡私营企业发展到175家，全年产煤29万吨，生产水泥7万吨，工业增加值达4700万元。2007年，企业投入技术改造资金1300万元。2009年，全乡6家规模工业企业总产值突破4亿元，工业增加值1.75亿元。2014年，受市场经济下行和产业结构调整的影响，企业生产急剧下滑，煤炭市场持续走低，湘国煤矿关闭，万生和蔡子趟煤矿进行整合，全乡仅生产原煤12万吨。乡党委、乡政府充分利用尾矿资源，推广清洁生产和低碳技术，发展绿色生态企业。境内新增创业户109个，其中新增企业23家。全乡实现工业总产值4.9亿元，工业增加值1.3亿元。在青狮岭村兴建的明杰新型建筑材料项目，年产6000万块煤矿尾矿环保砖，年产值1800万元，实现利税465万元。

商贸服务

1995年，全乡商品购进总额670万元，商品销售总额595万元。1999年，签订招商引资合同9个628万元，到位378万元。2004年，全乡第三产业完成总产值1.66亿元，增加值5400万元。2007年，全乡商品流通企业达到473家，完成总产值1.95亿元。2008年，全乡拥有商品流通企业490家，其中年内发展15家，完成总产值1亿多元，创增加值4000多万元。2011年，全乡交通运输业收入2011万元，餐饮业收入1085万元，服务业收入573万元，其他收入173万元。2014年，全乡交通运输业收入2598万元，餐饮业收入2406万元，服务业收入

1061 万元,其他收入 485 万元。

财政金融

1995 年,全乡完成财政总收入 528.55 万元,支出 487 万元。1999 年,全乡完成农特两税 102 万元。2004 年, 全乡财政收入 1203 万元, 支出 780.06 万元。2006 年,全年财政收入 1244 万元。后实行税费调整,至 2011 年,全乡财政收入 293 万元。2014 年,发放年度生态公益林、退耕还林、油菜、耕地地力、低保和优抚等各类补贴共 18 大项,总金额 554 万元。2014 年,乡农村信用联社存款余额 1360 万元,发放农户小额贷款 600 万元。

三、基础设施

交通运输

1951 年,新关镇至羊子垭公路建成通车,全长 16 千米境内始有公路。此后,陆续修建新铺至纸棚沟公路,全长 35 千米,县道 X313 线新堰口至大柳树段,长 19 千米。1996 年,建成千斤塌至永兴桥公路,长 11.28 千米。1998 年,全乡修村、组公路 16.5 千米, 整修公路 46.8 千米。2001 年, 乡村两级投入 80 多万元,对 70%乡村道进行改造。2007 年,完成乡村水泥路硬化 25 千米。2009 年,实现全乡村村通水泥路。2010 年,完成通畅工程建设 5.6 千米。2011 年,完成通畅工程建设 79.1 千米,通达工程 8 千米,配合县完成通乡公路建设 38 千米。2013 年,投入 325 万元硬化村组道路 11 千米。2014 年,投入 325 万元硬化道路 11 千米,投入 68 万元修建双堰堤村温家垱桥。是年,全乡有县、乡、村、组公路 289 千米,其中硬化 215 千米。

邮电通信

1958 年,境内始设邮电所,办理邮政、报刊发行、电报电话业务。1995-1997 年,全乡开通程控电话 200 多门,通电话村达 19 个。1998 年,乡邮电大楼竣工,燕子山程控电话开通,增加 9 个通程控电话村和 110 户程控电话。1999 年,投资 100 万元开通大哥大数字机站。2000 年,安装程控电话 560 多部,程控电话村由 23 个增加到 37 个。2001 年,全乡实现村村开通程控电话。至 2014 年,全乡拥有固定电话 1927 部，移动电话 22884 部，互联网用户 2146 户。

供电供水

供电 2014 年，新铺乡辖区内有 10 千伏配电线路 3 条 130.14 千米，380/220 伏低压线路 1443 千米，配电变压器 121 台容量 19855 千伏安，其中农村配变 106 台 9725 千伏安，企业专变 15 台 10130 千伏安，用电村(居)23 个，总用电户数 10222 个，企业用户 15 个，总供电量 782.7 万千瓦时。

供水 1995 年，完成人畜安全饮水工程 80 处，解决饮水困难 2500 余人。2000 年，全乡开辟水源 300 余处。营盘岗村、东湾村、天池堰村掘井解决 2500 多人安全饮水问题。2004 年，投资 75 万元完成新铺集镇安全饮水工程建设，解决近 4000 人的安全饮水问题。2006 年，建成新铺自来水厂。2007 年，建成燕子山自来水厂。投资 80 余万元，完成王家岭、土桥铺、双堰堤、黄木岗、羊子垭等村的人畜安全饮水工程。2010 年，完成黄溪峪、御驾沟村 1998 人的安全饮水工程项目。2013 年，投入 125.5 万元，完成黄木岗村、千斤塔村安全饮水工程。2014 年，争取资金 340 万元，实施花桥水库片区真武殿村、中河铺村和黄家峪村的安饮工程。争取资金 230 万元解决新铺、羊子垭 2 个居委会 3500 人的安全饮水问题。

新铺乡自来水厂　新铺乡政府提供

水利建设

1958 年，兴修马岭水库。1968 年，兴修红砖水库。1972 年，兴修青狮岭水库。

1974年，兴修千斤塔水库。1969年，兴修西流水库。1990年，兴修东风水库。1995年，兴修肖家冲1座和渠道12万米，整修堰塘渠坝890处。1996年，完成王家棚村2500多米渠道兴建工程，解决400亩耕地灌溉问题。1997年，兴修渠道28千米，完成防渗渠道6千米，整修堰塘300余口，治理溪堤1.8千米，渠道清淤10多千米，维修水库3座。1998年，兴修渠道8千米，完成9座病险水库的除险加固工程，兴修3口堰塘。2001年，整修堰塘315座，修水渠7千米，整修水渠16千米。2008年，整治黄木、红卫、红岩溪3座病险水库，整修塘坝105处，沟渠清淤扫障55千米，沟渠硬化12千米。2010年，硬化沟渠48.9千米、沟渠清淤扫障150多千米。至2014年，全乡有水库13座，堰塘2100口，总蓄水量1940万立方米，沟渠345千米，溪坝6处，总灌溉面积1.5万亩。

镇村建设

1995–1998年，全乡每年投入2万元~3万元，逐步完成境内集镇部分供水设施及街道路面平整维修，1000米下水道铺设，街道绿化以及集镇总体规划修编等工作。2004年，投入3000元，安装三岔路口至乡中学的路灯3座；投入3万元，绿化集镇800平方米。2008年，乡财政筹资60多万元，完成新铺集镇500米街道拓宽延伸和硬化工程，完成自来水、下水道的铺设。同时，乡财政还筹资20万元铺设土桥铺集镇下水道。2010年，投入资金230万元，完成2个集镇街道硬化、下水道配套改造和路灯安装工程；完善环卫设施和建立保洁机制。新铺集镇垃圾实现由县环卫处统一“无害化”处理。2013年，投入30万元在新铺集镇安装高规格路灯61盏，实现集镇的亮化。投入50万元建设垃圾中转站。投入100万元完成燕子山集镇改造升级，铺设人行道彩板4200平方米，安装路灯42盏，建设下水道2100米，强力撤除违规搭建棚罩200余处。至2014年，新铺集镇建成区0.5平方千米，总建筑面积约11.2万平方米，街道总长度1.8千米，主要街道长1.2千米，宽度15米。燕子山集镇建成区0.35平方千米，总建筑面积约9.5万平方米，街道总长1.2千米。土桥铺集镇建成区域0.4平方千米，总建筑面积10万平方米，街道总长1.5千米。

四、社会事业

教育

1995年,新铺乡有中学2所,完全小学8所,教学点17个,教职员工171人,在校学生3275人,学龄儿童入学率98%。2005年,全乡有中小学校15所,其中乡办初中2所,完全小学6所,教学点7个,在校学生2820人,教职员工182人。2014年,全乡有初级中学2所,完全小学4所,教学点1个,教职员工167人,在校学生1945人。学龄儿童入学率、巩固率、毕业合格率均达到国家标准。

医疗卫生

1995年并乡后,境内设新铺乡卫生院和新铺乡卫生院燕子山分院,有医务人员31人,病床28张。下辖39个村卫生所,从业人员60人。2014年,新铺乡卫生院和燕子山分院有医务人员59人,病床52张,门诊接纳1.5089万人次,住院接纳1706人次。建立居民健康档案3.2702万人,建档率98%。下辖19个村卫生室,有村医20人,年接纳诊疗1.1万人次。

社会保障

1995年,全乡范围内实行住院医疗保险制度。2000年,全乡发放救济款14万元。2004年,成立乡社会劳动保险站,在永兴煤矿和新铺乡水泥厂开展职工社会保险和签订劳动合同的试点工作。全面完成矿山、企业员工1257人工伤保险上岗体检工作。投入资金20万元,解决135名矽肺病人救助问题。2005年,增扩社会养老保险100人,失业保险30人,医疗保险47人,开展职业病救助128人,发放救助款10.24万元。2006年,建成新铺乡敬老院,集中供养“五保”对象40人。2007年,全乡新型农民合作医疗参加率达到90%。增加社会养老保险110人,增加事业保险40人。2008年,增加职业病救助106人。2009年,全乡参加新型农村合作医疗的农民达2.831万人,参合率达96%以上。城镇居民参加医疗保险850人。建成黄溪峪、大柳树2处“五保之家”,增加集中供养人数15人。救助矽肺病人240名。2013年,全乡1.53万人参加新型农村社会养老保险,落实缴费163.18万元;领取养老金5923人,发放基础养老金397万元。3.0917

万人参加新农合，参合率达99%，征收农合基金185.5万元，发放住院补偿金1051万元。参加城镇居民医保1256人，参保率100%。发放矽肺病人生活补贴资金40.05万元。2014年，为1504名农村低保对象发放保障金203.1万元，为21名城镇低保对象发放保障金3.996万元。集中供养“五保”对象22人；分散供养“五保”对象156人，发放生活费55.968万元。为60名90岁高龄老人，发放补贴资金6.7万元。

五、特色地情

历史人物

黄道让 （1814–1868） 字师尧，号歧农。晚清著名诗人。清嘉庆十九年（1814）出生新铺乡黄溪峪村。清咸丰三年（1853），始中举人。咸丰十年（1860）赴京会试，取进士。清同治元年（1862）被朝廷授予工部主事，分掌营缮司。黄道让不满以慈禧为首的清廷而又无法排解，加上昏庸权臣的排挤，到部3个多月即乞假终养、优游林下，以诗酒日娱。同治八年（1869）病逝，终年55岁。

黄右昌（1885–1970） 著名法学家、诗人。字黼馨，号溇江子，黄道让的嫡孙。黄溪峪村人。12岁考中秀才，17岁中举人，后入湖南时务学堂，因成绩优异，被选送留学日本岩仑铁道学院，后转入法政大学。23岁归国，参加留学生戊申部试，一举夺魁。曾任湖南法政学校教授、校长及省议会长等职，教授民法、罗马法课程。后任北京大学法律系教授兼系主任，同时兼清华大学、法政大学、朝阳大学、中国大学、民国大学和天津法商学院教授，执教18年。民国19年（1930）起，历任南京国民政府立法委员、大法官等职。民国37年（1948）鉴于国民党政府分崩离析，便回湘任湖南大学法律系教授。1949年8月，参加了程潜、陈明仁《和平起义宣言》的签名。中华人民共和国成立后，继任湖南大学教授。后应国务院总理周恩来之聘，任中央文史研究馆馆员。1970年病逝于北京，终年86岁。

风景名胜

仙女洞 位于天池堰村的仙女山。洞口若斗大，可容一人之身。洞侧绿草丛生，几缕青草横在洞前，似少女额前的刘海。洞口前沿两侧怪石林立，似虎似牛。

靠近洞口有一浅潭，深约2尺，潭水往下流成一条涓涓小溪。小溪滩边卵石经过清泉洗涤，显得晶莹透亮，大如鹅卵，小似珍珠，紫的像宝石，黑的像玛瑙。靠近潭边有遥相对应的两块大石，似凳，似梳妆台，传说仙女经常在此梳头。涉水可至洞口，站在洞外，可听洞内滴水叮当作响。

重大事件

清咸丰四年(1854)，农民陈正卯、陈廷杰、汪西进、严鹏里等在燕子山以办团练为名，组织忠义团，提出"掳富济贫，除暴安良"的口号，联络澧县、松滋、石门等县穷苦农民万余人起义反清，多次打退清军、民团进攻。

1981年1月12日上午10时40分，新铺河曲石灰厂2号窑发生重大煤气中毒，死亡5人。

1982年9月23日，河曲煤矿正44平巷道老洞穿水，淹死9人。

皂　市　镇

★全国重点镇

★全国文明村镇

一、区域概况

地理位置

皂市镇位于县境中部，东与新关镇接壤，西与白云乡毗邻，南与慈利县东岳观乡交界，北与新铺乡、三圣乡相连。镇人民政府驻皂市镇居委会，距石门县人民政府驻地20.3千米。

建置沿革

清雍正十三年（1735），全县设南、中、北3乡，镇域属中乡。民国2年(1913)，全县设21个自治区，镇域分属南圻、沿市2自治区。民国20年(1931)，全县设20个乡，镇域分属南圻、沿市2乡。1952年2月，全县设14个区281个乡，镇域设15个乡。1956年6月撤区并乡，青泰、青鱼、阳泉、新桐4乡并为阳泉坪乡；皂市、桅市、石坪、麒麟、澧南、南麓、白鹤、申坪、茅山、新关、喜燕11乡及美圣乡2个村并为皂市乡。1958年9月，实行人民公社体制，镇域分属皂市人民公社、沿市人民公社。1961年4月，调整公社规模，皂市人民公社析置白云人民公社，沿市人民公社析置阳泉人民公社。1982年，皂市人民公社更名为皂角市人民公社。1984年4月撤销人民公社体制，皂角市人民公社更名为皂角市乡，阳泉人民公社更名为阳泉乡。7月，皂角市乡改为皂角市镇。1995年5月，全县撤区并乡，皂角市镇、阳泉乡、山红园艺场合并为皂市镇。至2014年无变化。

皂市镇政府办公大楼　皂市镇政府提供

区划面积

1995年，皂市镇辖白沙渡、刘家棚、李家河、岩湾、林家岗、桅岗、九根樟、洞湾、朱家坪、园艺场、白合观、冷家棚、皂市、女仙桥、鸡爪山、十坪、丫角山、三台、尹家湾、岳家铺、廖家坪、燕桥、东溪峪、螺丝坝、阳泉坪、天鹅山、百丈坑、三望坡、黄牯洞、万仞洞、覆罗山、邢家桥、桐梓溪、映水寺、善法桥、梅家湾、青鱼脑37个行政村和皂市居委会,共381个村民小组、3个居民小组。2007年5月,实行合村并组,全镇辖皂市、朱坪2个居委会和白沙渡、岩湾、桅岗、十坪、岳家铺、廖家坪、天鹅山、万仞洞、三望坡9个行政村,共62个村民小组,至2014年未变。

1995年,全镇总面积120.13平方千米,耕地面积2.4168万亩,其中,水田1.4565万亩,旱地9603亩。2014年,全镇总面积无变化,耕地面积为2.3852万亩,其中,水田3601亩,旱地2.0251万亩;山林面积15.668万亩;水域面积4.7211万亩。

人口民族

1995年,全镇有9138户28287人,其中,男性15114人,占53.5%;农业人口14600人,占51.6%。全年人口出生率为11.3%。人口以汉族为主,占91%。其余为土家族3042人,苗族31人。后修皂市水库,境内邢家桥、阳泉坪等7个村3100余名村民移出。至2014年,全镇有7502户22488人,其中男性11326人,占50.36%;农业人口11042人,占97%。全年人口出生率13‰。总人口中,汉族19285人,占97.1%。其余为土家族3184人,苗族19人。

自然环境

镇域为低山丘陵区,渫水自北向南穿境而过,南溪河自西向东在镇中心地带和渫水相汇后注入澧水。南北山脉呈东西走向,连绵起伏,东西部各有山丘相隔,中间盆地为主要耕作带。覆罗山、鹞鸽岩为境内两大主峰,海拔分别为997.3米、981.2米,隔渫水河相望。镇域属亚热带季风湿润气候区,四季分明,年平均气温18摄氏度,年平均降雨量1380毫米。林木有马尾松、杉、楠木、油茶、油桐、木子、樟、椿、棕、枫、栗、槐、桂、金竹、毛竹等100余种。野生动物有穿山甲、娃娃鱼、猕猴、果子狸、黄山羊、锦鸡、五步蛇、獐子、野猪等90多种。境内矿藏少,与新关接壤的白沙渡有较高品位的硫铁矿,丫角山岭一带分布有石煤、石灰岩。境内土壤多为含铁、锌、硫成分较多的黄壤土,偏酸性,肥力较低,且含沙量大,黏性不强，遇干旱或者暴雨，易发灾情。1935-2014 年，发生自然灾害 63 次，严重的有洪灾 5 次，旱灾 6 次。1985 年特大洪灾，导致朱坪、十坪、皂市、廖家坪、喜燕桥 5 个行政村 121 家房屋被淹，5487 亩农作物失收，南溪河皂市大桥垮塌，11 千米输电线路被冲毁，直接经济损失 5000 万元。

二、经济发展

经济综述

1995 年，全镇工农业总产值 5482.6 万元，其中工业总产值 2040.33 万元，农业总产值 3442.3 万元。1996 年，大兴水利建设，改建黄龙水库南干渠、中干渠，引进优质柑橘新品种和栽培管理新技术，全镇连片建成万亩单产过吨柑橘生产基地。2000 年，镇、村集体企业全面实行改制，民营经济取得长足发展。由于柑橘产业兴起，国家定点挂牌的柑橘销售大市场落户朱坪村境内，带动近 300 家包装、保鲜、运输和餐饮企业的发展。是年，全镇工农业总产值 9926.42 万元，其

皂市柑橘大市场局部　皂市镇政府提供

中农业总产值4173万元,工业总产值5213.42万元。2014年,镇党委、镇政府引进资金2.13亿元,兴建白沙渡发电站、皂市水库千岛湖钓鱼台和万仞洞旅游风景区。全镇实现国民生产总值2.93亿元,其中第一产业1.15亿元,第二产业1.2亿元,第三产业0.58亿元。

农业

种植业 境内传统种植业以粮食作物为主,油菜生产为辅。1985年,全镇下力开发高效农业,利用旱地和高田发展柑橘1.8540万亩,主要品种为宫川早熟蜜柑和中、迟熟蜜橘,每年产橘在3万吨以上,创单项年产值1500多万元。2000年,柑橘成为全镇龙头产业。2001年,国家定点挂牌的柑橘销售大市场落户境内,皂市柑橘成为闻名国内外的知名品牌。2010年,全镇柑橘种植面积扩大到2.0250万亩,形成白沙渡至鸡爪山十里柑橘经济长廊和8大柑橘规模化生产基地,成立庞发、湘橘红柑橘生产协会,引领橘农规范化生产达3000户8000亩。2014年,全镇建立廖家坪至十坪的十里油菜生产基地长廊,稳定油菜种植面积5000亩。建立三望坡至万仞洞的十里干果生产基地长廊,发展板栗、核桃等干果业3000亩。

养殖业 1995年,全镇养殖生猪5.2万头,其中出栏4.3万头;养牛748头;养禽12.18万羽;出水鲜鱼127吨。1996年起,镇政府扶持养殖大户,发展规模养殖。到2013年,全镇有养猪大户41户,养羊大户24户,养鸡大户144户。2014年,全镇养殖生猪5.12万头,其中出栏3.14万头;养家禽21万羽;养牛8300头;养山羊2.7万只;出水鲜鱼5213吨。

林业 1995年,全镇有林地12.1845万亩,占山地面积的74.02%,森林覆盖率为67.6%。1996年起,镇党委,镇政府发动群众封山育林11.6624万亩,植树造林3200亩,残林改造8500亩,退耕还林2073亩,世界银行贷款造林45000亩,建小水果生产基地3.77万亩。1982年,县政府租用飞机在三望坡至覆锣山一带播种马尾松1.74万亩,成活率63%以上。2014年,全镇有林地15.6万亩,森林覆盖率86.5%,林木蓄积量83.7万立方米。其中油茶5400亩,板栗3000亩,用材林8.12万亩。保存有银杏、楠木、红杉、金葵等名贵珍稀树种。

工业

清末，境内渫水沿岸的皂市老街、阳泉老街榨油坊兴盛，有大小油坊13家。民国时期，皂角市、青鱼脑、万仞洞等地造纸业发达，各种皮纸、草纸畅销省内外。中华人民共和国成立后，境内多家木制榨油坊逐渐发展为机械化生产。20世纪70年代发展社队工业，1972年，办起第一家机械厂——皂市机械厂，主要生产各类机械轴承，产品畅销全国。1991年，筹资800万元在桅岗村兴建皂市造纸厂，年产量1000吨以上。1994年，因污染环境被关闭拆除。2000年，柑橘产业兴起，境内建起3家胶筐厂，年产胶筐10万担。2012年，镇党委、镇政府开展招商引资，引进资金1.3亿元，建成皂市水库金家沟电站、勇跃电子厂、鸡爪山变电站，为皂市工业发展奠定坚实的基础。2014年，全镇有各类企业349家，完成工业总产值28862万元。

商贸服务

清代，境内商业繁荣的集市有皂市大码头、阳泉桐梓溪2处，经营商品有杂货肉食、百货布匹、粮油食品、手工艺品、农具、家具、文具书籍等。民国时期，先后设立白沙渡、桅市、麒麟、皂市、阳泉、梅家湾、青鱼脑等墟场，商品贸易有所发展。中华人民共和国成立后，在乡(公社)、镇驻地建供销社、肉食店、粮油店、轧花厂等，成为农村中心市场。各村(大队)均开设有集体商业零售店。1961年，恢复皂市区建置，在皂市集镇建立区供销社、肉食店、粮油店、工商所。中共十一届三中全会后，个体商贸服务业得到发展，农村市场日益活跃。1995年，镇内有1个集贸市场和白沙渡、桅市、岳家铺3个墟场，个体商铺发展到380家，社会商品零售总额3420多万元。随着商业流通体制改革的深入和小城镇发展的需要，镇党委、镇政府筹资进行集镇基础设施建设，鼓励农民进镇经商，推动商贸服务业快速发展。至2014年，全镇有各类商铺500多家，个体工商从业者1208人。墟场赶集日客流量3000人次。社会商品零售总额8700万元，其中集市商品成交额5000多万元。

财政金融

1995年，镇政府财源主要是农业税、特产税和企业税收，财政总收入337.73

万元，其中农业税124万元，特产税83.24万元，企业纳税36.9万元。镇内有农村信用合作社分社1家，农村信用分站38个，农村合作基金会1家，邮政储蓄所1家，年末各项存款余额9327万元，各项贷款余额6544万元。

1996年，设立中国人寿保险公司石门县支公司皂市镇保险站。1999年，农村合作基金会并入农村信用合作社。

2002年，全镇财政收入693.84万元。2003–2005年，因调减、免征农业税、特产税，停征屠宰税，财政收入逐年减少。2014年，财政收入877.06万元。皂市镇信用合作社、邮政储蓄所、农业银行皂市分行3家金融单位年末存款余额4.645亿元，各项贷款余额1.21亿元。镇人寿保险站投保金额847.42万元，赔付413.16万元，赔付率为48.5%。

三、基础设施

交通运输

1959年，省道石门至清官渡公路建成通车，从新关经皂市至白云桥，境内段长8千米。1972年，修建皂市至阳泉螺丝坝乡道3.5千米。1981年，修建皂市至新铺西流乡道12.1千米。1982年，修建皂市经尹兴、廖家坪至新关申家峪乡道10.5千米。1986年，修通皂市经阳泉至青鱼脑乡道11千米。2007年，皂市水库建成蓄水，皂市至螺丝坝、青鱼脑乡级公路被淹没。1987年，修建皂市经三望坡、黄姑洞至万仞洞村道27千米。1988年，修通皂市至天鹅山村道21千米。1995年，省、乡道公路在境内总长33.8千米，通村公路17条，总长84千米。每天有14个班次客车从阳泉经皂市和雄黄矿经皂市开往新关、石门县城西站，有两个班次客车从皂市直发澧县、临澧、常德北站，客运量700多人次。1996–2006年，由国家投资和各村自筹相结合，投入2400多万元硬化村组道路68千米。2007年，皂市水库蓄水后，皂市至螺丝坝、青鱼脑两条乡级公路淹没。石门县城至南北镇公路环湖改线，投资8亿多元挖通2条隧洞、架设3座桥梁，修建北线公路20千米。2008年，澧水公司投资修通皂市至天鹅山和皂市水库北线万仞洞大桥至万仞洞村的水库附属公路28千米。2010–2012年，由国家扶贫办、澧水公司、常德烟草局共同扶持投资160万元，分期硬化水库附属公路和村级道路44.8千米。2013年，由省公路局投资2500万元兴修皂市三望坡至三圣乡海阳公路9.9千米。至2014年，境内1条省级公路、两条县级公路全部硬化。23条联村、通村公路延伸到村民小组，总长度184.6千米，硬化161千米。每日有23个班次的客车往返于石门、新关、白云、磺厂、常德等地，客流量1000多人次。

邮电通信

1988年，境内设有皂市、阳泉2个邮电所，经营邮政电信业务。1995年，85%的村开通程控电话，无线寻呼和移动电话开始使用。至2014年，全镇有移动通信营业厅6家，联通通信营业厅5家，有家庭固定电话1643部，移动电话1.2187万部，互联网用户1068户。

水利建设

1966年修建境内第一座水库——三叉溪水库，1971年修建梅家湾水库，1972年，修建天鹅山水库。3座水库总库容240万立方米，灌溉面积6000亩，皂市水库建成后均被淹没。1973年，修建麒麟水库。1976年，修建黄龙水库。1980年，配套修建南溪水库至黄龙水库的南干渠。1982年，修建鸡爪山水库。1991年，修建尹台水库。1992年，修建黄龙水库中干渠。至1995年，全镇有大小水库9座，总库容量600万立方米。渠道253条200千米，提灌站5处，有效灌溉面积1.1万亩，占水田总面积80%。2004年2月8日开工修建皂市水利枢纽工程，2009年12月完工。2010年，由国家投资460万元进行农田基本建设开发改

农业综合开发工程　皂市镇政府提供

造，将黄龙水库的南干渠、中干渠全面实行浆砌改造。2012-2013 年，由国家投资 400 万元，将全镇各支灌渠进行全面安装 U 形槽改造，总长达 11.2 千米。2014 年，全镇自流灌溉面积达 92.3%。

皂市水利枢纽工程 皂市水利枢纽工程的勘测、规划、设计、科研等工作，始于 1950 年，先后由长沙勘测设计院、省水利勘测设计院承担。1959 年曾一度动工兴建，1961 年省政府通知停建。1964 年，省水利勘测设计院再次进行初步设计。1990 年年初，省政府与长江水利委员会共同协商澧水流域设计工作，商定皂市水利枢纽工程设计由长江水利委员会设计院承担。1992 年，国务院批准的《长江流域综合利用规划简要报告》确定了澧水流域治理的重要性和必要性，并确定采用江垭、皂市、宜冲桥的三库联调防洪系统，批准优先安排江垭和皂市工程开工建设。

皂市水库阳泉淹没区　王本平提供

1998 年 9 月，长江水利委员会设计院提交了《皂市水利枢纽工程项目建议书》，11 月通过水利部水利规划总院审查。2000 年 8 月，国务院批准《国家计委关于审批湖南皂市水利枢纽工程项目建议书的请示》（计农经〔2000〕937 号），皂市水利枢纽工程正式立项。

皂市水库大坝航拍图　王本平提供

皂市水库工程建设　谭梦林摄

1999 年 12 月，《皂市水利枢纽工程可行性研究报告》通过水利部水利规划总院审查。2000 年 12 月 29 日，水利部向国家计委报送了《关于报送湖南澧水皂市水利枢纽工程可行性研究报告审查意见的函》(水规计〔2000〕656 号)。

2002 年 10 月，国务院，批准《国家计委关于审批湖南省皂市水利枢纽工程可行性研究报告的请示》(计农经〔2002〕754 号)。2002 年 9 月至 2003 年 12 月，省水利厅、长江水利委员会设计院先后 2 次向水利部报送《皂市水利枢纽初步设计报告》和补充报告。

2003 年 12 月 18 日，水利部批复《皂市水利枢纽工程初步设计报告》(水规计〔2003〕626 号)：皂市水利枢纽工程初步设计总库容 14.39 亿立方米，防洪库容 7.83 亿立方米，正常蓄水位 140 米，相应库容 12 亿立方米，死水位 112 米，死库容 2.71 亿立方米，有效库容 11.68 亿立方米，库容系数 0.3，为年调节水库。电站装机容量 120 兆瓦，灌溉面积 5.4 万亩，通航建筑物规模 50 吨级(预留)。设计洪水位为 500 年一遇，相应洪水流量 12500 立方米／秒；校核洪水为 500 年一遇，相应洪水流量 16100 立方米／秒；消能建筑物设计洪水为 100 年一遇，相应洪峰流量 9910 立方米／秒。电站设计洪水与校核洪水重现期分别为 100 年与 200 年。

皂市水利枢纽工程等别为Ⅰ等，工程规模为大 1 型。大坝挡、泄水建筑物为 1 级建筑物；电站、消能建筑物、灌溉渠首为 3 级建筑物；通航建筑物等别为 7 等，建筑物级别为 4 级。

大坝采用碾压混凝土重力坝，坝基高程 60.0 米，坝顶高程 148.0 米，最大坝高 88.0 米，坝顶长度 351.0 米，坝顶上游面设置防浪墙，墙顶高程 149.2 米。

2003年11月10日，国家发展和改革委员会下发《关于核定湖南省皂市水利枢纽工程初步设计概算的通知》（发改投资〔2003〕2158号），对皂市水利枢纽工程核定总投资37.9679亿元，其中核定工程部分投资17.2812亿元。

2004年1月13日，国家发展和改革委员会下达《2004年第一批新开工固定资产投资大中型项目计划的通知》（发改投资〔2004〕75号），批准皂市水利枢纽工程开工。主体工程施工总工期为5年4个月。

2002年3月27日，水利部部长汪恕诚（右二）、湖南省省长张云川（左三）、长江水利委员会主任蔡其华（右三）视察皂市水库工地。　王本平提供

2004年2月8日，水利部、湖南省政府联合宣布皂市水利枢纽工程正式动工，水利部副部长陈雷在工程奠基仪式上按动电钮，湖南省省长周伯华宣布皂市水利枢纽工程正式开工。

2009年，中共湖南省委书记张春贤（右二）、中共湖南省委常委、省委秘书长杨泰波（右三）视察皂市水库。王本平提供

2004年9月30日，皂市水利枢纽工程实现大坝截流；12月初完成坝基开挖；12月10日开始浇筑大坝垫层混凝土；2007年10月大坝全线达到坝顶高程；10月25

日上午 8 时 18 分，澧水公司董事长魏善忠宣布皂市水利枢纽工程下闸蓄水；2008 年 4 月和 5 月，电站两台机组相继实现提前并网发电；2009 年 12 月，枢纽工程全部完工。

截至 2014 年底，皂市水利枢纽经受了 8 个汛期 33 次洪峰的考验，发挥了巨大的防汛削峰、拦洪、补偿调度和抗旱作用。

镇村建设

1984 年，皂市改为建制镇，开始制定镇区发展规划，投资 123 万元将下南圻街三岔路至原公社驻地建成一条 400 米文化中心街。1988 年，投资 1000 万元建成皂市商贸中心街。2001 年，皂市镇政府征用土地 80.14 亩，投资 2390 万元，在朱坪村建成全国定点挂牌的柑橘营销大市场，建筑面积 3.26 万平方米，年柑橘集散吞吐量 10 万吨以上。2005 年，制定《皂市镇 2005—2020 总体发展规划》，集镇区规划控制面积定为 6.4 平方千米。2007 年，国家投资 800 万元，镇政府筹资 500 多万元，征用土地 85.4 亩，建成 826 米长的皂阳路商贸新街，临街门面 349 个。2008 年被评为市级文明卫生镇，2011 年被评为省级环境优美镇，2012 年被评为省级文明卫生镇。至 2014 年，集镇建成区面积达 0.9 平方千米，总建筑面积 10 万平方米，形成两纵两横的街道架构，街道总长 3 千米。集镇常住人口 10080 人。7847 户吃上自来水，占全镇总户数的 93%。建沼气池 681 户，改厕 5349 户。每个村(居)建有 5~10 个垃圾池，聘请 2~3 名专职环卫工，进行垃圾分类处理。

皂市集镇　皂市镇政府提供

四、社会事业

教育

清代，境内有私塾蒙馆多家。民国22年（1933），由桅市人周世球发起，筹建公办学校，改下南圻街古寺建下南圻高级完小，将朱坪外滩130亩田土充做校产。抗日战争时期，私立澧澜完小迁入，办学8年。中华人民共和国成立后，重视教育，办学规模逐渐增大。1956年，创办皂市完小。1962年，建尹兴完小、阳泉中学、普德小学、西竺寺小学。1968年，皂市完小改为皂市中学。1995年，皂市镇有高中1所、初中2所、小学38所，教职工267人，在校学生3621人，适龄儿童入学率达到90%，高中生毕业率为83%，初中生毕业率为92.5%。后整合教育资源，调整学校布局。2014年，镇内有县属高级中学（即石门县第六中学）1所，镇属初级中学1所、小学6所、学前班3个、幼儿园4所。有中小学教职工156人，在校学生1723。幼儿园幼师、护工13人，在园幼儿193人。适龄儿童入学率达100%，高中毕业率达95.4%，初中毕业率达98.7%，幼儿入园率100%。

医疗卫生

民国时期，境内医疗为个体行医，集镇建有一家“人和药铺”。1953年，皂果市乡、阳泉乡各开办1家联合诊所。1958年，联合诊所从私营转为集体，成立皂角市人民公社卫生院、阳泉人民公社卫生院。“文化大革命”期间，卫生院处于无序状态，医务人员下放。1977年后，卫生院逐步得到恢复发展，人民公社卫生院在38个大队建立卫生所。1984年，皂角市人民公社卫生院更名为皂市镇卫生院。阳泉人民公社卫生院更名为阳泉乡卫生院。皂市区医院地址位于下南溪街047号，前身是1952年由毕文采等人组建的皂市区卫生所，地址在皂市镇老街。1970年，迁址下南溪街047号，更名为皂市区医院。1995年8月，皂市镇卫生院、阳泉乡卫生院和皂市区医院合并为皂市镇中心卫生院，有医务人员37名，病床38张。下设38个村卫生室和7个医疗点，有村医和妇幼保健员76名。2007年合村后，全镇设16个村级卫生室。至2014年，镇卫生院总建筑面积达5339平方米，占地面积20.4亩，有医务人员56人，病床50张，年诊疗患者9700

人次。

社会保障

2001年,全镇供养"五保"老人154人,其中21人入住敬老院集中供养。2005年,推行新型农村合作医疗制度。2006年,全镇参加新农合2.7万人,参合率95%。是年,启动贫困居民最低生活保障制度,有752人享受城镇低保,183人享受农村低保。2008年9月,镇政府将镇建筑公司办公大楼改建为皂市镇敬老院,有9名"五保"老人入院养老。2012年,投入38万元对镇敬老院生活区进行改造升级。2014年,全镇178名"五保"老人全部落实供养政策,其中40人入住敬老院集中供养。2.1932万人参加农村合作医疗,参合率达97.52%。有0.74万人次门诊、住院医疗,得到补偿金1390.3万元。1134人享受农村低保,领取低保金136.08万元;812人享受城镇低保,领取低保金113.67万元。4951人享受社会养老保险金待遇,领取养老保险金398万元。

人民生活

1950年,境内人均耕地1.14亩,其中水田0.65亩,年人均口粮不足200千克。农村住房茅屋占半数。中共十一届三中全会以后,农村经济逐步得到发展。1983年,人均产粮483千克,基本解决温饱问题。20世纪80年代后期,大力发展柑橘产业,一部分家庭先富裕起来,开始修建楼房,购置电风扇、电视机、收录机、电冰箱、洗衣机等家用电器。1995年,全镇农民人均纯收入1248.54元,年末人均储蓄在千元以上,60%的农户建起楼房,50%的农户有摩托车, 每百户有3.42辆汽车。从2000年起,镇党委、镇政府进一步关注民生民利,延长柑橘产业生产链,提质增效。组织剩余劳力多门路发展经济和外出务工经商,农民收入稳步增加。2014年,农民人均纯收入6560元,年末储蓄人均5280元,91%的农户入住楼房,每百户有摩托车48辆、汽车7.4辆。

五、特色地情

文化遗址

十坪商代遗址 位于皂市镇十坪村境内。在十坪村渫水东岸高滩处调查发现有古文化遗存。经 1964 年、1977 年、1981 年 3 次考古发掘，确认为商代文化遗址。出土的陶器有鬲、鼎、大口缸、爵、壶等，还有铸造铜器的石范、铜渣和箭镞、凿、锥等铜器。1983 年，被湖南省人民政府公布为省级文物保护单位。2013 年，被国务院公布为全国重点文物保护单位。

燕尔洞古人类洞穴遗址 位于渫水下游皂市水库大坝内右侧二号隧洞外悬崖上。1982 年和 1986 年，石门县文物工作者在 2 处洞穴中采集到犀牛化石、剑齿象化石和其他动物化石多件。1991 年、1993 年，湖南省考古研究所派专家主持对 2 处洞穴进行科学发掘，出土数十种动物化石和远古人类使用过的打制石器，并发现一段远古人类右股骨化石和臼齿、下颌骨、趾骨化石，为湖南省首次发现古人类化石，被专家命名为“石门人”。按地层分析和洞穴的堆积物考证，遗址距今 1 万~5 万年。1992 年，被常德市人民政府公布为市级文物保护单位。

风景名胜

仙阳湖国家湿地公园 2014 年 12 月 31 日，国家林业局以林湿发〔2014〕205 号文批准“仙阳湖开展国家湿地公园”试点工作。

下南溪老河街 建于清末，沿渫水河与南溪河交汇处绵延两千米，地处石门县城通往西北乡的交通咽喉。河街有上、中、下码头 3 处，各类店铺 100 余家，知名的有文家药铺、新记南货铺、祥记客栈、肖慎之客栈、彬记客栈、善和檀门、杨家榨坊、珍记饮铺、邓家壁台、林记布庄等。民国 32 年(1943)日军入侵常德途经皂市，将下南溪街古寺万寿宫、天主堂一带烧为灰烬。经当地居民奋力抢救，下南溪上街 800 多米街道建筑得以完整保存。2012 年，被石

皂市集镇老河街　皂市镇政府提供

门县政府列为重点古镇给予保护。

廻龙寺　位于境内鸡鸣山尾端，清朝时期由皂市喜言桥吴氏宗族筹资而建，依山傍水，颇为壮观。后毁于战乱。2008 年，由吴氏宗族重建。

万仞洞　位于澧水下游皂市水库北岸，可容纳万人以上的大溶洞高悬于覆锣山善照寺绝壁，取壁高万仞而得名。洞内一股山泉涌出，经年不断，将善照寺和梯儿岩割成悬崖峭壁，形成巨壑深谷。峡谷两岸洞壑交错，怪石峥嵘，云遮雾绕，气象万千，最窄处的风车口宽不过丈许，深不见谷底。

女仙桥　位于皂市水库坝址西侧鹞鸽岩山下，为石拱桥，相传是一石匠为思念七仙女而建。

重大事件

民国 24 年（1935），境内遭受特大洪灾，8300 多亩良田被淹没，近万亩山地被冲毁，冲毁房屋数百栋，冲走牲畜数千头，损毁道路 30 多千米，造成 3 人死亡。

1998 年 8 月，皂市水库坝区开始移民，皂市村 11、12 组移民就地安置到皂市村 9 组。

2003 年 8 月 15 日，皂市镇邢家桥村第一批移民迁往蒙泉镇。

2004 年 3 月 13 日，白云山北峪湾发生森林火灾，过火面积 1000 余亩。

2008 年 1 月 13 日–29 日，皂市镇发生冰冻灾害天气，冻死耕牛、生猪 100 多头、柑橘 3 万多株。

2011 年 10 月 13 日，环境保护部授予皂市镇“全国环境优美乡镇”称号。

2014 年，皂市镇被评为湖南省文明卫生镇。

白 云 乡

★国家级生态乡镇

一、区域概况

地理位置

白云乡位于县境中西部,东与皂市镇接壤,南与慈利县东岳观镇、杨柳铺乡相连,西与磨市镇、慈利县国太桥乡毗邻,北与国营白云山林场交界。乡人民政府驻白云桥,距石门县人民政府驻地23千米。

建置沿革

清雍正十三年(1735),全县设1坊、3乡、24里,乡域分属中乡、北乡。民国2年(1913),全县设21个自治区,乡域分属南圻、沿市2个自治区。民国18年(1929),南圻、沿市自治区改为南圻、沿市乡。1952年2月,全县设14个行政区、281个乡,乡域置10余个乡。1956年6月撤区并乡,北岳、北峪、枧桥、三峰、白云桥、三峪、分水7乡及美圣乡一部分并为白云桥乡;白羊、望羊等乡并入沿市乡。1958年9月,实行人民公社体制,乡域分属皂市、沿市人民公社。1961年4月,由皂市人民公社析置白云人民公社。10月,由沿市人民公社析置望羊人民公社。1982年,白云人民公社更名为白云桥人民公社,望羊人民公社更名为望羊桥人民公社。1984年4月撤销人民公社体制,改为白云桥乡、望羊桥乡。1995年5月,撤区并乡,白云桥乡与望羊桥乡合并为白云乡。2003年7月,湖南雄黄矿移交白云乡管理。

区划面积

1995年,白云乡辖棠梨垭、白羊山、高家尖、鹤山、温家溪、两岔溪、龚家台、望羊桥、辽叶湖、青龙桥、檀木坡、竹巷口、水溪峪、分水岭、双峪、核桃湾、王家堰、雷公嘴、鸡鸣桥、园艺场、燕儿坡、悬钟峪、三合山、跑马岗、廖家拐、白云桥、竹坝桥、马路峪、晏家棚、美圣桥、苏家湾、马宗岭、康坪、叶家岭、北峪湾35个行政村,440个村民小组,总面积160.1平方千米。

2003年7月,湖南雄黄矿破产移交白云乡管辖,增加磺厂社区,4个居民小区。2007年5月合村并组,全乡设1个社区和15个行政村,共4个居民小区、149个村民小组。

2014年11月，全乡辖磺厂、望羊桥、白云桥3个社区和白羊山、鹤山、青龙桥、竹巷口、双峪、王家堰、鸡鸣桥、悬钟峪、三合山、筑坝桥、美盛桥、苏家湾、北峪湾13个行政村，共4个居民小区、16个居民小组、133个村民小组。全乡总面积165.2平方千米，有耕地2.8731万亩，林地21.651万亩，水域2.97万亩。

人口民族

1995年年末，全乡有11000户3.2385万人，其中男性1.7293万人，占53.4%；农业人口3.0203万人，占93.26%。全年人口出生率11.89‰。人口以汉族为主，占68.69%。有2个少数民族计1.0139万人，其中土家族1.0127万人，壮族12人。

2014年年末，全乡有11431户3.2804万人，其中男性1.7086万人，占52.1%；农业人口2.9897万人，占91.1%。全年人口出生率9.85‰。汉族人口占总人口65.8%。少数民族共17个1.1233万人，其中：土家族1.1147万人，壮族32人，苗族18人，白族10人，布依族、瑶族各6人，黎族、回族、彝族各2人，蒙古族、藏族、侗族、水族、土族、佤族、仫佬族、阿昌族各1人。

自然环境

乡域地形为低山丘陵区，南北为山岳，中间为狭长平地。位于三合山村的三合山主峰，海拔900.2米，为境内最高峰。最低点晏家棚村（今美盛桥村）海拔99.8米。全境平均海拔500米。境内最大河流南溪河发源于双峪村，从境域中南部自西向东流经皂市镇汇入澧水，流经境内12千米。乡域地处中亚热带向北亚热带过渡的季风湿润气候区，气候温和，四季分明，年平均气温变幅在16.0~17.5摄氏度之间，光照充足，雨水丰沛。雨水主要集中在5-8月份，降水量700~1200毫米，占年降水量的55%~60%，为洪涝多发季节。树木以乔木为主，有银杏、马尾松、国外松、杉、油茶、油桐、樟、棕、梓、枫、栗、槐、楮、冬青和楠竹等100多种。野生动物有野猪、穿山甲、麂子、野兔、斑鸠、山鸡、猫头鹰等80多种。境内矿藏量较多的有：竹坝桥村的硫铁矿，悬钟峪、王家堰、白羊山、望羊桥、青龙桥、竹巷口等村的煤炭，鹤山、王家堰、磺厂社区的雄黄，白羊山、青龙桥的大理石。

二、经济发展

经济综述

1995 年，全乡工农业总产值 9890.26 万元，其中工业总产值 6400 万元，农业总产值 3490.26 万元。1995 年开始治理水土流失，引进高产优质水稻品种和生产技术。2003 年，湖南雄黄矿破产改制划归白云乡，所属雄黄矿化工有限公司、雄黄矿采选厂、雄黄矿水泥厂成为白云乡的民营企业。2008 年，国家调整产业政策，雄黄矿水泥厂关闭。2010 年，关停高污染企业雄黄矿化工公司、雄黄矿业公司。是年，实现工农业总产值 54340 万元，其中农业总产值 20367 万元，工业总产值 33973 万元。2014 年，全乡实现地区生产总值 94209 万元，其中，第一产业 26246 万元，第二产业 41047 万元，第三产业 26916 万元。

农业

种植业 境内种植业以柑橘、粮食、棉花和油料作物为主。1972 年年初开始在竹坝桥村、美圣桥村栽种柑橘。至 2000 年，全乡柑橘面积 2.84 万亩，柑橘总产量 4.05 万吨。其中，特早熟蜜橘 300 亩，年产 500 吨；早熟蜜橘 1.5 万亩，年产 2.15 万吨；迟熟蜜橘 1.01 万亩，年产 1.3 万吨；脐橙椪柑 3000 亩，年产 5500 吨。柑橘种植覆盖辐射 14 个行政村 8200 个农户。2014 年，北峪湾村建立高标准有机转换柑橘园 500 亩，年产量 800 吨。全乡获得柑橘“绿色食品认证”面积 1.6 万亩，年产量 3.7 万吨。种植早稻 908 亩，产量 261 吨；中稻 1.8312 万亩，产量 5869 吨；小麦 1270 亩，产量 161 吨；红薯 2684 亩，产量 609 吨；马铃薯 1710 亩，产量 222 吨；玉米 1.025 万亩，产量 4190 吨；豆类 3835 亩，产量 346 吨；油料作物 2.349 万亩，产量 3066 吨；花生 420 亩，产量 71 吨；棉花 150 亩，产量 15 吨；烟叶 300 亩，产量 40 吨。

养殖业 1995 年，全乡养殖生猪 10.65 万头，其中出栏 6.38 万头；养牛 6734 头；养禽 68.75 万羽；出水鲜鱼 856 吨。1996 年起，乡党委、乡政府扶持科技养殖户，在竹巷口村建立养殖示范小区，引导农民养菜牛、山羊。2009 年，县畜牧水产局投资 200 多万元在竹坝桥村建起马头羊原种场，养种羊 500 多只。

2014 年，全乡养殖生猪 6.78 万头，其中出栏 4.45 万头；养家禽 55.94 万羽；养牛 4964 头；养山羊 2.1505 万只；出水鲜鱼 932 吨。

特种养殖——石门野猪　白云乡政府提供

石门县马头山羊原种场　白云乡政府提供

林业　1995 年，全乡有林地 11.38 万亩，占山地面积的 57.5%，森林覆盖率为 54%。从 20 世纪 90 年代中后期起，乡党委、乡政府发动群众开展封山育林、植树造林、退耕还林和石漠化治理。至 2014 年，全乡退耕还林 5168 亩，拥有林地面积 15.066 万亩，其中公益林 4.9902 万亩、商品林 9.9243 万亩、四旁林 1515 亩。全乡挂牌保护的古树 43 株。森林覆盖率 75.3%。

工业

北魏时期，境内即有雄黄开采。清代和民国时期，境内有翻砂、铜匠、铁匠、榨油、打白糖等手工作坊。1958 年，创办胡家湾煤矿，年产烟煤 2 万吨。1967 年，成立铁业社，进行铁器加工、机械修理，拥有农机站、榨油厂、板鸭厂等 28 家企业。20 世纪 80 年代，乡办集体企业蓬勃发展，境内有规模企业 21 家，其中望羊桥乡有鹤山煤矿、硫铁矿、石灰矿、洞湾纸厂、重晶石矿等企业。白云桥乡有胡家湾煤矿、县水泥厂、综合加工厂、食品厂、发电厂、湘北建材厂、马路峪煤矿、苏家湾铁矿、王堰石灰矿、啤酒厂、郁金香洗发液厂等企业。1987 年，白云桥乡在双峪村投资 1000 多万元建起乡水泥厂，年产 4.4 万吨 425# 硅酸盐水泥。1998 年通过技改，提升到年产 6 万吨。1989 年，胡家湾煤矿主井口下移至王家堰村，更名为王堰煤矿，通过技改，年产烟煤达到 4 万吨，属省标准化矿井之一。从 2000 年初开始，全乡进行国有企业改制重组，湖南雄黄矿、县办五峰山煤矿改制重组为私营企业，划归白云乡管辖，增加年产6万吨硅酸盐水泥的磺厂水泥厂、年产6万吨过磷酸钙的雄黄化工公司和年产烟煤4万吨的五峰山煤矿3家企业。全乡拥有年产值过2000万元以上的规模企业5家。2004年年底，基本完成全乡国有和集体企业改制，实现民有民营。2007年，全乡实现工业总产值2.38亿元，完成工业增加值7140万元。2014年，全乡完成规模以上工业企业总产值10127万元，全社会固定资投资4.4亿元，规模以上工业企业销售收入达10100万元，利税达381万元。

湖南雄黄矿 旧称界牌峪雄黄矿，位于石门县城西40千米的磺厂街，矿区跨白云乡和慈利县国太桥乡。储量48.77万吨，正品含硫化砷高达98%，一般块状含30%。北魏时期，雄黄矿开始开采。《水经注》记载："黄水出零阳县西，北连巫山，溪出雄黄，凿石深数丈，方得佳黄。"中华人民共和国成立前，主要由地方士绅间断性开采。1950年6月，省人民政府重工业厅派员接管，定名湖南省雄黄矿。1951年正式生产雄黄、砒灰。1959年下放常德专署管理。1997年12月，企业推行股份制，更名为湖南雄黄化工股份有限公司，仍由常德市管辖。2001年5月14日宣布破产，重组矿业、化工、水泥3个民营股份有限公司和永宏机械厂，所辖职工医院改为个人股份制，划归白云乡管理。子弟学校成建制移交石门县教育局管理。2003年7月，由白云乡组建村级社区，管理矿区居民。2010年，因环境污染严重，3个民营股份有限公司由县政府强制性关闭，永宏机械厂因效益不佳解体。雄黄矿营运60年，共生产高品位雄黄8.9

砷污染治理项目——蜈蚣草种植试验基地　白云乡政府提供

万吨，次品雄黄 1.236 万吨，砒灰（三氧化二砷）7.9 万吨，精矿粉 3.5 万吨。共采出雄黄矿石 78 万吨，冶炼砒灰、浮选精矿粉的原料 68 万吨，生产硫酸 79 万吨，普通过磷酸钙 175 万吨，水泥 75 万吨。还生产过医药中间体对羟基苯砷酸钙、氟硅酸钠涂料、白土等产品。

2010 年关闭后的雄黄矿井　白云乡政府提供

商贸服务

清代，境内商业繁荣的集镇市场有磺厂、望羊、竹巷口、白云桥 4 处，经营商品有杂货肉食、百货布匹、粮油食品、手工业品、农具、家具、文具书籍等。中华人民共和国成立后，在乡（公社）驻地建供销社、肉食站、粮油店等。各村（大队）均开设有集体商业零售店或代销店。中共十一届三中全会后，个体商贸服务业得到发展，农村市场日益活跃。1995 年，境内有磺厂、白云 2 个集贸市场，个体商铺发展到 300 家，社会商品零售总额 6500 多万元。随着商业流通体制改革的深入和小城镇发展的需要，乡党委、乡政府筹资进行集镇基础设施建设，鼓励农民到集镇经商，推动商贸

白云桥集市　王超摄

服务业快速发展。2014 年,全乡有各类商铺 452 多家,个体工商从业人员 1962 人。白云、磺厂墟场赶集日为五日场,分别以逢四、九和五、十为市,赶集日人流近万人。全年社会商品零售总额 2.57 亿元,其中集市商品成交额 1.8 亿多元。

财政金融

1995 年,全乡财政总收入 114.86 万元,其中农业税 86.45 万元,企业纳税 28.41 万元。有农村信用合作社分社 1 家、营业所 2 家,农村合作基金会 1 家,邮政储蓄所 1 家,年末各项存款余额 4553 万元,各项贷款余额 2387 万元。1999 年,农村合作基金会解体。2002 年,乡财政收入 372.6 万元。2003–2005 年,调减、免征农业税,停征屠宰税,财政收入有所减少。后随着经济发展,乡财政收入逐渐增加。2014 年,全乡财政收入 889.7 万元。白云信用社、磺厂邮政储蓄所 2 家金融单位年末存款余额 25619 万元,各项贷款余额 8961 万元。

三、基础设施

交通运输

1959 年, 省道石门县城至清官渡公路建成通车, 途经境内 28 千米。1960 年,白云桥人民公社修建县道玉皇庙小学至钟峪煤矿线。20 世纪 70 年代,修建县道望羊桥至太平线。1980 年修建乡道鹤山至棠梨线。1990 年修建核桃湾至燕儿坡线。1992 年,修通乡道王家堰至北峪湾公路、苏家湾至康坪公路。1995 年,境内拥有省、县、乡公路总长 50.67 千米;通村简易公路 26 条,总长 57 千米。2002 年,叶家岭村争取国家投资 60 多万元硬化村级公路 3 千米。2004 年,水溪峪村通过向在外工作人员募集资金及本村村民捐资硬化村道 1 千米。2012 年,北峪湾村硬化刘家坡组道 1 千米。至 2014 年,境内省、县、乡、村道全部硬化。是年,修建橘园公路,全乡省、县、乡道及联村、通村公路,总长度达 450 多千米,硬化 380 千米。每日有 150 个班次的客车往返于石门、常德等地,客流量达 1700 余人次。

邮电通信

1995 年,有磺厂邮电所 1 个,白云邮政代办站 1 个。磺厂邮电所开办邮政储蓄业务。同年，筹资80万元，开通程控电话。2000年，成立白云乡移动电话通信站，境内固定电话、移动电话得到发展。2014年，境内有邮政所2家，移动通信3家，家庭固定电话2349部，移动电话1.2670万部，互联网1300户，邮政、电信业务收入613.7万元。

供水

2004年，石门县自来水公司投资160多万元，在北峪湾水库建立自来水厂，铺设主管道1万多米，结束白云集镇无自来水的历史。2013年，县水利局投资1000多万元，在南溪水库修建自来水厂，供水覆盖到白云乡和皂市镇，解决了1.4万人的安全饮水。

水利建设

1960年，修建魏家湾、枧桥水库。魏家湾水库库容24.4万立方米，灌溉面积825亩。枧桥水库库容31万立方米，灌溉面积1875亩。1974年，修建南溪水库。其集雨面积15.78平方千米，库容1040万立方米，为中型水库。后建成南溪水库灌区，渠道总长28.25千米，灌溉面积2.25万亩。至2014年，全乡有中型水库1座，小Ⅰ型水库4座，小Ⅱ型水库11座、等外水库4座，塘坝805口(处)，大型电排1座。水库塘坝总库容5000万立方米，自流灌溉面积2万亩，占水田总面积的65.2%。2009-2014年，投入资金8500万元，实施水库除险加固、农业综合

南溪水库大坝公园一角　白云乡政府提供

小农水项目　白云乡政府提供

开发、小农水等项目工程，自流灌溉面积达75.2%。

镇村建设

1996年，制定《白云乡集镇2010年–2025年总体发展规划》，集镇规划面积0.8平方千米。2003年，进行白云集镇南区建设，投资100多万元修建白云大桥和南溪大桥；投资150多万元兴建并硬化白云桥南区街道1500米；投资200多万元修建乡卫生院；投资30多万元在白云、磺厂集镇安装路灯86盏。2006年，白云集镇建设向东区扩展。2007年，投资110多万元完成东区道路基础填埋及道路硬化，修建街道800米，实现白云集镇的整体扩容。是年对白云集镇总体规划进行修编，集镇规划面积增至2平方千米。2013年7月，投资20万元在省道S308线白云集镇段安装路灯35盏。2014年9月，投资30多万元在白云集镇安装76盏太阳能路灯。

四、社会事业

教育

清光绪三十二年(1906)，邑人李桂庭等创办慈氏学堂，校址慈代寺，是为全县第一所农村学校。后更名为石门县第三高等小学堂、竹市中心国民学校。学校添置有《万有文库》、理化实验仪器，开设英语课。有来自苏市、磨市、所市、泥市、慈利等处的学生就读。民国21年(1932)，邑人肖方诰创办玉皇庙初小，此后薪火相传，办学规模不断扩大。民国36年(1947)改办完小。1968年扩办初中。1978–1980年改为高中。1981年再改为初中，定名为白云中学。2003年更名为白云乡中心学校。1997年定为合格初中。1998年通过“普九”验收。2009年被评为省级合格学校。2014 年，学校有 10 个教学班，学生 500 人，教职工 54 人。2014 年年底，全乡有白云乡中心学校 1 所中学和磺厂学校、望羊学校、竹巷口学校、白云乡中心完小、三合学校、书房学校、祖武学校 7 所小学，以及白羊山教学点。全乡有在读学生 1695 人，教职工 150 人。

白云乡中心幼儿园、白云乡竹巷口幼儿园　白云乡政府提供

医疗卫生

1956 年 9 月，张福初、欧开炯等人在白云桥村租用 3 间茅草屋组成白云桥联合诊所，下设竹市、枧桥分所。1958 年，联合诊所改为白云桥人民公社卫生院，后改为白云桥乡卫生院。1969 年，实行农村合作医疗，公社各大队设立合作医疗室，配备 1 至 2 名赤脚医生。1995 年撤区并乡，白云桥乡卫生院与望羊桥乡卫生院合并组建为白云乡卫生院，有在编医务人员 27 人。2001 年，雄黄矿职工医院改制为磺厂医院，划归白云乡管理，有医务人员 12 人，病床 20 张。2004 年，乡卫生院从竹坝桥搬迁到白云集镇，修建医疗综合大楼、职工宿舍大楼，总建筑面积 3455 平方米，其中业务用房 2400 平方米。购置 200 毫安 X 光机 1 台、B 超、心电图、尿分析仪、半自动血气分析仪、电解质分析仪、肝肾功能分析仪、中医牵引床、救护车等医疗设备。开设内科、外科、放射、妇产科、功能科等科室，住院部有病床 40 张。2014 年，投资 400 多万元新建 2660 平方米住院大楼，有医务人员 47 人，病床 60 张。是年年底，全乡有白云乡卫生院、磺厂医院 2 所医院，15 个村级卫生室。有医务人员 46 人，病床 90 张；接纳门诊病人 3.2116 万人次，住院病人 3207 人次。

社会保障

2001年，推行新型农村合作医疗制度。2004年启动贫困居民最低生活保障金制度，320人享受农村最低生活待遇保障，157人享受城镇最低生活保障待遇。是年，原望羊桥乡政府办公楼改建成白云乡敬老院，集中供养“五保”老人30名。

2014年，全乡306名“五保”人员全部落实供养政策，其中集中供养100人，分散供养206人。享受农村最低生活保障待遇1949人，领取低保资金248.5万元。享受社会养老保险待遇6189人，发放养老金557万元。2.844万人参加农村合作医疗，参合率达98%；全年有680人次获得住院医疗补偿金375万元，17人获得大病救助资金8万元。

人民生活

1950年，境内人均耕地1.3亩，其中水田0.6亩，普遍种植单季稻，年人均口粮不足100千克。农民住房普遍为平房，其中多数为茅草房。1953年，开始种植双季稻，粮食产量增加，人民生活有所改善。中共十一届三中全会以后，农村经济得到发展。1983年，人均产粮650千克，农民基本解决温饱问题。20世纪80年代后期，部分家庭富裕起来，兴建楼房，购置电风扇、电视机、电冰箱、洗衣机等家用电器。1995年，农民人均纯收入830.9元，年末人均储蓄1115元，60%的农户建新房，每百户农户有摩托车12辆、汽车2.05辆。20世纪90年代后期，乡党委、乡政府关注民生民利，组织农村剩余劳动力发展经济和外出务工经商，农民收入增加。2014年，全乡农民人均纯收入7090元，年末储蓄人均7810元，92%的农户入住楼房，每百户农户有摩托车51辆、汽车10.3辆。

五、特色地情

历史人物

李执中(1860-1926)　清咸丰十年(1860)出生于沿市白羊山(今白云乡望羊桥)。清光绪二十八年(1902)考中举人。光绪三十年(1904)任荆州驻防学监。民国15年(1926)2月9日病逝，享年66岁。

龚柏龄(1882–1940)　清光绪八年(1882)出生于白云乡望羊桥荷花村。宣统三年(1911)12月任营长。民国16年(1927)任察哈尔省实业厅厅长。民国29年(1940)任国民政府军事委员会天水行辕中将参议,同年遭日军飞机轰炸,为国捐躯,终年59岁。

苏清卓(1896–1968)　清光绪二十二年(1896)出生于白云乡白云桥。1934–1950年先后任石门县教育局局长、湖南省芷江师范校长、津市省立高农校长。1968年逝世,享年72岁。

上官业佑(1908–2002)　清光绪三十四年(1908)3月21日出生于白云桥。民国35年(1946)当选"国大"代表。1949年去台湾任"总统府国策顾问"。1950年后,任"台湾省青年服务团团长"。1954年任"国民党中央第五组主任"。1959年出任"国民党台湾省党部主任委员"。2002年7月17日在台北病逝,享年94岁。

文化遗址

红军桥　又名白云屋桥,建于清嘉庆年间,位于白云桥社区。贺龙曾率红军

白云红军屋桥　王本平摄

多次通过,故名红军桥。红军桥全长 45 米,系 3 孔横木平桥,跨度 12 米,桥高 13 米,面宽 6 米。桥墩为青石垒成棱形,横梁之上构木为屋,悬山顶吊楼式。1984 年,白云屋桥被公布为石门县第一批文物保护单位;2011 年,被公布为湖南省第九批省级文物保护单位。

雷公嘴商文化遗址 位于白云乡王家堰村刘定注家附近,东距乡政府驻地 4 千米,南距县道 X303 公路 300 米。1986 年全省文物普查时发现。面积 600 平方米,保存较好。1989 年 1 月,石门县政府公布为石门县第二批文物保护单位。

“走避隘”土司衙门 位于白云乡王家堰村。明武德将军王天宝,因调征铜仁、洪江等处有功,授土司百户,领明洪武皇帝诰命而建。2004 年 12 月,石门县政府公布为石门县第四批文物保护单位。

风景名胜

龙王洞入口　张吉全摄

龙王洞景观　童成文摄

龙王洞 位于望羊桥社区,距县城 38 千米。洞长 5 千米。1987 年,望羊桥乡人民政府投资 50 万元,投工 1.5 万个,对龙王洞进行开发。1988 年 1 月正式对游人开放。

南溪 亦作兰溪,在白云山南萦绕而过,因其地盛产兰蕙,故名。南溪全长 16.8 千米,流域面积 83.4 平方千米。

云落观山 位于石门县城西 40 千米。南北宽约 3 千米,东西绵延 16.5 千米,面积 50 平方千米,坡度 15 度~50 度,平均海拔 700 米左右,最高峰海拔 925 米。山上常被云雾笼罩,少顷大雨如注,民间有“云雾落山巅,下雨在眼前”之说。云落观山辟有云落观林场,今名白云山国有林场。林场所产"白云银毫"茶叶,芽叶完整,形美色翠,滋味鲜爽,栗香高长,不生茶垢,为无污染、纯天然、富营养的有机生态产品,连续多年通过 IMO、OFDC 等国际认证,扬名海外,畅销欧美。

黄石山 位于县城西 50 千米与慈利县交界处。山产雄黄,储量为世界之冠。

白云山 位于县城西北 25 千米。白云山海拔 394.4 米,孤峰矗立,形如旗帜,常有白云缭绕,故名白云山。山上有祖师殿、观音阁、赵殷殿、文昌阁等古迹,有龙头岩、梯云岩、人面石、马鬃岭胜迹。南麓有明朝宣慰邓均忠故居遗址。

白羊山 位于望羊桥村,距县城 43 千米。白羊山海拔 719.6 米,山上土层深厚肥沃,有田 200 亩,产稻米、桐、茶,有居民百余家,旧名向家寨。相传山上白羊成群,故名白羊山。1943 年冬,日本侵略军自燕子山进入石门县境,沿澧水分数处争渡,无山不搜,唯独没有进入白羊山,故很多人到山上避乱。

名优特产

望羊麻花 产地位于望羊桥社区。麻花以优质面粉为原料,以精品菜油等佐料炸制而成。产品呈金黄色,香脆而酥松,色、香、味俱佳,畅销湖南、湖北、广东、台湾等省。

望羊麻花 张吉全摄

白云打白糖 明清时期,境内就盛行打白糖。白云打白糖口感酥脆、化渣,色香味俱全,畅销湖南、湖北、广东等地。

白云打白糖 张吉全摄

石门马头山羊 石门马头山羊无角而有髯,头形似马,鼻梁较平直,耳大稍向前倾斜,跟大有神。部分羊的颌下左、右各有一肉赘。体躯呈长方形,骨骼坚实,结构匀称,背腰平直。肋骨开张良

好，臂部宽大，尻稍倾斜。尾短而上翘。乳房发育较好。四肢粗健端正，蹄质坚实。行走步态如马，尤其是成年羯羊，行走时频频点头。皮厚而松软，毛色光润。以纯白毛羊为主，杂毛羊极少。

石门马头山羊生长速度快，年增长35kg以上，屠宰率和净肉率高，成年羯羊和母羊分别可达55.3%和49.7%。板皮质地柔软、皮质洁白、韧性强、幅面大，平均每张面积可达5700㎝，最大可达9000㎝，颈中部至尾根长约84cm以上，中腰宽约68cm以上。每张皮可削4–5层。繁殖能力强，全年发情，发情周期短。

重大事件

民国24年(1935)，境内普降暴雨，白云集镇被淹。

1949年10月30日，县委工作队在白云桥宣传征粮支前时，遭土匪袭击，南下干部杨文考牺牲。

1974–1976年，举白云桥等6个人民公社的财力、物力和人力，历时3年，在白云人民公社雷公嘴、园艺场、燕儿坡、核桃湾交界处建成中型水库——南溪水库。

1986年11月17日，望羊桥乡信用社黄厂储蓄所出纳员龚克非勇斗持枪抢劫犯，负伤30余处。省政府授予龚克非“金融卫士”光荣称号。

1987年10月，徐向前元帅题写“龙王洞”。1988年，望羊桥乡龙王洞风景区建成开放。

2005年10月，启动皂市水库移民工作，境内移民搬迁人口以两岔溪、龚家台村为主，共搬迁651人，其中境内安置461人，安置地以鹤山、望羊桥、竹坝桥、鸡鸣桥、三合山等村(居)为主，至2006年年底结束。

2013年，通过国家级生态乡镇评审验收。

维　新　镇

★国家生态镇

一、区域概况

地理位置

维新镇地处县境中西部，东连三圣乡，西接磨市镇，北毗太平镇，南邻白云乡。古称仙阳，地处渫水之北，又名渫阳。晋太康年间，曾置渫阳县治于古城堤村。20世纪40年代，有商贩在仙阳河沙洲上摆摊设场，遂成集镇，取《诗经》“周虽旧邦，其命维新”之义，名为维新场。镇人民政府驻仙阳湖社区，距石门县人民政府驻地50千米。

建置沿革

清雍正十三年(1735)，全县设1坊、3乡，镇域属北乡。民国2年(1913)，全县设8区、21个自治区，镇域分属官渡、沿市2个自治区。民国10年(1921)，全县改自治区为区，镇域属渫阳区。民国24年(1935)，全县设6区2直属镇28乡，镇域设官渡、新河2乡。民国32年(1943)，全县设20乡1镇，镇域设官渡乡。1952年2月，全县设14个行政区，5个区辖镇，281个乡，镇域设23个乡。1956年6月撤区并乡，白羊、汲水、黄沿、樟树、施家、荷花、望羊、竹巷、严山9乡合并为沿市乡；中渡、东渡、北渡、冷风、大兴、热水6乡合并为大新场乡；杨木、

维新新集镇　王超摄

茅坪、范银、常家、古城、庙湾、九间、汉水8乡及双堰乡一部分合并为维新场乡。1958年9月，实行人民公社体制，镇域设沿市、维新2个人民公社。1961年4月，从维新人民公社析置大兴人民公社。1982年公社更名，沿市人民公社更名为袁公渡人民公社，大兴人民公社更名为渡水人民公社，维新人民公社更名为维新场人民公社。1984年4月，撤销人民公社体制，实行乡镇建制，分别改为袁公渡乡、渡水乡和维新场镇。1995年5月，全县撤区并乡，袁公渡乡、渡水乡、维新场镇合并为维新镇，至2014年未变。

区划面积

1995年乡镇合并后，维新镇辖58个行政村2个居委会694个村民小组4个居民小组；总面积239平方千米；耕地面积4.579万亩，其中，水田2.6769万亩，旱地1.9021万亩。2004年，国家修建皂市水库，镇域为主要淹没区，共淹没土地12平方千米。2006年，全县对村(居)区划进行调整，境内行政村(居)经调整合并后数量大幅减少。2014年，全镇辖大兴场、观峰山、峡峪河、重阳树、中渡水、汤溪峪、阳虎峪、金岭坡、维新场、崔家井、水碾溪、毛家坪、范银湾、严家山、古城堤15个行政村和仙阳湖社区。总面积无变化，耕地面积3.2万亩，其中，水田面积1.65万亩，旱地面积1.55万亩。

人口民族

1995年，维新镇总人口4.3万余人，其中汉族6000余人，土家、回、苗、壮等民族3.7万人。2004年后因修建皂市水库，境内居民移出2.6万多人。2014年，全镇有5080户1.7403万人，其中男性9161人，占52.64%。人口以土家族为主，有1.7229万人，占99.0%；其余为汉族160人，藏族1人，苗族3人，壮族2人，侗族2人，瑶族3人，傣族2人，彝族1人。

自然环境

镇域为丘陵山区，平均海拔388米。位于峡峪河村的凤凰山为境内最高峰，海拔1004.8米。最低点仙阳湖位于仙阳湖居委会，海拔127米。仙阳河自东北向西南，贯穿境内，与渡水河在两河口汇合后注入溇水。仙阳河、渡水河两岸呈多处河谷平原，土质肥沃，水源充足，田连阡陌，物产丰富，素有“金仙阳，银渡水”

之称。镇域属亚热带季风湿润性气候，年平均气温16.5摄氏度，无霜期264天，年平均降雨量1412毫米。林木主要有松、杉、油桐、油茶、板栗、核桃、梨、李、杜仲等。野生动物主要有野猪、野兔、香獐、蛇、野鸡、斑鸠、喜鹊等。矿藏主要有硫铁矿、大理石、石灰石、煤、石煤、石膏、陶土等。

二、经济发展

经济综述

1995年，镇党委、镇政府引导农民走农业产业化路子，发展特色农业，稳定水稻、玉米、红薯、小麦、马铃薯、豆类、油菜、烟叶等作物栽培，同时把橘橙作为支柱产业。全年实现工农业总产值9346万元，其中农业总产值达6736万元。至2006年，建成脐橙、烤烟、大棚蔬菜等专业村13个，形成脐橙、马头羊、生猪、小干果、薯粉等5个优质农产品生产基地，拥有脐橙销售、生猪交易2个专业市场。2010年，坚持以科学发展观为指导，加大转型力度，以旅游名镇为抓手，推动社会经济稳步增长。全年实现国民生产总值30053.6万元，农民人均纯收入5760元。2014年，开展产业攻坚、城镇攻坚、民生攻坚、改革攻坚，社会经济呈现稳中趋优态势。是年，全镇完成国民生产总值35717万元，农民人均纯收入7470元。

农业

八户山有机茶基地　维新镇政府提供

种植业　1995年，全镇种植水稻3.68万亩，产量10796吨；小麦5850亩，产量468吨；玉米5100亩，产量510吨；红薯1.4995万亩，产量25960吨。实现种植业总收入2772万元。2004-2009年，修建皂市水库形成淹没区，耕地减少 1.3 万多亩。为提高农作物单位面积产量，镇党委、镇政府创建渡水村 500 亩水稻高产示范片、观峰山村 500 亩玉米高产示范片、峡峪河村百亩油菜高产示范片。示范片区的水稻亩产达到 550 千克，玉米亩产 500 千克，油菜籽亩产 200 千克。至 2014 年，全镇农作物播种面积达 8.8402 万亩，其中，水稻种植面积 1.7288 万亩，产量 5317 吨；小麦 2710 亩，产量 308 吨；玉米 1.47 万亩，产量 5579 吨；油菜 2.6095 万亩，产量 3361 吨；马铃薯 6990 亩，产量 630 吨；豆类 3950 亩，产量 449 吨。种植业总收入达 4865 万元。

养殖业　境内主要养殖生猪、马头羊、耕牛和家禽。1995 年，全镇出栏生猪 3.5436 万头，存栏 3.8681 万头；出栏马头羊 1993 只，存栏 3440 头；出笼家禽 4.5152 万羽，存栏 9.3848 万羽；耕牛存栏 4919 头。养殖业收入 1584 万元。从 20 世纪 90 年代后期起，镇党委、镇政府注重培育养殖大户，发展规模养殖。至 2014 年，全镇发展养殖小区 5 个，培育生猪养殖大户 32 户，其中年出栏 500 头以上的 8 户；肉牛养殖大户 13 户，其中年出栏 50 头的 4 户；马头羊养殖大户 15 户，其中年出栏 50 只的 9 户；发展土乌鸡养殖大户 11 户。全年发展生猪 4.5 万头、肉牛 3000 头、马头羊 6.5 万只、鸡 32 万羽、水产品 200 吨。养殖业收入 4542 万元。

石门县山源特种养殖场　维新镇政府提供

林业　1995 年，全镇拥有林地面积 14 万亩，树种以松杉为主，活立木蓄积量 130 万立方米，采伐量 690 立方米。油桐林、油茶林分别为 3574 亩、2.805 万亩。林业产值 281 万元。2014 年，投入植树造林资金 120 万元，在渔岗公路植栾树 2637 株、樱花 280 株，渡水至杜家岗公路植栾树 1383 株。投入 29.4 万元，开发建设长家岭百果园，栽植樱花 30 株、枇杷 42 株、红叶石楠 30 株、木瓜子 82

株、猕猴桃 26 株、香樟 64 株。

工业

1995 年,全镇拥有各类企业 602 家,实现企业总产值 2860 万元,其中工业产值 1126 万元。镇办陶器厂生产陶锅、花钵等上万件,创产值 35 万元。

2010 年, 大力支持创业能人领办经济协会和专业合作社, 带领群众致富。金仙阳茶叶专业合作社、银渡水脐橙专业合作社、金岭坡油茶专业合作社等 5 家合作社,带动群众 1 万多人,掀起创业热潮。创办脐橙基地 1200 亩,茶叶扩展面积 300 亩。峡峪河电站完成投资 4500 万元。仙阳建材有限公司年创产值 600 万元。

2014 年,启动农产品网上销售平台,电子商务初成集群,建成全县首家农产品"微商城"和 4 家农产品销售网点,销售茶叶、油茶、脐橙,创产值 4000 万元,农民人均增收 800 元。全年实现工业产值 10540 万元,占全镇工农业总产值的 29.51%。

旅游业

2004 年后,镇党委、镇政府整合境内旅游资源,发展旅游产业,开发建设仙阳湖(皂市水库)快乐垂钓、热水溪温泉度假村、万亩野生蜡梅群落、春秋战国遗址古城堤、湘西北茶马古道、"小三峡" 峡峪河、万亩优质纽何尔脐橙基地、万亩有机油茶基地等旅游景点和项目。从 2006 年起,维新镇相继被评为"国家级生态镇""省级文明镇""潇湘楹联第一镇""湖南省文化惠民基地""湖南省特色旅游名村""常德首届最美乡村"。

渫水风光马蹄峡　王本平提供

2014年，建成仙阳湖民俗广场，硬化景区道路，采用土地流转方式吸纳民资，启动仙阳湖特色村寨建设，高标准建成农家乐12家。接待游客2万多人次，旅游综合收入2000多万元。

三、基础设施

水利建设

1958年11月，新合水库建成。水库位于维新场村，属渫水支流，控制集雨面积0.62平方千米，总库容13万立方米。1963年11月，建成金银水库，水库位于大兴场村，属渫水支流，控制集雨面积0.58平方千米，总库容15万立方米。1990年10月，建成常家水库。水库位于阳虎峪村，属渫水支流，控制集雨面积0.58平方千米，总库容17万立方米。1990年1月修建芋草水库，5月修建蚂蟥峪水库。至2014年，全镇拥有水库11座，总蓄水量355万立方米，电力提灌站8处，有效灌溉面积1.2万亩。

镇村建设

维新场集镇为石门县中部山区交通枢纽和仙阳河、渡水河流域的农副产品集散地。1995年乡镇合并设为维新镇政府驻地后，集镇得到发展。

2004年2月，皂市水库枢纽工程动工修建后，集镇整体迁至贾家村金马台。规划面积4.8平方千米，人口规模8000人。设计集镇结构呈组团式布局，北部组团以商业、居住、文化教育为主，形成商居文化区；南部组团以行政办公为主，适当布置居住建筑，形成行政中心。2个组团通过主干道相连接。镇内主干道设计标准为城市道路，次干道3级，主干道总长度921.15米，在

维新集镇　维新镇政府提供

集镇西部布置一条次干道长 273.38 米，主次干道与支路连接，支路总长 772.32 米。

2006 年 2 月开始新镇建设，2007 年年底竣工，完成投资 4000 多万元。2008 年年初，维新场集镇居民及单位搬迁到维新镇新址，居民开始建房，单位建临时房屋过渡。2009 年，维新场、袁公渡、渡水 3 个集镇搬迁居民 93 户 294 人。

2010 年，维新新集镇建设投资 1500 多万元，完成集镇道路硬化工程、给排水工程、边坡治理工程、塌岸防护工程、码头和广场等建设工程。单位及居民住房建筑立面体现“粉壁、黛瓦、马头墙”的徽派风格。

2014 年，集镇建成区面积达 4.8 平方千米，迁进人口 3800 人。集镇依山傍水，环境优雅。引 4 千米外的车棚湾山洞泉水为集镇生活饮水，开发 1 千米处的热水溪温泉建休闲疗养中心，在距集镇 1.5 千米处的八户山建有生态茶园。至野生蜡梅群和峡峪河的游路也已开通。“览仙阳湖、喝山泉水、尝土家菜、住徽派房、沐温泉浴、品八角茶、游峡峪河、赏蜡梅花”的维新镇旅游特色基本具备。

四、社会事业

教育

1949 年，境内有小学 11 所，其中完小 1 所。石门县解放后，人民政府重视教育。至 1956 年，境内设有维新完小、袁公渡完小等 3 所完小和杨木坪等 13 所初小，有教师 50 人，学生 400 余人。1957 年，维新完小附设初中班，境内始有初中。1966 年，成立石门县第四中学。1968 年，小学下放到大队管理。1969 年，成立沿市、大兴 2 个公社中学，境内各大队均设立

维新镇中心学校　维新镇中学提供

小学。1970 年下学期，维新、沿市、大兴 3 所中学开设高中班，境内始有高中。1973 年，杨木坪、古城堤、九间铺等 11 所完小开设初中班。1994 年，境内停办高中。1995 年，镇乡合并成立维新镇，全镇有初中 3 所，小学 38 所，教职工 291 人，在校学生 3550 人。2000 年后，生源减少，调整学校布局。至 2014 年，全镇有维新镇中心学校、渡水完小等 10 所学校，教职工 88 人，在校学生 891 人。

维新镇中心学校 前身为民国 14 年(1925)中共地下党员曾藩支创办的渫阳高等小学校，校址设新开寺。民国 17 年(1928)，更名为石门县立第五高等小学，迁址九间铺。1950 年上学期，学校由县政府接管，称石门县第五完小。下学期，迁址维新场，更名为石门县维新完小。1957 年，学校附设初中班。1966 年 5 月，析出初中班成立石门县第四中学；1968 年改称维新中学。1970 年下学期增设高中班。1981 年，复名为石门县第四中学。1995 年，石门县第四中学与维新场镇中学合并为维新镇中学，为初级中学。2003 年 8 月，改名为维新镇中心学校。2004 年，学校与维新镇完小合并，成为九年一贯制寄宿学校。有 18 个教学班，在校学生 1200 余人，教职工 84 人。2009 年 10 月，学校从皂市水库淹没区迁至维新集镇南群山下的新校区，占地 48 亩，建筑面积 1.2 万平方米。至 2014 年，学校有教学班 11 个，教职员工 49 人，学生 450 人。

文化

1995 年乡镇合并后，建有维新镇文化站和群众文化活动中心以及 10 个远教站点，各行政村(居)有文化活动室和农村书屋。成立了本土文化演艺协会，利用全国文化信息资源共享工程，组建农民网络培训学校，将农民自创节目推送到中央、省、市电视台。2010 年，以文化促旅游，深挖土家文化，创作民族节目，《姊妹哭嫁》《蜡梅花儿开了》《响嘎谣》《月夜梆

彩船戏 王本平摄

鼓》《唔个东西借哈子儿》等得到省、市有关部门好评，多次在中央、省、市电视台展播。撰写张贴楹联是维新的传统习俗，通过面向全国征联、邀请名家书联、有序组织展联、发动民众展联等措施，集镇户户有联、门门有联、柱柱有联，成为“潇湘楹联第一镇”。组织专人收集集镇各姓氏家风，制成门匾，体现民族特色，形成一道独特风景线。2014 年，维新镇获全省首批“文化惠民服务基地”称号。

医疗卫生

民国年间，境内有个体中医十余名和数家中药铺。中华人民共和国成立后，个体中医实行联合，于 1951 年 5 月成立应诊所。1953 年 4 月应诊所改为联合诊所。1956 年 4 月，设立石门县仙阳区医院。1959 年 10 月，联合诊所与仙阳区医院合并，成立维新人民公社卫生院。1962 年，仙阳区医院与维新人民公社卫生院分设。1995 年撤区并乡，仙阳区医院与维新场镇卫生院合并成立维新镇中心卫生院。2008 年，卫生院医务人员 40 人，病床 21 张，接待门诊病人 1.73 万人次，住院病人 540 人次。2014 年，有医务人员 42 人，病床 50 张，接待门诊病人 1.52 万人次，住院病人 2164 人次。下设 18 个村卫生室，有村医 18 人。

社会保障

2013 年农村“五保”参保 112 人，缴费金额 7320 元；2014 年参保 165 人。

2013 年农村低保参保 617 人，缴费金额 3.702 万元；城镇低保参保 101 人，缴费金额 6060 元；2014 年农村低保参保 1172 人，城镇低保参保 59 人。

2011 年新型农村社会养老保险参保 9486 人，缴费金额 99.78 万元；2012 年参保 9777 人，缴费金额 103.73 万元；2013 年参保 9433 人，缴费金额 97.66 万元；2014 年参保 9289 人，缴费金额 96.58 万元。

维新镇养老院　王本平摄

截至 2014 年 11 月，全镇有农村低保 745 户 1192 人；城镇低保 51 户 72 人；农村

"五保"196 户 200 人。优抚享受双定补助的 32 人;带病回乡和战退军人 51 人;老复员军人 51 人;伤残军人 11 人;"三属"对象(烈士遗属、因公牺牲军遗属、病故军人遗属)3 人;烈士子女 8 人;60 岁以上农村籍退伍军人 161 人;精减退职 91 人;享受 90 岁及以上高龄津贴 42 人。享受特殊门诊医疗救助 25 人,救助资金 8.6 万元。是年累计发放资金 300 万元。农村低保、"五保" 做到了 "应保尽保",符合条件的救助对象及民政普惠政策实行全面无缝覆盖。

五、特色地情

历史人物

李元明(1918–1999) 民国 7 年(1918)出生于崔家井村,民国 24 年(1935)参加中国工农红军。1964 年被授予少将军衔,荣获三级八一勋章、二级独立自由勋章、二级解放勋章。1983 年离休。1988 年获二级红星功勋荣誉章。1999 年病逝,享年 81 岁。

风景名胜

热水溪温泉 位于渡水村。温泉流量 12.21 升/秒,水温 55.7 摄氏度,含硫、砷、汞、镉等 20 多种矿物质,具有抑菌、杀菌、活血、抗风湿等多种医疗功能。清光绪年间,广东茶商卢伦次投资修建简易浴池,供当地群众及商贾沐浴。1982 年,原有设施被山洪冲毁。1992 年,渡水乡政府对温泉进行开发利用,修建一栋占地 250 平方米的仿古式疗养院,内设高档浴室和大众浴池,为游客提供服务。2004 年,热水溪因皂市水库蓄水淹没而停业。2014 年,热水溪旅游开发招商。

名优特产

"雾禾"牌纽荷尔脐橙 维新镇位于皂市水库库区中心,水位线 141 米以上 60 米内的耕地带地势平缓、土壤肥沃、气候适宜,形成一条适合发展优质水果的有机生态带。境内自 1982 年开始引种美国纽荷尔脐橙,果实椭圆形至长椭圆形,单果重 200~250 克,果面光滑,果色橙红,多为闭脐,果肉细嫩而脆,化渣,汁多,可食率 73%~75%,果汁率 49%左右,可溶性固形物 12%~13.5%,富含维生素 C、糖、柠檬酸、纤维素、胡萝卜素、维生素 B_1、维生素 Bc、蛋白质、钙、磷、铁等多种营养物质。

重大事件

1995 年 1 月，维新场镇、袁公渡乡、渡水乡合并为维新镇，镇人民政府驻上街居委会。

2004 年 6 月，渔儿溪村移民迁出，是为维新镇首批皂市水库淹没区移民。至 2014 年，全镇有 10 个村 2.5 万多人迁移到临澧、澧县、鼎城等区县和县内蒙泉、夹山、二都、新关、易家渡等乡镇。

2007 年 6 月，位于贾家村金马台的新集镇破土动工，12 月，镇干部搬入工棚办公。

2012 年 3 月，皂角湖（皂市水库）更名为仙阳湖。

2014 年 4 月 28 日，一棵高 10 米，胸围 4.30 米，树龄达 300 余年的重阳树从皂市水库淹没区移栽至仙阳湖民俗文化广场，是维新镇通过移植保护抢救的第一棵位于 141 米水位线下的古树。

皂市水库淹没区——袁公渡村移民搬迁　维新镇政府提供

三　圣　乡

★全国环境优美乡镇

一、区域概况

地理位置

三圣乡地处县境西北部，东与澧县太清乡、洞市乡、杨家坊乡接壤，南与新铺乡相连，西与维新镇毗邻，北与子良乡、太平镇交界。乡人民政府驻三圣庙村集镇，距石门县人民政府驻地50千米。

建置沿革

清雍正十三年(1735)，乡域属北乡管辖。民国2年(1913)，全县设8区21自治区，乡域为新河自治区，属石门县第五区管辖。民国32年(1943)改为新河乡。1951年2月，全县设14个行政区281个乡，乡域置17个乡，分属石门县第八区、第十区管辖。1956年6月，全县撤区并乡。三圣、白鹤、天门、永和、奇峰、凤岩6乡并为三圣乡；河口、庚太、两河、花园、郭家、南岔6乡并为河口乡；岗市、枣儿、茶园、中坪、白磷5乡并为岗市乡。1958年9月，实行人民公社体制，河口乡、丰禾乡合并成立河丰人民公社，三圣乡、岗市乡、新开乡合并成立新开人民公社。1961年4月，缩小公社规模。河丰乡析为河口人民公社、丰禾人民公社，新开析为三圣人民公社、岗市人民公社。1982年6月，岗市人民公社更名为杜家岗人民公社。1984年4月，撤销人民公社体制，设立三圣乡、河口乡、杜家岗乡。1995年6月，全县撤区并乡，三圣乡、河口乡、杜家岗乡合并为三圣乡。至2014年未变。

三圣乡人民政府办公大楼　三圣乡政府提供

区划面积

1984年，三圣乡辖14个行政村224个村民小组，总面积81平方千米。河口乡辖19个行政村215个村民小组，总面积103平方千米。杜家岗乡辖17个行政村245个村民小组，总面积94平方千米。

1995年，三圣、河口、杜家岗合并后，全乡辖51个行政村684个村民小组。总面积278平方千米。耕地面积5.1075万亩，其中水田2.6926万亩，旱地2.4149万亩。2004年至2007年，全县对行政村进行调整，乡域行政村大幅减少。2007年，三圣乡辖彭家堰、三圣庙、两河、百红、天门垭、象牙坪、北流溪、白临桥、杜家岗、刘家峪、山羊冲、南岔、花园台、樱桃岗、河口、北岔、太青山、庚祖山18个行政村和株木岗园艺场。

至2014年，全乡总面积和行政村设置无变化。耕地面积5.1万亩，其中水田3.915万亩，旱地1.185万亩。山地面积2.538万亩。水域面积1.015万亩。

人口民族

1995年，全乡有11816户41375人，其中男性22097人，占52.5%；农业人口41073人，占98%。全年人口出生率0.8‰。人口以土家族为主，有40358人，占97.5%。其他为汉族950人，侗族9人，苗族30人，壮族12人，布依族4人，瑶族5人，白族2人，黎族1人，仡佬族1人，彝族2人，穿青人1人。

2014年，全乡有14183户41377人。其中男性21774人，占52.6%；农业人口40573人，占98%。全年人口出生率0.9‰。土家族人口40240人，占97.25%。其他为汉族1128人，蒙古族1人，苗族2人，壮族1人，瑶族1人，黎族1人，拉祜族1人，布依族2人。

自然环境

乡域北部是太青山和庚祖山，南部是覆盆山，中部是芦山山脉。芦山两侧是澧阳盆地和仙阳盆地。全乡地形俗称“三山夹两盆”。最高点为太青山，主峰海拔1128米。最低点为杜家岗皂市水库淹没区，海拔141米。全境平均海拔300米。境内山原和岩溶地貌发育，山岭绵延，河谷纵深，地表起伏大。山脊明显，坡面阻长，土层浅，肥力低，水土易流失。乡域为亚热带季风湿润性气候，年平均气温16.5摄氏度，无霜期264天，年平均降雨量1412毫米。境内动植物资源丰富，有维管束植物56科104属176种，属国家一、二级保护的珍稀物种有银杏等6种；有陆栖脊椎动物18目42种。赤铁矿、硫铁矿、方解石、重晶石、石灰石、烟煤、石煤等优质矿产储量较丰，其中，赤铁矿储量6500万吨，方解石储量1500万吨。

二、经济发展

经济综述

1995年，全乡在稳定乡村企业的基础上狠抓农林牧渔业发展，全年实现工农业总产值8118万元，其中工业总产值3144万元，占全乡总产值的28.73%。农林牧渔业总产值4974万元，其中农业产值2333万元，林业产值190万元，牧业产值3001万元，渔业产值10万元。2005年，实施县委、县政府提出的以建设小康社会为目标的"三增三化一拓展"战略，全乡工农业总产值达22359万元。农业、牧业和制造业成为全乡的主导产业，分别完成产值8026万元、8633万元、3600万元。2006年，乡村集体企业实行改制，民营企业得以发展。2010年，以促发展、夺先进、保稳定为目标，在农业上发展柑橘、茶叶、烟叶和养殖业，工业上抓引进和投资，全乡实现工农业总产值51388万元。2014年，大力开展产业攻坚、民生攻坚、改革攻坚，全乡实现国民生产总值16283万元，其中第一产业8283万元，第二产业5200万元，第三产业2800万元。

2007年11月1日，中共湖南省委副书记、省长周强（右一）视察三圣株木岗园艺场　　三圣乡政府提供

农业

种植业　乡域主要种植稻谷、油菜和杂粮。1950年，推行良种良法，开始引进推广"万利籼""茶粘一号""南京1号"等一季稻优良品种。从1953年起，开始种植双季稻，先后引进推广"雷大粘""南特号""西湖早"等早籼高秆品种，并

改稀植为合理密植。1956年，推广蒙泉乡水制农业社分大厢插秧法，提高栽插密度。1995年，全乡种植水稻3.6549万亩，产量1.1151万吨；油菜3.5073万亩，油菜籽产量2487吨。2000年，种植品种扩大到小麦、红薯和玉米，其中小麦3000亩，产量300吨；红薯2.1万亩，产量5880吨；玉米2.0012万亩，产量4327吨。2005年，调整产业结构，取消早稻和晚稻，发展优质一季稻，全乡粮食、油菜面积减少20%以上。2010年，推动产业升级，力促柑橘、茶叶、烟叶发展，全乡有柑橘2.5万亩，实现产值3340万元；烟叶2000亩，产烟5000担，创产值400万元；茶叶1万亩。2014年，全乡种植总面积为8.0224万亩，玉米、油菜、豆类、稻田分别占31.86%、37.33%、12.18%、34.96%，种植业收入6685万元。

养殖业 1995年，全乡出栏生猪4.6502万头，存栏4.6502万头；出笼家禽21.75万羽，存笼15.5万羽。2000年，在巩固生猪和家禽的基础上大力发展山羊、肉牛和水产品。2005年，全乡出栏山羊4.0826

山羊冲村巴马香猪种繁场　张友亮摄

万只，存栏4.0826万只；出栏肉牛2012头，存栏9714头；水产品养殖面积376亩，总产量24吨。2010年，推广生猪改良品种，引进50头二元母猪，对全乡30多名养殖大户进行培训，全乡养殖业占农林牧渔的比重达到49.4%。2014年，全乡出栏生猪、山羊、家禽分别达7.2052万头、3.175万只、30.13万羽，水产品养殖面积增加到2187亩，产量351吨。养殖业总产值达11175万元。

林业 1995年，全乡有林地30.465万亩，占山地面积的75%，森林覆盖率为70%。1995-2005年，乡党委、乡政府发动群众封山育林21万亩，其中国家级重点防护林8.433万亩；植树造林、残林改造1.575万亩；退耕还林9585亩；建立水果基地2.5005万亩，其中板栗基地7500亩。其间，县政府租用飞机播种育林1.6万亩，成活率85%以上。2013-2014年，石漠化治理造林6156公顷。2014年，全乡有林地面积31.001万亩，林木蓄积量40万立方米，森林覆盖率78%。境内珍稀树种有：白皮松、黄连木、罗汉松、香樟、千年狗骨、银杏、黑壳楠、铁尖油杉等。有古树名木99株。

境内传统营林收入主要来源于采伐林、油桐、油茶。1995年，全乡有采伐林1.1995万亩，采伐量727立方米；油桐林8965亩，桐油产量110吨；油茶林8884亩，茶油产量72吨。全年实现林业产值190万元。2005年，木材采伐量4120立方米，实现产值557万元。2014年，茶叶、水果替代传统营林，桐油、茶油及木材采伐量分别为32吨、29吨、800立方米。林业产值642万元。

工业

1958年创办铁器社3家、石灰厂4家。1968年创办棕丝厂1家。20世纪70-90年代，创办煤矿4家、化工厂2家、预制厂3家、硫铁矿1家、铁矿1家。1995年，境内有县办企业芦茅硫铁矿1家，乡办企业15家，村办企业48家。年开采煤、铁、石灰石等矿产30多万吨，生产磷酸二氢钾500吨。全乡实现工业总产值3144万元，其中乡办工业产值551万元，村办工业产值686万元。2014年，全乡有各类企业705家，完成工业总产值5200万元。

商贸服务

清代和民国时期，境内商贸集中地有三圣庙、新开寺、杜家岗、河口4处。经营的商品有杂货、肉食、百货布匹、手工业品等。中华人民共和国成立后，在乡政府（公社）驻地、建供销社，肉食站、粮油店，成为农村中心市场，各村（大队）均开设集体商业零售店或代销店。中共十一届三中全会后，个体商贸服务业得到发展，农村市场日益活跃。1995年，境内有三圣、岗市、河口3个集贸市场，个体商铺发展到150多家。社会商品零售总额48万元。为适应商品流通体制改革和小城镇发展需要，乡党委、乡政府筹资进行集镇基础设施建设，鼓励农民经商，推动商贸服务快速发展。2014年，全乡有各类商铺615家，个体工商从业者3300人。社会商品零售总额4.5亿元，其中集市商品成交额1.2亿元。

财政金融

1995年，全乡财政总收入355万元，其中农业税180万元，企业纳税18万元。乡内有农村信用合作分社3家，农村合作基金会3家。年末各项存款余额674.88万元，各项贷款余额304.88万元。2014年全乡财政收入2727.11万元。年末存款余额2.2亿元，各项贷款余额5904.25万元。

三、基础设施

交通运输

1973年前，境内不通公路。1974年，修建维新至三圣公路，全程19千米，境内里程5千米。1975年，修建三圣至澧县洞市公路，全程12千米，境内里程5.5千米。1995年，修建三圣至河口公路，全程12千米。另有通村的简易公路8千米。2000年，国家重视农村基础设施建设，乡党委、乡政府加快境内公路修建和硬化步伐。至2014年，境内2条县道、5条乡道全部硬化，总长110千米。19条连村、通村公路延伸至部分村民小组或农户，总长375千米，硬化280千米。每日有10个班次客车往返于三圣与长沙、常德、石门、澧县等地，日客流量达400余人次。

邮电通信

1974年，境内有邮电所1个，邮电代办站2个。1998年，成立移动电话通信站，境内固定电话、移动电话得到发展。2014年，全乡有邮政所1个，邮政代办站2个，固定电话3100部，移动电话1.2万部，互联网用户350户。

水利电力

1965年，建成黄沙溪小Ⅰ型水库及水电站。水库库容340万立方米，灌溉面积1000多亩。水电站装机125千瓦，年发电50万千瓦时。1968年修建夹山溪、南岔两座小Ⅰ型水库，总库容120万立方米，灌溉面积2000亩。1965–1975年间，境内还修有马家塔、民生、西湾、黄金、月亮湾、滴水岩、木耳湾、胜利、澧阳、三堰、许家趟、杨柳湾、胡家台、水叶寺等11座小Ⅱ型水库和3座等外水库，总库容317万立方米，灌溉面积6500亩。修建北流溪、万泉、朱家溶、山羊冲4座小水电站，总装机容量800千瓦。1987年拉通国家电网，20世纪90年代初期，实现村村通电。至1995年，全乡有水库15座，总库容525万立方米，拦河坝15座，山塘3800口。2011–2014年，投入资金1200多万元，对境内水库进行除险加固，渠道硬化，全乡自流灌溉面积已占水田面积的70%。

2013年3月建成的田间渠工程三圣项目区　三圣乡政府提供

镇村建设

20世纪60–70年代，80%大队建有大队部。20世纪80年代初期，100%建有大队部。2006年并村后，19个村(场)均有村(场)部。2014年投资400多万元修建三圣乡政府办公大楼。

至2014年年底，三圣乡集镇建成区面积1.78平方千米，街道总长1.5千米，常住人口3100人；河口集镇建成区面积0.275平方千米，街道长500米，常住人口2100人；杜家岗集镇面积0.75平方千米，街道长1.5千米，常住人口2600人。

从2000年起，乡党委、乡政府重视改善农村环境卫生。至2014年，全乡有905户建沼气池，3071户改灶，1055户改厕，4511户改用地下水。19个村场建有垃圾池，组织30名专人对村民聚居点和主要道路进行清扫。

四、社会事业

教育

1957年9月创办三圣完小。1968年9月后两次易名"三圣中学""三圣五七中学"。1972年9月，命名为"石门县三圣中学"，校址由原丁氏祖祠移至丁家岗。1977年国家恢复高考制度，学校开办3届高中班，1981年停办。1995年，全县撤区并乡后，全乡有小学42所，初中3所，教师273名，在校学生3576人，适龄儿童入学率96%，初中生毕业率85%。后经整合教育资源，至2014年，全乡有初中1所，九年一贯制学校1所，小学11所，幼儿园3个。学龄儿童入学率、在校学生巩固率、小升中升学率、初中生毕业率均达100%。

文化

1995年成立三圣乡文化站，发展民间吹打乐队4支。2014年，全乡有中西乐队4支，狮龙队1支。文学、音乐、书画、唢呐等文学艺术爱好者20多人。电视机入户1.1万多户，其中有线3300余户。农家书屋32个，书刊5.12万余册。体育场所13处。

医疗卫生

1951年成立乡卫生所，开展防病治病工作。1958年成立卫生院，配备医务人员24人。病床10张。卫生院下设6个大队卫生所。1968年兴办农村合作医疗，1976年农村合作医疗停办。1978年，公社卫生院改为乡卫生院。1995年，全乡有卫生院3所，医疗点5个，医务人员33名，病床30张。有农村卫生室人员和妇幼保健员82人，个体诊所医生38名，个体药店12个。2006年投资160万元新建卫生院。2014年，投资350多万元，新建职工宿舍楼和购置医疗设备。卫生院病床达到50张，医务人员43人，下设村级卫生室28个，年诊治患者35103人次。

社会保障

2006年推行新型农村合作医疗制度，有3.07万人参保，参保率85%。2008年建乡敬老院，40名“五保”对象入住集中供养。2012年启动贫困居民最低生活保障制度，有1500人享受农村低保待遇，1800人享受城镇低保待遇，共发放低保金150万元。2014年，全乡407名“五保”人员全部落实供养政策。3.8406万人参加农村合作医疗，参合率98%。有4551人次住院治疗，享受医疗补偿金858万元。为30人发放大病救治资金20万元。有1560人享受农村低保，领取低保金220万元；1650人享受城镇低保待遇，领取低保金990万元。7500余人享受社会养老保险待遇，领取养老金700多万元。

人民生活

20世纪50年代，境内人均耕地1亩左右。由于品种落后，耕作粗放，年人均口粮不足150千克。农民住房多为土木结构的平房。中共十一届三中全会后，农村经济得到发展，粮食产量大增。1982年人均产粮450千克，农民基本解决温饱。20世纪80年代后期，一部分家庭先富裕起来，开始兴建楼房，购置电器。1995年，全乡农民人均纯收入1500元，年末人均储蓄150元。10%农户兴建楼房。每100户农户有摩托车2辆。2014年，全乡农民人均纯收入6900元，年末人均储蓄500元。90%农民入住楼房。每100户农户有摩托车70辆，小汽车10辆。

五、特色地情

历史人物

曾庆萱(1901-1928)　清光绪二十七年(1901)12月4日出生于三圣乡杜家岗刘家峪。民国13年(1924)10月从事党的地下工作，民国17年(1928)5月任中共石门县委书记。民国17年(1928)10月11日，被杀害于皂市镇骆家溪，时年28岁。

曾藩支(1875-1930)　清光绪元年(1875)出生于三圣乡杜家岗中坪村刘峪。民国18年(1929)4月任湘鄂边游击队总指挥。民国19年(1930)4月，在分水岭战役中牺牲，终年55岁。

向多本(1888-2004) 清光绪十四年(1888)农历正月二十四日出生于河口郭家坪村。民国24年(1935)8月,参加中国工农红军。民国25年(1936)6月,跟随红二、六军团长征。2004年5月22日病逝,享年116岁。

黄彬 (1921-2008) 民国10年 (1921)8月出生于彭家堰村, 民国23年(1934)参加中国工农红军。中华人民共和国成立后,黄彬历任解放军第25步校大队长、军事体育学校队列处长、军分区参谋长、副司令员、司令员、广东省军区副司令员等职。2008年3月24日,因病在广州逝世,享年87岁。

纪念地、纪念设施

曾庆萱烈士墓 位于三圣乡刘家峪村3组刘家溪南部。曾庆萱烈士墓由石门县人民政府于1984年5月投资修建。2014年6月26日,由石门县委党史办牵头, 三圣乡政府组织刘家峪村对该墓进行维修扩建, 整个墓地占地80平方米,可供100多人同时开展瞻仰纪念活动。曾庆萱烈士墓于1984年5月被石门县人民政府公布为县级文物保护单位,2007年6月被常德市人民政府公布为常德市文物保护单位。

黄鳌烈士墓 位于三圣乡刘家峪村桐子坡。2013年1月,由县委史志办报请县委、县政府批准,投资10多万元建墓立碑。同年3月18日,中共石门县委宣传部公布为“石门县爱国主义教育基地”。2013年5月7日,被常德市人民政府公布为市级文物保护单位。

石门县第一个党支部旧址 在三圣乡杜家岗新开寺(今新开寺中学操坪)。民国14年(1925)7月,曾庆萱在武昌中华大学读书毕业后,返乡在新开寺中学教书,秘密开展革命活动,向农民和学生宣传革命真理。同年11月在新开寺建立党支部,有党员李贤清、杜一武等10人,领导澧阳一带的农民运动,先后成立刻木寺、官铺、豆儿岗、刘家峪、地坪等农民协会。曾庆萱在刘家峪召开200多人的群众大会,领导打土豪,毁鸦片等一系列革命活动。

石门县第一个农村党支部遗址 位于三圣乡刘家峪。民国15年(1926)9月,“特支”委员曾庆萱在家乡杜家岗,发展曾宪尧(又名曾绍堂)、曾宪舜、曾辅臣等人加入中国共产党, 建立石门县第一个农村党支部——中共刘家峪党支

部。曾庆萱兼任书记。

石门县第一个农民协会旧址 位于三圣乡两河村刻木寺。旧址已损毁。民国15年(1926)上半年，共产党员曾庆萱满怀拯世济穷的热情，从大学返回家乡杜家岗，以教书作掩护，向农民宣传“穷人要翻身，只有组织起来成立自己的政府进行革命”等道理，不少农民很快觉悟起来，踊跃加入农会组织，会员达400多人。曾庆萱成立了刘家峪千吉团、乐山同德团、地坪靖和团等农民组织。不久，又在刻木寺设立全县第一个农民协会——仙阳区农民协会，由杜易武任会长。

名优特产

太清山茶 产地河口太清山村，产品销往北京、香港等地。

株木岗园艺场柑橘 产品打入欧盟市场。

山羊冲红心猕猴桃 产品销售湖南、广东等地。

重大事件

1974年8月，岗市公社发现钩端螺旋体病26例，死亡2人。

2012年6月25日下午到27日上午，三圣乡遭受了平均降雨量280毫米左右的特大暴雨袭击，杜家岗片降雨达320毫米，灾害共造成全乡直接经济损失达1000万元。

太　平　镇

★全国环境优美乡镇

★全国创建文明村镇工作先进村镇

一、区域概况

地理位置

太平镇位于县境西北部，东与子良乡接壤，南与三圣乡、维新镇、所街乡相邻，西与壶瓶山镇毗连，北与湖北省五峰土家族自治县渔洋关镇交界，属省际边界口子镇。镇人民政府驻太平街社区，距石门县人民政府驻地96千米。

建置沿革

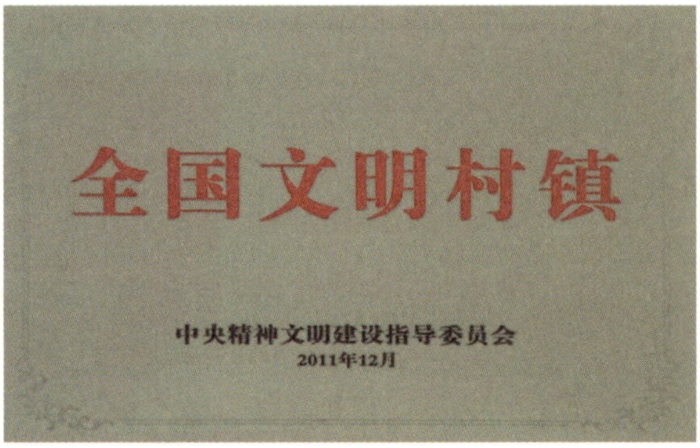

全国文明乡镇　太平镇政府提供

民国2年(1913)，全县设8区21个自治区，镇域为太平自治区，归7区管辖。民国18年（1929），全县设南、中、北、西4区20乡，镇域称太平乡，归北区管辖。1952年2月，全县设14个行政区281个乡，镇域置12个乡。1956年6月撤区并乡，东岳、青山、湖广、推宝、万世、胜利、川山、平山8乡并为太平乡；丰禾、大峪、松山、官庄4乡及双堰乡部分并为丰禾乡。1958年9月实行人民公社体制，全县设28个人民公社，太平乡改为太平人民公社；丰禾乡与河口乡合并，成立河丰人民公社。

太平镇集镇　太平镇政府提供

12 月，太平人民公社与子良人民公社合并为子太人民公社。1959 年 6 月，从子太人民公社析置太平人民公社，从河丰人民公社析置丰禾人民公社。1961 年 10 月，从太平人民公社析置穿山人民公社。1982 年，太平人民公社更名为太平街人民公社，穿山人民公社更名为穿山河人民公社，丰禾人民公社更名为九渡河人民公社。1984 年 4 月，撤销人民公社体制，太平街人民公社改为太平街乡，穿山河人民公社改为穿山河乡，九渡河人民公社改为九渡河乡。1995 年撤区并乡，太平乡街、九渡河乡、穿山河乡合并为太平街乡。1998 年 2 月撤乡建镇，太平街乡改称太平镇。至 2014 年未变。

区划面积

1995 年撤区并乡后，太平街乡辖 52 个行政村，总面积 360 平方千米，耕地面积 2.5552 万亩，其中水田 1.5935 万亩，旱地 9617 亩。2004–2007 年，全县调整行政村区划，镇域行政村大幅减少。2014 年，太平镇辖穿山河、太平街、苦竹坪、二房坪、竹儿岭 5 个社区和石水田、梅子垭、五里坪、茶园、东流溪、周家冲、犀牛坪、白果树、马墩、芦竹坪、仙台、易家湾、曾家垭 13 个行政村。总面积无变化，耕地面积增至 4.1416 万亩，其中水田 2.255 万亩，旱地 1.8866 万亩。

太平镇行政区划图　太平镇政府提供

人口民族

1995 年撤区并乡后，太平街乡有 8984 户 3.2892 万人。撤乡建镇后，2013

年，太平镇有8416户2.4668万人，其中男性1.2994万人，占52.67%。人口以土家族为主，有2.403万人，占97.41%。其余为汉族581人，藏族1人，苗族3人，壮族2人，瑶族1人，白族3人，佤族47人，彝族1人。

自然环境

地形地貌 境内地势北高南低，属中低山区，平均海拔380米。最低处海拔195.4米，位于周家冲村叶家铺。最高处海拔1474.4米，位于梅子垭村青山尖。

气候 镇域属中亚热带向北亚热带过渡的季风湿润气候区，四季分明、日照充足、雨量丰沛。年平均降水量1526毫米，年平均气温16摄氏度，极端最高气温39.8摄氏度，最低气温零下14.7摄氏度，年日照时数1632.7小时，无霜期268天。

水文 境内有沱水和九渡河两条水系。沱水为澧水的南源，发源于穿山河，流经太平、子良、松滋两河口，于大河洲入澧水，全长45.5千米，流域面积347.7平方千米。九渡河为仙阳河支流,有两个源头：一源出自太平镇的八方冲，源头建有和平水库；一源出自松山峪。二源于二方坪两河口合流，经峡峪河流入维新镇后称为渡水，全长23千米，流域面积94平方千米。境内有小Ⅰ型水库1座、小Ⅱ型水库3座、大型骨干塘5口、山塘320口。

自然资源 境内资源丰富。林地总面积达48.5万亩，森林覆盖率80.8%,活立木蓄积量45万立方米，主要林产品有杉、松、槐等。有银杏、珙桐、鹅掌楸、榉木、樟木等国家一、二级保护的珍稀植物20多种，有天麻、杜仲、迎春花等野生药用植物数百种，有娃娃鱼、豹、熊等国家重点保护的珍稀动物20余种。矿产资源主要有无烟煤储量100万吨，重晶石储量50万吨，大理石储量200万立方米。

自然灾害 主要自然灾害有旱灾、涝灾、风灾、冰灾、山体滑坡、低温、霜冻、雷击等。1996年7月8日23时30分至7月9日4时30分，境内遭受百年不遇的特大洪涝灾害，死亡3人、重伤5人、轻伤5人，冲走猪牛羊等大牲畜321头，倒塌房屋409间，造成危房835间。全乡8600余亩中稻被淹，绝收面积3200余亩，旱粮作物受损面积1.5万余亩。冲毁定型河堤520余处3.5万米，冲毁小沟渠 0.8 万米，冲毁乡村公路 107 千米、桥梁 6 座。损坏高低压电杆 550 根、高压配电设施 3 处，22 个行政村供电中断。此次洪灾直接经济损失 100 余万元。

二、经济发展

经济综述

1995 年，全乡完成工农业总产值 6161 万元，其中养殖业产值 3065 万元。2010 年，全镇完成国民生产总值 25767 万元，其中第一产业增加值 12473 万元，第二产业增加值 6221 万元，第三产业增加值 7073 万元。农民人均纯收入 4558 元。2014 年，全镇国民生产总值达到 30300 万元，其中第一产业增加值 14211 万元，第二产业增加值 9020 万元，第三产业增加值 7069 万元。农民人均纯收入 7335 元。

农业

种植业 境内种植业历来以粮食作物为主。1995 年，粮食作物播种面积 8.601 万亩，总产 1.5118 万吨。随着农业产业结构逐步调整，退耕还林项目实施，以及青壮年农村劳动力大量外出务工，粮食作物播种面积总体呈下降趋势。至 2014 年年末，全镇粮食作物播种面积 5.0338 万亩，减少 41.47%。其间，政府重点支持优质水稻、杂交玉米、双低油菜种植，推广杂交品种、测土配方施肥和病虫害绿色防控，落实国家直补政策，粮食作物总产量趋于稳定。2014 年年末，全镇粮食作物总产达 1.4357 万吨，较 1995 年减少 761 吨。

1995 年，境内油料种植面积 2.6 万亩，产量 1737 吨。2014 年，油料种植面积 1.5054 万亩，产量 1445 吨。

2010 年起，镇党委、镇政府重视烟叶、茶叶发展。2014 年种植烟叶 3000 亩，产量 2600 多担。茶叶总面积达 4000 亩，产量 1.25 万千克。是年，茶祖印象(湖南)茶业有限公司投资 1000 万元，把太平镇选为有机茶生产基地，投资 1000 万元，在周家冲等村开辟有机茶生产基地，建设 1200 平方米茶叶加工厂。

20 世纪 90 年代，境内柑橘种植面积有 4500 亩，主要分布在九渡河和太平街一带。2004 年发生大实蝇危害后，种植面积急剧萎缩，至 2014 年仅剩自生堰

石门马头羊 太平镇政府提供

园艺场120亩。

养殖业 历届党委、政府坚持把养殖业作为发展山区经济、加快农民脱贫的支柱产业，走“公司+农户+基地”路子，草食家畜养殖发展势头强劲。1995年，发展马头羊4.5万只，繁育、提纯、复壮马头羊种羊1万只，被定为全县马头羊发展基地。至2014年，全镇有自然草场12万亩，退耕种草4000亩，发展养羊100只以上大户80个，养牛10头以上大户105个，养生猪300头以上大户32个，养禽1000羽以上大户8个，出栏马头羊3.8余万只，肉牛5000多头，生猪8.5万多头，家禽9万余羽。

林业 经20世纪50年代末期的烧炭炼铁、70年代的毁林开荒、80年代的伐木建房，境内森林受到严重破坏，导致生态环境恶化，流经石水田、九渡河、太平街的三条较大的河流经常出现断流现象，给农田灌溉、人畜饮水造成极大困难。1998年始，镇党委、镇政府启动封山禁伐措施，禁伐商品材、严控民用材。2001年开始，相继争取启动生态公益林、退耕还林、石漠化治理、森林抚育补贴、中央造林补贴、林木林地流转等项目。至2014年，完成生态公益林封育面积12.3764万亩，退耕还林面积14.7233万亩，石漠化造林面积1610亩，森林抚育面积3400亩,中央补贴造林面积600亩,林木林地流转面积8.27万亩。全镇林地面积由1995年的41.26万亩增至43.92万亩，活立木蓄积量由1995年的18.15万立方米增至74.3万立方米,森林覆盖率由1995年的36.6%提高到78.3%。

工业

1972年，太平人民公社在万世桥成立社办企业缝纫加工厂和铁器加工厂，缝纫加工厂有裁缝12人,铁器加工厂有铁匠3人,帮工3人。1975年,公社成立企业办对加工厂进行管理。1976年,建成万世桥水电站。1977年,太平煤矿、太平建筑队相继建立。1979年,创办太平重晶石矿。1982年,建立太平砖瓦厂、太平农机站、马家岩电站、白果树煤矿等社办企业。至1995年,境内有乡办集体企业15家、村办集体企业16家、个体和联户企业500余家,其中乡级骨干企业有大理石加工厂、白果煤矿、重晶矿,村级骨干企业有太平预制厂、云川茶场。全乡完成工业总产值4084万元。2005年,天福电站、万丰电站竣工发电,金山寺大理石厂、北山牧业建成投产。2013年,重晶石(萤石)共生矿综合回收及高新深加工项目落户太平镇,注册成立湖南楚天钡业有限公司。2014年,全镇有各类企业1000余家,完成工业总产值9020万元。

商贸服务

清代和民国时期,境内对外商贸往来仅限于南下津市和北上湖北五峰县渔洋关,货物也仅限于土布和食盐两种本地无法生产的必需品,销售主要靠骡队和走村串户的小商贩。中华人民共和国成立后,进行工商业社会主义改造,商贸统归政府管理,建立供销社、粮店、肉食站,民间商贸基本停止。20世纪80年代实施改革开放,私营商贸迅速发展。1985年,张贤清在太平桥头开设境内第一家个体商店——桥头商店,主营南北货、糖、烟、酒。至2010年,太平镇有商铺123家从业人员870人,销售收入8500万元。至2014年,全镇有商铺1000余家,电子商务1家。太平中心集镇有旅店、餐馆25家,日接待能力达200余人。

财政金融

1995年,乡政府财政收入104.37万元,其中农业税52.37万元,农业特产税17万元,教育费附加27.11万元,其他收入8万元。2002年开始实施农村费改税

工作，将屠宰税、农村教育费附加及农村三提五统全部纳入农业税、农业特产税征收管理。2004 年国家取消农业特产税和 2005 年取消农业税后，镇财政收入主要由上级财政转移支付。2014 年，全镇财政收入 830 万元。农村信用合作社、邮政储蓄所 2 家金融单位，年末存款余额 22496 万元。

三、基础设施

交通运输

20 世纪 80 年代，镇域有两条对外公路，一条是磺厂至太平街公路，长 52 千米；一条是太平街至澧县田冲公路，长 33.4 千米。1990 年 9 月，以工代赈投资 310 万元，修建所街乡文化至太平镇穿山的文穿公路，总长 31 千米，动员穿山河等 7 个乡镇 2 万多名劳力会战，投工 76.5 万个，开挖土石方 69.4 万立方米，1992 年 11 月竣工通车。至 1994 年，境内有政府负责维护的县、乡道 38.61 千米。1995 年起，加大通村通组公路建设。至 2000 年，修通朝天寺、芦竹坪、推宝槽、白竹垭等 9 个村的通村公路，全镇实现村村通公路，总里程 220 千米。1997 年，太平至湖北五峰县渔洋关镇 34 千米跨省公路建成通车。2005 年开始公路硬化。2006 年，硬化 307 省道维新镇至太平镇段 47.177 千米。至 2012 年，全镇共硬化乡道 31.9 千米、村道 97.15 千米。2014 年，全镇有省、县、乡、村、组公路 320 千米，硬化 180 千米。日开通至石门、澧县、常德、长沙客班车 10 个班次。

邮电通信

邮政网络　1997 年，太平邮电局修建邮电大楼，1998 年邮电分营，分设太平邮政支局和太平电信支局。2008 年邮政再次分离，境内分设太平邮政支局和太平邮政储蓄银行。

固定电话　1995-1996 年，全镇使用摇把子电话机，传输使用载波电路。1997 年，全部改成全电子自动电话，传输改为光纤。1998-2000 年，实施数字程控电话线路改造，水泥电杆、电缆到村组。2014 年，全镇有固定电话 2900 户。

移动电话　2001 年，在太平镇丰禾建成移动通信基站，境内始有移动信号。2009 年，建成 5 个移动基站。2014 年，全镇建起了移动、联通 25 个移动电话基站，实现通信信号全覆盖，移动电话用户 3000 余户。

互联网络 2000 年，开通 163 拨号上网。2003 年，改为 ADS 宽带上网。2012 年，宽带网到村。2014 年，太平镇、九渡河集镇光纤到户。是年，全镇有互联网用户 670 户，电视 ITV300 户。

供电供水

供电 1979 年，修建万世桥小型水电站，装机容量 10 千瓦，主要供政府和集镇照明用电。1982 年，建成马家岩电站，装机容量 50 千瓦。1995 年，境内拉通国家大电网，架设高压线路 68.75 千米、低压线路 162.8 千米，置变压器 19 台/1150 千伏安，大部分村用上大电网电。1997 年，朝天寺、芦竹坪、推宝槽、云盘、易家湾 5 个边远山村实现通电。1999–2005 年，实施一、二、三期农网改造，新增 10 千伏线路 8 千米、变压器 5 台/280 千伏安，改造低压线路 213.5 千米，架通 108 个边远贫穷农户用电线路，全镇实现户户通电。2006 年起，实施新一轮电网升级改造。至 2014 年，全镇建有 35 千伏安变电站 1 座，增加 10 万伏线路 9 千米、低压线路 7.5 千米、变压器 8 台/900 千伏安。供电质量进一步提高。

供水 20 世纪 90 年代，境内主要靠村民自筹资金修建一些小型分散的饮水工程。2008–2014 年，国家扶持资金 1170 万元，群众自筹和投工投劳 1000 多万元，建集中供水工程 16 处、分散供水工程 921 处，基本解决全镇居民安全饮水问题。

水利建设

全镇建有 1 座小Ⅰ型水库和平水库和白竹、三合、五泉 3 座小Ⅱ型水库。和平水库修建于 1969 年，集雨面积 4.97 平方千米，库容 100 万立方米，灌溉面积 3000 余亩。白竹水库修建于 1972 年，集雨面积 0.97 平方千米，库容 13 万立方米，灌溉面积 2000 余亩。三合水库修建于 1972 年，集雨面积 1.97 平方千米，库容 18 万立方米，灌溉面积 2000 余亩。五泉水库修建于 1974 年，集雨面积 1.37 平方千米，库容 18 万立方米，灌溉面积 1500 余亩。

1969 年建成东方红渠道，全长 4.35 千米，蓄水池储水量达 3500 立方米。渠道从七家河引水，主要用于人饮供水、农田灌溉。1998 年，镇政府投资 50 多万元对渠道、蓄水池进行高标准改造，建立供水站，集人畜饮水、农田灌溉、引水发电于一体。至 2014 年，全镇共修建供排水沟渠 85 千米，堰塘 200 余口，农田灌溉面积达 1 万余亩。

镇村建设

太平街集镇　太平街古名苦竹坪。明永乐二十二年(1424)，陈文宾袭职土官，衙署迁苦竹坪。在署北设驿马里，专管赋税，接待各隘来人洽商要务；在署西山头建钟楼，喊话、报时，保一方平安，遂更名太平街。至民国年间，太平街已形成 31 间房舍的半边街，具集镇雏形。1993 年，乡人民政府规划征地建镇。至 2014 年，集镇建成区达 1.5 平方千米，3 条主街道总长 5 千米，常住人口 6000 人。

四、社会事业

教育

1995 年，境内共有中小学校 51 所，其中九年一贯制学校 1 所，初级中学 2 所，完全小学 4 所，初级小学 44 所。在校教职工 313 人，学生 2591 人。2003 年起，调整全镇学校布局。至 2014 年，全镇有九年一贯制学校 2 所：穿山河中学、平安希望学校；初级中学 1 所：太平镇中心学校；完全小学 3 所：太平镇完小、二房坪完小、石水田完小；小学教学点 2 个：苦竹坪教学点、曾家垭教学点；公办幼儿园 1 所：太平镇中心幼儿园。另有民办幼儿园 4 所、民办培训机构 1 个。共有教职工 171 人，在校学生 1856 人，入园幼儿 585 人。幼儿入园率、学龄儿童入学率、在校学生巩固率、小升中升学率、初中生毕业率 100%。

石门县太平镇中心学校　石门县太平镇中心学校是一所全日制初级中学，位于石门县太平镇集镇中心古回龙寺旧址。其前身可溯源至清道光二十三年(1843)兴建的黉舍。民国 7 年(1918)，陈再庚、杨帆之创立石门北乡沱水流域最早的学校——太平初级小学。民国 11 年(1922)开始设立高级班。民国 19 年(1930)，学校改名太平区联合高级小学。民国 22 年(1933)，学校改名为子太联合高级小学。民国 29 年(1940)，学校改名为太平镇中心国民学校。中华人民共和国成立后，1950 年，学校改名为石门县第六完全小学。1958 年下期，增设初中班，更名为石门县太平完小及附中。1970年，增设高中班，改名为石门县太平中学。是年，小学部迁往龙坪。1983年，学校更名为石门县第七中学。2003年，更名为石门县太平镇中心学校。

太平镇中心学校　太平镇政府提供

文化

1998年，设立太平镇广播站和太平镇文化站，2002年合并为太平镇文化广播电视站。2009年更名为太平镇综合文化站，兴建300平方米的文化活动中心。同年，启动“村村通”工程，1065户农户安装卫星电视。2013年，启动“村村响”广播工程，广播网络覆盖全镇18个村(居)。2014年，镇政府投资380万元，建成桩巴龙文化广场。广场总占地面积14.9亩，建有浮雕景墙、孝龙亭、孽龙雕塑、二十四孝文化墙等特色建筑，为集镇居民的主要休闲场所。是年，全镇有舞龙队伍2支，管乐队伍4支，民乐演奏队伍1支，农家书屋54家，有线电视站5个，有线电视用户3000余户。

医疗卫生

1995年，境内有乡卫生院3所，村卫生室52所。乡中心卫生院建成门诊综合楼，建筑面积1683平方米。1998年，乡中心卫生院改为太平镇中心卫生院，2005年兴建住院楼。至2014年，镇中心卫生院总建筑面积达9129平方米，设有中医科、骨科、内科、外科、妇产科、儿科，住院部及公共卫生服务与管理等科室，有医务人员48人，病床床位48张。下设分院2所，村级卫生室17所。

社会保障

1995年并乡后，有农村“五保”对象106人，乡政府在穿山河村猫儿垭养路工班旧址改建太平街乡敬老院，设置床位15个，集中供养农村“五保”对象15人。1998年撤乡建镇，太平街乡敬老院更名为太平镇敬老院。2007年，太平镇敬老院迁址于太平街社区马家岩新建，总占地面积 12.78 亩，其中建设用地 5.28 亩，生产基地 7.5 亩，总建筑面积 1570 平方米，拥有床位 44 张。是年，镇中心卫生院被县救助局定为“五保”、低保定点救助医院，“五保”对象就医有了保障。2014 年，全镇供养农村“五保”对象 259 人，其中镇敬老院集中供养 43 人。

1995-2001 年，境内只有供销社、粮店、卫生院等国有企业、集体企业职工 195 人参加社会养老保险。2002-2003 年，国有企业改制分流，全镇增加个体工商户 56 人参保。2011 年，启动新型农村社会养老保险。至 2014 年，全镇参加城镇职工基本养老保险 408 人；参加新农保 12948 人；参加居民医疗保险 58 人。

2004 年启动农村低保工作，有 165 户 323 人享受农村低保，占总人口的 1%。随着国家经济不断发展，社会保障兜底面不断扩大，到 2014 年全镇有农村低保 909 户 1582 人，城镇低保 29 户 41 人，城乡低保覆盖面达 5%。

五、特色地情

民俗风情

石门桩巴龙传说 《中国民间故事集成·湖南卷》收有数篇孽龙的传说，第一篇就是石门县的《桩巴龙传说》。相传，石门太平镇白杨湖边住着母子二人，儿子对母亲非常孝顺，误吞石蛋(蛟子)后，口中十分干渴，喝完家中的水又奔湖边喝水，变成一条龙。母亲在后面赶到，只见湖边有条龙，以为龙把儿吃了，便举起手中的扁担打断龙的尾巴，龙喊娘，娘才知道龙是儿变的。突然湖水暴涨，龙向前游去，母亲在后面紧紧追赶。前面有山挡路，龙一脑撞去，山穿了，湖水汹涌流出，沿途留下穿山河、自生桥、吟娘溪、死娘坪等地名传说，后来又有其母坟地及回龙寺建筑。桩巴龙所到之处，洪水毁屋、伤人，许真君用法术将他锁在桂花井。桩巴龙乞求许真君每年清明放他为母扫墓，许真君被他的孝心感动，遂答允。该传说在石门老少皆知，在湖南也广为流传。1959 年 3 月，毛泽东在上海会见江西省委书记杨尚奎，与杨尚奎夫人水静谈话提到：“晋朝的时候，江西出了个许真君，湖南出了条孽龙。起初许真君斗不过孽龙，后来孽龙还是被许真君降服了。”许真君在清同治《石门县志》有记载，他曾在县城附近的方顶山炼过丹，还植过两株银杏。石门民间至今流传桩巴龙清明回乡扫墓时沿途下冰雹，就是贾家坪不下，因为那是他的外婆家。桩巴龙的母亲已成人们心中的神，每年清明前后有本地人、外县人甚至外省人前往她的墓地祭奠。石门县文化局将桩巴龙的传说进行整理申报，2006 年被列入湖南省非物质文化遗产名录。

中国人民解放军总政治部原副主任唐天标上将视察太平镇　太平镇政府提供

文化遗址

石水田天主教堂　位于太平镇石水田村境内。清光绪二十年(1894)，由罗马尼亚甘神甫修建。教堂依山傍水，坐西朝东，建筑占地 10.5 亩，建筑面积 1154.6 平方米。为石门县最早和仅存的天主教堂，20 世纪 80 年代初修缮后作为天主教宗教场所。1984 年，被石门县政府公布为第一批县级文物保护单位。

太平镇桩巴龙文化广场　太平镇政府提供

万世桥　位于马家岩峡口的沱水上。建于清光绪五年(1879)，为四孔联拱石桥，含两边梯级引桥全桥长 65 米，宽 4 米，高 15 米。四孔跨径为 7 米至 8 米

万世桥　太平镇政府提供

不等。用方块石和条石调桐油石灰砌筑而成，历数次大洪水而岿然不动。据传，该桥领修人柳甲恒乃一介布衣，世居洈水河畔，深感交通不便，于是集众修桥。然木桥三修三毁，遂立志改修石桥。古稀之年出门募捐，历时三载。清同治十年(1871)动工修建，八年乃成。石桥合龙之日，柳老喜极仙逝。其子在桥面施工中不幸殉职。世人为感念柳氏一门为民造福，命名为“万世桥”。1989年，被石门县政府公布为县级文物保护单位。

风景名胜

自生桥　位于境内洈水源头，为天生独拱石桥，桥长68米，宽7米，高32米，拱跨30米，拱高15米。桥面道路由石板铺砌而成，为南北交通要道。

三峰寨隧道　位于省道S302磺太线太平街居委会和仙台村交界处，1975年，由丰禾人民公社、太平人民公社180名群众组成专业队，分南北两组相向施工，1976年6月26日竣工通车。隧道长305米，宽5米，高5米。洞内设有宽2米，高2.5米，深1米的5个避车洞。三峰寨隧道的开通，打开了太平的南大门。

峡峪河　又称十八里画廊。位于太平镇与维新镇交界处，全长9千米。峡峪河山水秀美、峡谷幽深、洞穴奇险，集山、水、洞于一峡，融灵、秀、险于一河，处处皆景。生长有大片野生蜡梅群落和国家二级保护动物大鲵(俗称“娃娃鱼”)。

重大事件

2008年5月，太平镇被省文明办推荐申报为“全国创建文明村镇工作先进乡镇”。

子　良　乡

★全国环境优美乡镇

一、区域概况

地理位置

子良乡位于县境北部，东与澧县太青乡、甘溪镇接壤，北与湖北松滋市卸甲坪乡、五峰县仁和坪镇和渔洋关镇毗邻，南抵三圣乡，西连太平镇，素有“一脚踏两省，鸡鸣听四县”之说。乡人民政府设子良坪村，距石门县人民政府驻地 96 千米。

建置沿革

民国 2 年(1913)，全县分 8 区 21 自治区，乡域为子良自治区，属 7 区管辖。民国 18 年(1929)，全县设 4 自治区 20 乡，子良自治区改为子良乡。1952 年 2 月，全县设 14 个行政区 281 个乡，境内设子良坪乡、水田乡，属 9 区管辖。1958 年 9 月，全县撤乡建人民公社，子良坪乡与水田乡合并成立子良人民公社；12 月，全县合并部分公社，子良与太平合并为子太人民公社。1959 年 6 月，析(拆)出设立子良人民公社。1961 年 4 月，水田从子良人民公社析(拆)出，单设水田人民公社。1982 年，子良人民公社、水田人民公社分别更名为子良坪人民公社、水田岗人民公社。1984 年，恢复乡建制，子良坪人民公社、水田岗人民公社分别改为子良坪乡、水田岗乡。1995 年 3 月，撤区并乡，子良坪、水田岗两乡合并为子良乡。至 2014 年无变化。

子良乡政府大院　子良乡政府提供

区划面积

1995 年，全乡有 36 个行政村，1 个园艺场，408 个村民小组。总面积 198.93 平方千米，耕地 2.5499 万亩，其中旱地 1.0949 万亩。

子良集镇 子良乡政府提供

2004年合村后，全乡辖新道湾、涂家洞、董家山、北界、子良坪、骆村坪、护城峪、陈家湾、廖家冲、谭村、节日坪、铜锁岗、罗坪垭、水田岗、茶园湾15个行政村。至2014年，全乡村名无变化。耕地面积增加到2.9799万亩，其中旱地1.5799万亩，水田1.4万亩。

人口民族

1995年，全乡有8253户2.8744万人，其中男性1.4830万人，占51.59%。全乡以土家族人口为最多，为2.5844万人，占总人口的89.91%，其次为汉族2898人，回族1人，瑶族1人。通过外出务工或求学，户口迁出，境内人口减少。至2014年，全乡7505户2.86万人，其中男性1.1335万人，占51.14%。

自然环境

乡域地形为丘陵山区。北部大山东西横亘，最高处芦峰山海拔1170米，为境内最高峰。南部有太青山从西向东连绵，最高处蛮王寨海拔1051米。境内最低处位于水田岗村大河洲，平均海拔为665米。沱水河自西向东流经境内21千米，形成两岸较为开阔的河谷平原。乡境属亚热带季风湿润气候区，四季分明，日照充足，雨水丰沛。年平均降雨量1531.2毫米，年平均气温22摄氏度。境内林木植被有松、杉、栗、枫、樟、油桐、乌桕、棕、竹等40多种。野生动物有野猪、山羊、兔、狼、狐、刺猪等20多种。主要地下矿藏有煤、铁、重晶石、硫铁矿、方解石、大理石等10多种，煤、重晶石储量较大。境内土壤主要有风化石壤、红壤、黄壤。因风化石壤较多，土地肥力较低，影响农作物产量。自然灾害频发。1973年旱灾，受旱面积达2万亩，中晚稻、玉米、红薯等农作物失收，粮食减产2000多吨，直接经济损失1000多万元。1995年6月24日和1997年7月13日发生严重水灾，共造成4000亩农田被淹，200多户房屋倒塌，直接经济损失2000多万元。

二、经济发展

经济综述

中华人民共和国成立后，乡域经济大致经历三个发展阶段。1950-1955年为第一阶段，经营形式：农户家庭经营。农民从地主手中分得土地，拥有生产资料，享受起劳动所得的全部成果，过上基本自给自足的生活。1956-1979年为第二阶段，经营形式：从合作社到人民公社的集体经营。生产上大呼隆，分配上大锅饭，干多干少一个样，伤害农民积极性，农村经济发展缓慢，绝大部分农户缺吃少穿。1956年，子良乡粮食总产量折合稻谷6000多吨，农民人均口粮225千克；农村总收入420万元，农民人均收入170元。1978年，子良人民公社粮食总产量折合稻谷8000多吨，农民人均口粮265千克；农村总收入480万元，农民人均分配收入190元。1980年后为第三阶段，经营形式：联产承包，家庭经营。中共十一届三中全会以后，从1980年起，境内实行农业生产经营体制改革，最初为“水田统一经营，旱地包产到户”，进而全部实行联产承包，最后发展为“大包干”“一定三十年不变”。该经营形式调动了农民的生产积极性，大大促进农村经济的发展。其间，党的“三农”政策经过调整越来越好，农民负担的所有农业税费从2003年起陆续取消，农村产业结构和农业内部结构得以调整，农民收入和生活水平大幅提高。1995年，子良乡与水田乡合并后，全乡完成国民生产总值1.4亿元，财政收入125万元，农民人均纯收入1210元。2014年，全乡完成国民生产总值2.45亿元，财政收入2361万元，农民人均纯收入8391元。

农业

种植业 粮食作物种植有稻谷、玉米、红薯、马铃薯及大豆、荞麦、绿豆等。1990年前，水田种植多为早晚双季稻，后全部改制为中稻一季。2014年，全乡种植水稻1.43万亩，全为杂交稻，总产6.435万吨。种植玉米2.5万亩，总产10万吨。种植红薯1万亩，总产2万吨。种植马铃薯5000亩，总产5000吨。经济作物主要有油菜和苎麻。2000 年，全乡种植油菜 1.3 万亩，油菜籽总产 2250 吨。2014 年，全乡种植油菜 2 万亩，油菜籽总产 2500 吨。苎麻曾为境内的热门作物，1986-1987 年，种植面积 1.5 万亩，总产量 3000 吨，群众戏称为“发麻疯，发麻财”。2014 年，因市场变化，总面积减少到 300 亩。

养殖业 境内养殖业主要为养猪、羊、鸭、兔、鱼、蜂等。大多为家庭散养。1995 年，全乡饲养生猪 5.7657 万头，出栏 2.9619 万头；养山羊 3.5611 万只，出栏 1.5280 万只。2014 年，乡党委、乡政府把生猪和山羊养殖作为主导产业发展，全乡生猪饲养量 8.6079 万头，其中出栏 6.001 万头，存栏 2.6069 万头。山羊养殖 6.0044 万只，其中出栏 3.1127 万只，存栏 2.8917 万只。

林业 境内森林经历两次大的毁损。1958-1960 年“大跃进”时期，大砍树木作为炼钢铁的燃料和公社食堂的柴火，活立木蓄积量减少 60%以上；1972-1978 年全国农业学大寨时期，伐林、烧山、开荒种粮，加之农民为求生计，伐木换粮现象普遍，大片林地被毁。中共十一届三中全会后，实施植树造林和退耕还林还草，森林植被逐渐恢复。至 2014 年，境内共有林地 22 万亩，其中用材林 15 万亩，薪炭林 5 万亩，经济林 2 万亩，森林覆盖率 72.5%，活立木蓄积量 1.24 万立方米。

果茶业 从 1980 年起，境内大力发展柑橘产业，至 2004 年，全乡有柑橘 1.6 万亩，总产量 1.6 万多吨。2005 年因大果实蝇危害，砍伐橘树 2000 多亩，产量下降。2014 年，全乡产柑橘 1.4 万多吨。从 20 世纪 90 年代起，境内积极发展茶叶产业。2000 年，全乡有

子良乡谭村千亩茶园　子良乡政府提供

茶叶2000亩。2014年发展到7000亩,茶叶产量34.1吨,茶叶加工企业7家。太青茶叶合作社生产的太青牌茶叶获得商标注册,并批准为“湖南省十佳茶叶合作社”“湖南省出口茶生产基地”。境内也有少量的板栗、核桃等干果及李、梨等小水果,多为家庭庭园种植,廖家冲村连片种有板栗500多亩。

工业

20世纪80年代,境内乡村工业主要有矿山开采、苎麻加工、水泥预制件生产、农副产品加工等。其中煤矿和重晶石矿为主导产业,先后办有万福煤矿、双坪煤矿、太青煤矿、才子坡重晶石矿、金盆重晶石矿、涂家洞重晶石矿、铁厂坡重晶石矿等。2000年后陆续停产。1986年起,外商投资在子良青山峡和落家坪建有重晶石矿粉厂,后分别于1992年和1997年倒闭。1990年起,全乡先后在水田罗坪垭、椿树榜、大河洲、高家台、清涧溪、祝家坪、青山峡办起7家水泥预制件厂。1995年,全乡有工业企业17家,实现工业总产值1634万元。2014年,全乡工业总产值达到36654万元。

商贸服务

20世纪50-80年代,境内商贸服务业主要是供销社、粮油站、肉食站、饭店旅社,各村设有商业代购代销点。1985年以后,集体商贸服务单位逐步改制,个体商贸服务业兴起和发展。2014年,境内有各类商铺537家,个体私营业主1000多人,主要经营商业、饮食、旅社、茶楼、肉店、通信、打印、摄影、美容美发、药品销售、广告制作等。全乡社会商品零售总额达31680.6万元。

劳务输出

1990年后,境内剩余劳力开始外出务工,至2000年,常年外出务工人数达万余人,占全乡劳力总数的70%以上。务工流向地主要是东南沿海地区,以广东省居多,佛山境内的士车司机70%是子良人。2014年,全乡劳务收入8800万元。

财政金融

1990-2002年,乡财政资金紧缺。从2003年起,农业税费取消后,国家财政转移支付力度加大,解决了财政资金紧缺问题。2014年,全乡财政总收入2361万元,其中国家财政转移支付114万元。

1995 年境内建立邮政储蓄所,1996 年建立农村信用社。2014 年年末,存款余额 2.9 亿元。

三、基础设施

交通运输

1973 年前,境内不通公路,边山河至子良坪的沆水水道可行小木船。农民出行及农副产品外销、工业、日用品运进,主要靠人力肩挑背负。1974 年 3 月,途经境内 28 千米的澧县甘溪至石门县太平公路建成通车,开始与外界有了公路连接。1976 年,水田人民公社拼装有一台 4 吨大卡车。1977 年,子良人民公社通过在国家物资总局工作的子良籍老乡购回一台计划内的解放牌卡车。1978 年起,石门至子良开通当日往返客班车。20 世纪 80 年代开始,加快通村通组公路建设。至 1995 年,实现 100%的村和 70%的小组通公路,公路里程总长达 60 千米。1997 年,子良集镇和水田集镇分别将各为 1 千米的街道进行硬化。2005 年起,乡村两级抓住国家"畅通工程""通达工程"项目建设机遇,掀起硬化乡村公路的热潮。至 2014 年,全乡 100%的村 90%的小组完成公路硬化,总里程 160 千米。每天有 9 辆客班车往返于子良和石门之间,其中有 1 辆直达常德。有 3 趟外地客班车途经或宿班子良集镇。

邮电通信

1953 年,境内有 1 部电话机经太平转接进行通话。尔后子良和水田人民公社各设有 1 部 20 门交换机,各大队也装上电话。1970 年,随着电话用户的发展,2 台交换机由 20 门换成 40 门。1995 年起,先后开通子良坪和水田的程控电话。2000 年,程控电话实现村村通、组组通,40%的农户装上程控电话。移动电话发展迅速。2010 年,全乡移动电话拥有量在 1 万台以上。为消灭移动通信信号的死角盲点,电信、移动、联通三家在各村建立基站,全乡通信基站达到 30 多座。2014 年,全乡有固定电话 3500 部,移动电话 1.2 万多部,互联网用户 2000 多户。

供电供水

供电 1974 年,境内建有 1 个小水轮泵发电站和 1 个柴油机发电站,供公社机关和所属部门照明。1978 年，子良万福电站建成发电，装机容量 500 千瓦，子良、柳树、骆村坪、高家台 4 个大队大部分农户用上电。1981 年，从太平架设输电线路至子良坪，茶园水库电站建成发电，装机容量 250 千瓦，基本满足沿线的茶园、茅坪、罗坪垭 3 个大队大部分农户用电。1983 年，兴建汇水电站，装机容量 450 千瓦，与万福电站并网。湖北从黄林桥架设输电线路至罗坪垭。1992 年，切断湖北供电线路，改为从子良坪架设输电线路到罗坪垭。2010 年，乡党委、乡政府招商引资，投资 350 万元对万福电站进行技改升级，装机容量提升到 1500 千瓦。与新华水利电力公司和湖北方面达成协议，投资 8000 万元对两河口至碧溪峪沱水流域进行三级开发，总装机容量 1.5 万千瓦。至 2014 年，全乡供电线路总长 850 千米，其中 1 万伏高压线路有 33 千米，满足了 100%的行政村和 95%以上的农户生产生活用电需求。

供水　2005 年起，加大农村安全饮水工程建设，全乡建成水井（窖）800 多口，蓄水池 500 多个，95%的农户用上安全清洁饮用水。2010 年起开展溪河治理，对沱水子良集镇段、泗潭河至大河洲段河堤和谭村、铜锁岗村等溪堤进行整治护砌。2014 年，完成了陈家湾、新道湾、涂家洞、铜锁岗、北界、子良坪 6 个村 9000 人安全饮水工程。

水利建设

1958 年，境内建起首座水库——茅坪水库，集雨面积 5.5 平方千米，库容 128.8 万立方米，灌溉面积 1450 亩，为小Ⅰ型水库。20 世纪 70 年代，修建白果、茶园 2 座小Ⅰ型水库，护城、幸福、合力、双坪、红砖、节金、岗坪、小白果 8 座小Ⅱ型水库，以及 20 多口骨干塘。至 2014 年，全乡拥有水库 11 座，池塘 700 多口，总库容 1200 多万立方米。灌区渠道 1.3 万米，其中砼渠占 70%。灌溉面积 1.25 万亩，全乡 70%的水田做到自流灌溉旱涝保收。

镇村建设

1989 年开始建设水田集镇，3 年时间形成 1 千米长、20 米宽的街道。1995 年开始子良集镇建设。1997 年，两个集镇街道同时动工进行混凝土浇筑。2006 年，在子良集镇西修建子良坪沱水二桥，使集镇形成环形街道。2008 年，子良乡

子良集镇河道整治　子良乡政府提供

被环保部授予“全国环境优美乡镇”称号。2011年,国家启动“新农村建设示范村”和“美丽乡村建设示范村”项目工程,谭村被列为项目村。2014年,水田、子良两个集镇建成区达3.5平方千米,有常住居民1000余户,常住人口1.2万人。同时,展开节日坪、谭村、螺蛳峪、护城峪、陈家湾5个中心村建设,偏远农户纷纷迁至中心村建房。

2014年,全乡进行农村卫生大整治,每户设立了统一购置的垃圾箱,村组道路旁设立了垃圾池和焚烧池,每村聘用了3~5名卫生员,定期对各家各户进行卫生检查。

四、社会事业

教育

民国年间,境内有2所私塾。中华人民共和国成立后,办有子良和水田两所公办小学。到20世纪70年代,境内有2所初级中学、8所中心学校、28所初级小学。20世纪80–90年代,8所中心学校均开设初中班。1996年全国实施九年义务教育,境内办学条件合格率,教师合格率、幼儿入园率、学龄儿童入学率、在校学生巩固率、小升中升学率、初中生毕业率都达到100%。后因学龄儿童减少,学校布局有所调整,部分学校陆续合并或撤销。至2014年,全乡有初中2所、完全小学1所、初级小学5所、幼儿园4所、托管所1所。有初中班14个,在校学生600名;小学班级42个,在校学生1300名;入园入托幼儿150名。有中小学教职员工155人。

子良乡参加第二届湘鄂边农民文化体育艺术节　子良乡政府提供

文化

子良农村民间文化历来活跃，主要有舞龙、舞狮、九子鞭、彩莲船、蚌壳精、踩高跷、推车花鼓、土地戏、傩愿戏、莲花落、渔鼓、三棒鼓、杂耍等。至今仍有许多艺人能熟练演出，较有名气的有尹志高、杨云书、覃道瑞、覃事元、向多玉、唐西全等。1997 年，经省、市文化主管部门验收批准，授予子良乡“湖南省民间文化艺术之乡”称号。

1970 年，子良、水田人民公社自办电影放映队。1975 年，电影放映队发展到 4 个，放映员 8 人，使用 8.75 毫米电影放映机，保证农户每月观看 1 次电影。1981 年，水田建起影剧院，使用 16 毫米放映设备。随着电视的普及，电影放映队业务萎缩，1995 年后停止活动。由县里的数字化电影机巡回下乡，免费放映。

20 世纪 60 年代中期，公社大力发展有线广播，将广播线路架设到各大队、生产队和大部分农户，装上小纸盒喇叭。公社每天早、中、晚开启三次广播，利用广播发通知或开广播会。大队部装有广播对讲机，可与农户进行对话。到 20 世纪 80 年代末，因线路年久失修，广播逐步消亡。2013 年，无线广播兴起，每个村安装广播扩大机和若干高音喇叭，广播又回归农村阵地。

从 1982 年起，电视陆续进入农家，至 20 世纪 90 年代初，基本普及。1994 年开始发展有线电视，供子良、水田集镇的农户使用，后扩展增容到 80%的村开通有线电视。2014 年启动电视“户户看(通)”，全乡 95%以上的农户能看到电视。

1995 年，设立子良乡文化站，编制 1 人。2006 年起，国家投资在全乡建立村级图书室。至 2014 年，全乡共建有 37 个图书室，有图书 7 万多册。

医疗卫生

民国年间，境内有 10 余名中医从事个体行医。1953 年，建立子良联合诊所，吸纳孙达武、周丕乾等名老中医入所，通过培训，发展中医20余名。1959年，子良、水田两地各成立1个人民公社卫生院，并在涂家洞、大河洲、节日坪设立诊所。1968年，境内各大队均建立合作医疗站，全乡有赤脚医生70余名。1980年后，合作医疗制度不复存在，仅有部分赤脚医生继续担任个体医生。1995年，水田卫生院改为子良中心医院，新建了门诊和住院大楼。至2014年，医院有病床40张，从业医生32人。接纳门诊病人4.6万人次，住院病人1500人次。全乡有村级卫生室14个，个体医生和保健员14人，个体药店18个。

社会保障

20世纪50年代开始至1994年，境内农村“五保”户供养，实行居住地所在村（大队）组（生产队）负责。1995年起实行乡统筹，每人每年发给600元（后增至1500元）的供养费。2000年，建立子良乡敬老院，有64人入院集中供养。2004年，启动农村最低生活保障制度，至2014年，全乡享受低保人数达1300人，每人每年发放低保金1404元。2005年起实行新型农村合作医疗制度。至2014年，全乡参加合作医疗人数达26899人，参合率为97.8%。

子良乡敬老院　子良乡政府提供

五、特色地情

历史人物

向鲁卿（1902–1932）　清光绪二十八年（1902）出生于子良乡螺丝峪。民国13年（1924）考入黄埔军校第二期。民国18年（1929）10月，跟随贺龙辗转征战。

先后任红二军第四师参谋长，红六军第十七师第四十九团团长，红三军第八师第二十团团长。民国 21 年(1932)冬，在洪湖突围中，壮烈牺牲，安葬于湖北省洪湖县。时年 30 岁。1985 年 3 月 20 日，中华人民共和国民政部批准其为革命烈士。

曾子敬(1911–1949)　清宣统三年(1911)出生于子良乡乔梓峪的烽火尖。民国 21 年(1932)8 月参加中国工农红军，民国 25 年(1936)加入中国共产党，先后任班连长、营长。日本投降后，被编入中国人民解放军第二野战军，先后任某师参谋、团长、师长。1949 年在解放岳阳战斗中牺牲，时年 38 岁。

向军次(1904–1991)　清光绪三十年(1904)生于椿树塝(今罗坪垭村)。民国 14 年(1925)考入黄埔军校第五期。民国 26 年(1937)抗战爆发，先后任第二师高射炮营中校营长，第 55 师第 325 团上校团长，第 94 军少将参谋长，第 185 师副师长。民国 37 年(1948)去台湾任联合总部运输司令部司令。1949 年返大陆任湖南省第四行政区司令。1953 年去台湾。1991 年逝世，享年 87 岁。

文化遗址

大河洲新石器时代遗址　位于水田岗村大河洲。1996 年被县政府批准为县级文物保护单位。

风景名胜

大河洲温泉山庄　位于水田岗村大河洲澧水河西岸。温泉涌量 8.8 升/秒，水温 43 摄氏度，水化合物类型 SO_4–Ca 氟、锶水。是湖南省乡村温泉养生基地。从 2005 年起开发建设成集沐浴、餐饮、休闲、疗养为一体的旅游景点，2014 年获“湖南省五星级乡村旅游区(点)”称号。

重大事件

1997 年，湖南省文化厅授予子良乡“湖南省民间文化艺术之乡”称号。

2004 年，子良乡林业站被评为“全国林业系统文明窗口”，站长向玉安获“全国模范护林员”称号。

2008 年，环保部授予子良乡“全国环境优美乡镇”称号。

磨　市　镇

★国家级生态乡镇

一、区域概况

地理位置

磨市镇位于县境西北部，东连维新镇，南邻慈利县通津铺镇，西接桑植县西莲乡，北界雁池乡、罗坪乡。镇域为石门通往桑植、湖北之咽喉要道，明初武德将军覃添顺在境内设隘戍守，故名磨岗隘。镇人民政府驻磨市居委会，距石门县人民政府驻地 73 千米。

建置沿革

民国初设磨市自治区，民国 18 年（1929）改为磨市乡。民国 32 年（1943）九伙坪、商溪、雁池等地并入磨市乡。1952 年 2 月，全县设 14 个行政区 281 个乡，镇域设 17 个乡，属石门县第十二区管辖。1956 年 6 月，全县撤区并乡，磨岗、邓坪、青泥、芭蕉、官庄、乐坪、铜鼓 7 乡并为磨市乡；和平、硫磺、湖塌、侧岩 4 乡并为和平乡；南岳、湖坪、岩塌、三岔、官桥、黄龙 6 乡并为南岳乡。1958 年 9 月，实行人民公社体制，磨市、和平、南岳 3 乡合并成立磨市人民公社。1959 年 6 月，析置和平、南岳人民公社。1982 年，磨市人民公社更名磨岗隘人民公社，和平人民公社更名九伙坪人民公社，南岳人民公社更名商溪人民公社。1984 年，撤销人

磨市集镇　磨市镇政府提供

民公社体制,磨岗隘人民公社改为磨岗隘乡,九伙坪人民公社改为九伙坪乡,商溪人民公社改为商溪乡。1995 年 5 月撤区并乡,磨岗隘乡、九伙坪乡、商溪乡合并成立磨市镇,至 2014 年未变。

区划面积

1995 年并乡建镇后,磨市镇辖 58 个行政村,总面积 210 平方千米,耕地面积 47055 亩,其中,水田 24015 亩,旱地 23040 亩。

2007 年合村后,磨市镇辖 1 个居委会,17 个行政村。2014 年,全乡辖磨市、岩板滩、九伙坪 3 个居委会,坪塌、长峪湾、白岩壁、木瓜峪、车坊、鲍家渡、铜鼓峪、清泥溪、横铺、官庄、黄龙岗、王官桥、南岳寺、岩塌、四方台 15 个行政村。全镇总面积无变化,耕地面积 42580 亩,其中,水田 22600 亩,旱地 19980 亩。

人口民族

1995 年,磨市镇有 11138 户 39761 人。2004 年至 2008 年,因修建皂市水库,户口迁徙,至 2013 年,全镇有 7896 户 28146 人。总人口中,土家族 27978 人,占 99.40%;其余为汉族 158 人,蒙古族 1 人,回族 2 人,苗族 1 人,壮族 2 人。2014 年出生 319 人,死亡 166 人,计生率 88.9%。育龄妇女 7753 人,已婚育龄妇女 6026 人。

自然环境

镇域融山、丘、坪为一体,地形酷似拳头,西南窄狭,东南宽阔。境内有斗笠山、石门垭、四方台、峨公岩等 8 座大山。有渫水、商溪、清泥溪等大小溪流 60 多条。最高处斗笠山海拔 1172 米,最低处鸡公滩海拔 98 米。皂市水库蓄水后境内水域面积为 9925 亩,水岸线长 48175 米。镇域气候温暖、湿润,年平均气温 16.7 摄氏度,最冷的 1 月平均气温 5 摄氏度,最热的 7 月平均气温 28.6 摄氏度。全年无霜期 282 天,日照 1646.9 小时,年平均降雨量 1540 毫米。境内动植物资源丰富。乔木、灌木树种有 70 科 200 属 450 种,主要有银杏、马尾松、国外松、杉、油茶、油桐、樟、棕、梓、枫、栗、槐、楮、冬青、楠竹、茶叶、刺槐等。野生动物有野猪、穿山甲、麂子、野兔、竹鼠、蛇、斑鸠、山鸡、猫头鹰、乌鸦、竹鸡等 90 多种。矿藏以石煤、烟煤、大理石、石灰石、硫铁矿等为主。境内主要自然灾害为旱灾、洪灾。

2013年8月，发生特大旱灾，全镇18个村居不同程度受灾，其中1105户3870人饮水困难。全镇农作物受灾面积3.18万亩，造成直接经济损失4875万元。

二、经济发展

经济综述

1995年，全镇工农业总产值4687万元，其中农业产值3426万元。2005年起，镇党委、镇政府按照"农业固镇、人文兴镇、旅游活镇"的工作思路，推进镇域经济全面协调发展。2014年，全镇实现国民生产总值3.81亿元，完成固定资产投资1900万元，农民人均纯收入6008元。

农业

种植业 中华人民共和国成立后，境内历经个体经营、集体经营、家庭联产承包等经营模式。1991年起，农业内部结构逐渐向种植柑橘方向转变。1995年，全镇生产粮食14372吨，烤烟200吨，油菜籽1600吨，柑橘1500吨。1996年起，重点发展柑橘、烟叶、茶叶等产业基地建设。2012年，建成和平烟叶合作社、月岭君山金银花专业合作社等7个农业专业合作社，实现部分土地流转，荒山变庄园。形成以坪塌、长峪、车坊、白岩等村为中心的"省级烟叶生产示范基地"，种植烟叶1500亩；以岩板滩、黄龙岗、王官桥等村为中心的椪柑产业带，总面积1.3万亩；采取"公司+协会+农户"的发展模式，种植金银花1168亩，产值500余

磨市茶叶基地(左)、磨市烟叶基地(右) 磨市镇政府提供

万元。2014 年，烟叶种植面积 700 亩，产量 1235 担，总收益 200 万元。打造黄鹤塔有机茶基地，以九伙坪为中心，带动长峪、木瓜、王官桥等村栽培碧香早、黄金茶优质茶苗 1500 亩。月岭君山金银花专业合作社发展农户 148 户，种植面积 480 亩，采收鲜花 596.88 吨，实现收入 507.34 万元。

林业 20 世纪 50 年代前，境内植被良好，森林茂密。1958 年全民大炼钢铁，伐木毁林，生态失衡。20 世纪 70 年代开始办林场和封山育林。1981 年实行稳定山林权、划定自留山、确定林业生产责任制，林业生态开始好转。2005 年起，大力实施植树造林、退耕还林、封山育林，镇财政每年投入 100 多万元作为绿化专项资金，各村每年拨付 1 万多元苗木费。通过绿化攻坚，形成用材林、绿化林、经济林鼎立的格局。2014 年，全镇有林地 19.8 万亩，其中用材林 3.6 万亩，经济林 1.2 万亩，公益林 15 万亩，活立木蓄积量 51.8 万立方米，森林覆盖率 62.9%。

养殖业 镇内村民历来就有养殖生猪、牛、鸡、鸭、鹅等畜禽习俗。民国时期放前有农户圈养生猪，鸡、鸭、鹅，大多自繁自养，所产鸡蛋、鸭蛋除自己食用外，少量部分用于出售或兑换油、盐等生活必需品。中华人民共和国成立后，政府鼓励生猪养殖，1964 年全镇存栏生猪 6000 余头、出栏 3000 余头。20 世纪 70 年代，政府实行任务派购。20 世纪 80 年代家家户户养猪，被称为村民的"存钱罐"。末期开始实施规模化养殖生猪，全镇 10 家养猪专业户，年出栏生猪 1.2 万头。20 世纪 90 年代发展多种养殖，黄龙岗、坪塌部分村民开始在山上养殖山羊、鸡、鸭等。1995 年，全镇出栏生猪 2.67 万头，耕牛 1080 头，山羊 3420 只，出笼家禽 6.1 万羽。2009 年，黄龙岗村土鸡养殖基地投产，南岳寺村商溪生猪养殖专业合作社成立。2014 年，全镇出栏生猪 1.45 万头，牛 3200 头，山羊 1.2 万只，家禽 3.1 万羽。

工业

1967 年，成立公社铁业社，进行铁器加工、机械修理，还建有农机站、榨油厂等社办企业。20 世纪 70 年代初，建坪塔煤矿。1978 年，建岩门石灰矿。20 世纪 80 年代中期，相继建立磨市酒精厂、磨市水泥厂、磨市贸易货栈及水上木船运输队等乡办企业。1993 年，建九条岭石灰矿。2006 年，建长峪石灰矿。至 2014 年，境内有工业企业 12 家，从业人员 220 人，实现工业总产值 8900 万元。

商贸服务

磨市古为重要驿站，清嘉庆年间（1796-1820）称市，南来北往行人多于该地食宿。至晚清，磨市已有 200 米长的街道，上百余家店铺。墟日应市者千余人，多时逾 3000 人。集市主要经营有大米、畜禽、茶叶、土纸、竹木制品等，三日一墟。1978 年后，加强市场建设，改善市场条件。2007 年，磨市集镇搬迁至皂市水库水位线以上的磨市居委会。至 2014 年，集镇内有中型超市 3 家，农贸综合市场 1 个，各类商业门店 100 多家，逢 2、7 日赶墟，赶墟者千余人。

旅游产业

2007 年，随着皂市水库建成蓄水，镇党委、镇政府开始发展旅游产业。2008 年实施华佗岩风景区建设，先后完成岩菩萨周边开发、风雨桥抬高、吊脚楼建设、神秘峡谷游道建设、观光休憩亭阁、烈士故居修缮、民俗街建设、综合车站建设、旅游宾馆建设等工程项目。2011 年投入 20 多万元，移植 700 多株桂花树对集镇进行基础绿化。2014 年，利用地处皂市水库尾端的特殊地理优势，开辟两条旅游线路：一是蒙泉湖—夹山寺—仙阳湖（皂市水库）—磨市—壶瓶山线路，一是张家界—慈利—磨市—壶瓶山线路。

三、基础设施

交通运输

水运 古有渫水航道，可通行 15 至 30 吨木船，至石门、津市、武汉等地。皂市水库建成后，境内可通游船至皂市。

公路 磨市古镇是石门茶马古道的必经之路。中华人民共和国成立后，境内交通建设快速发展。1958 年，石门至清官渡公路建成通车，途经境内 25 千米。2004 年，皂市水库环库公路接通，境内线长 18 千米。2008 年，对官庄村至石门垭 25 千米公路进行全线硬化。2012 年，开始规划全镇农村公交线路。2013 年，全镇 18 个村（居）全部开通客运班车。至 2014 年，全镇拥有省、县、乡、村、组公路 320 千米,其中硬化 118 千米,实现水泥路村村通。

邮电通信

1958 年,境内始设邮电所,办理邮政、报刊发行、电报电话业务。1995 年,开通程控电话业务,实现市、县电话联网,结束人工接转电话历史。1998 年,开通寻呼机和移动电话业务。2014 年,有邮政所 1 家,移动通信基站 1 家。有家庭固定电话 1000 余部,移动电话 1.2 万部,互联网用户 1680 户。

供电供水

供电 1992 年入网供电,置有输电线路 487 千米,配电变压器 47 台 2350 千伏安,年供电量 210 万千瓦时。1995 年启动农电网改造,全镇共改造线路 148.97 千米,新立电杆 2000 余根,更新变压器 20 多台。2014 年,全镇拥有输电线路 786 千米,其中 10 千伏 120 千米,0.4 千伏 666 千米,变压器 86 台 7180 千伏安,供电量 740 万千瓦时,实现户户通电。

供水 1995 年起,实施安全饮水工程,采取集中、分散供水相结合的办法,解决群众饮水难和饮水安全问题。1997 年,建立九伙坪供水厂,九伙坪片区实行集中供水。2012 年,磨市集镇自来水入户。至 2014 年,全镇有 18 个村(居)2.7 万人用上安全卫生饮用水。

水利建设

中华人民共和国成立前,水利设施少,大旱大涝现象普遍。20 世纪 50 年代中期,以整修小山塘、小陂坝为主,改善灌溉条件。20 世纪 50–80 年代,以修小型水库、骨干山塘、引水渠道等工程为主。1990–2013 年,全镇投资 2000 万元,对 3 座水库除险加固,整修堰塘 185 口,清淤渠道 68 千米。2014 年,全镇有水库、骨干塘、拦河坝 89 处,一般堰塘 260 口,总蓄水量 689.12 万立方米,渠道 50 千米,旱涝保收面积 2 万亩。

镇村建设

磨市集镇迁建。磨市镇是皂市水库移民镇。2004 年,皂市水库开工建设,全镇涉及移民的有磨市居委会和铜鼓、鲍家、横铺、车坊 4 个行政村 6700 人。磨市集镇新址选在官丈坪丁家台,位于热水溪至磨市公路与石清公路交会处。新址依靠已有省道石清公路及库周复建公路北线公路作为集镇对外交通，主干道呈东西向布置，沿线两侧集中布置住宅和公建。居住区位于集镇主干道北侧；医疗卫生及行政事业机关布置于集镇西部，组成行政办公区；商业及金融机构布置于集镇中部，形成金融商业区；集镇北部地势较平坦区域布置中小学校，形成文化教育区。规划安排城镇居民 312 户， 农户 23 户。设计镇区总人口规模 3584 人，建设用地面积 15.83 平方千米。 镇内主干道设计标准为城市道路、次干道 3 级，红线宽度 16 米(车行道 9 米，两侧人行道 3.5 米)，主干道总长度 764.0 米，在集镇中部设 2 条支路连通主街道与北线公路，支路宽 7 米。

原磨市集镇淹没居委会 1 个；淹没居民人口 240 人，居民房屋面积 2.006 万平方米；淹没企业 1 家；淹没单位 23 个，单位人口 758 人，单位房屋面积 4.935 万平方米；淹没主干道 1500 米，次干道 2000 米，支道 1200 米。

磨市镇迁建工程由竖向工程、道路工程、排水工程、给水工程、电力电信工程及环保等工程组成，施工设计主要工程量为开挖土石方 15.28 万立方米，回填土石方 14.54 万立方米，浆砌石 1.38 万立方米，路面砼 7261 万立方米，建排水涵洞 462 米，铺设排水砼管 1119 米，建雨水口、检查井 67 个，铺设供水钢管 2170 米，安装配电变压器 4 台，架设 10 千伏线路 0.86 千米(未包括水厂线路)。电信线路 2 千米。设计工程投资 1212.15 万元。

2005 年 12 月–2007 年 12 月，磨市镇政府就新镇建设中的竖向工程、道路和排水工程、电力工程、排洪涵末端排水沟扩建与衬砌及灌溉渠复建工程、支路路面及排洪涵与 20 号台地衔接工程、19 号台地边坡开挖支护工程、场地渗水处理和边坡支护方案调整及排洪涵内侧衬砌工程、1 号和 2 号台地边坡清坡后支护工程、洪涵出口进行回填处理工程、工程区建筑垃圾挖运、三处清淤埋设涵管、20 号挡土墙基础换填、排洪涵零星工程，挖方区行车道软弱地质处换块石、水库 1 号台地处埋设管道排水及场地水井粪池处理，1 号支路软基础换块石、2 号台地边坡清理、11 号挡土墙软基础换碾压工程、水稻田清淤工程、补 1.32 平方千米设计用地面积平场工程进行招标。先后有：湖南德成建设工程有限公司、石门县环宇市政工程建设有限责任公司、湖南省湘乡市电力建设有限公司中标承建。全部工程于 2006 年 6 月开工，2007 年 12 月前完工。磨市集镇迁建基础设施工程实施总投资 1446.56 万元。

磨市集镇规划搬迁人口 998 人，其中单位人口 758 人，居民 240 人。2011 年，磨市镇开始搬迁，搬迁居民 88 户 240 人，拆迁单位房屋面积 53816.43 平方米，房屋补偿投资 1438.72 万元，拆迁居民房屋面积 18210.32 平方米，房屋补偿投资 795.26 万元，搬迁费 137.23 万元，完成基础设施投资 1446.56 万元，其他费用 82.95 万元。完成集镇搬迁安置 2219 人，其中，集镇居民 534 人，单位人口 1685 人。

磨市镇邓坪村移民人口复查　磨市镇政府提供

磨市移民搬迁　磨市镇政府提供

2007 年，磨市集镇新址建成区面积 0.2 平方千米，总建筑面积 70 万平方米，街道总长 1.5 千米。2008 年起，镇党委、镇政府推行绿化、亮化、净化工程，创建生态乡镇。全面开展集镇、道路、水系、山头、村庄绿化。统一配置专职保洁员，修建垃圾池，实行垃圾集中清运。按照统一规划、统一风格、统一模式的要求，规范村民建房。在磨市、九伙坪、岩板滩 3 个集镇安装太阳能路灯 200 余盏，解决公共区域照明问题。2014 年，磨市镇顺利通过国家级生

态乡镇考核验收组验收。

四、社会事业

教育

清代，境内有私塾蒙馆、经馆数家。抗战时期坚持办学10余年，培养学生1000余人。1956年7月，创办磨市初中班，1973年改为磨市中学。1985年1月，石门县第三中学由所街搬迁至境内，磨市中学并入，改名为石门县第三中学。1995年，全镇有完全中学1所，初中2所，小学43所，教职员工192人，在校学生3081人，学龄儿童入学率98%。2000年后生源减少，学校陆续撤并。2005年7月，因皂市水库移民搬迁，石门县第三中学更名为磨市镇中学；2007年1月又更名为磨市镇中心学校。至2014年，全镇有初级中学2所，完小3所，教学点10个，中心幼儿园1所；教职员工150人；在校学生1560人，其中初中学生461人，小学生1099人；在园幼儿193人。适龄儿童入学率达100%，初中生毕业率99.5%。

文化

境内民间传统文艺形式丰富多彩，主要有山歌、三棒鼓、渔鼓、莲花落、龙灯、狮舞、傩愿戏、刺绣、剪纸等。尤以傩愿戏最具特色。傩愿戏又称土地戏，深受群众喜欢。人们为了五谷丰登、六畜兴旺、人口清吉，多向傩神许愿，定时还傩愿，唱土地戏。“文化大革命”期间遭禁。中共十一届三中全会后，又有出现。至2014年，境内有镇文化站1个，文学艺术爱好者100多人，农家书屋19个。

医疗卫生

民国年间，有中医郎中10余名游方境内，为民治疾。民国23年(1934)至民国24年(1935)，贺龙部队在磨岗隘南岳寺建立秘密医疗点，医治红军伤员。中华人民共和国成立后，将游方郎中组织起来成立联合诊所。1956年改为乡卫生院。1962年，国家拨款2万余元，在磨岗隘人民公社官庄大队建立磨岗隘医院，定位为地区性战备医院，有门诊部、住院部。医务人员52人来自全国各地，能开展阑尾、疝气、剖宫产等手术。后院舍陈旧，省民政厅查实为红军医院旧址。1980

年，由民政部拨款，选址在磨市集镇重建，有床位40张，定名为磨岗隘区医院，管辖磨岗隘、九伙坪、商溪等人民公社卫生院。

1995年撤区并乡后，磨岗隘区医院与磨岗隘乡卫生院合并为磨市镇中心卫生院，九伙坪乡卫生院、商溪乡卫生院分别改为磨市镇中心卫生院九伙坪分院、商溪分院。1998年，磨市镇中心卫生院升级为一级甲等卫生院。2001年，磨市镇推行乡镇卫生院社区卫生服务模式试点。为居民提供集预防保健、医疗康复、健康教育为一体的综合服务，对3960名群众进行健康调查，查出疾病患者1180人，对140户建立健康档案，签订保健合同。2004年，磨市镇中心卫生院院长王寰彬到北京参加新型农村合作医疗体制论坛会。4月，商溪分院撤并到磨市镇中心卫生院。2007年，九伙坪分院撤并到磨市镇中心卫生院。2008年12月10日，磨市镇中心卫生院迁移至新集镇所在地官丈坪村，占地面积1.124万平方米，建筑面积6957平方米。固定资产700多万元，设备总值135万元。医务人员61人，病床80张，能开展普外科、妇产科、骨伤科、五官科、口腔科等手术及治疗。2014年，磨市镇中心卫生院接纳门诊和住院病人3000人次，开展手术76台。下辖18个村卫生室，有乡村医生24人。

社会保障

2002年，境内开始实施城乡居民最低生活保障制度。年内有891人享受农村低保金，每人每月5元；46人享受城镇低保金，每人每月65元。2014年，全镇有1695人享受农村低保金，每人每月101~130元；77人享受城镇低保金，每人每月200元。

磨市镇敬老院　磨市镇政府提供

2004年建成镇敬老院，年内有15名“五保”对象入院养老。2006年，全镇供养“五保”对象232户232人，标准为每人每月 50 元，其中在敬老院集中供养 10 人。2010 年，全镇供养“五保”对象 135 户 139 人，标准为每人每月 125 元，其中在敬老院集中供养 37 人。2014 年，全镇供养“五保”对象 249 户 252 人，标准为每人每月 220 元，其中在敬老院集中供养 25 人。

2006 年，开始实行新型农村合作医疗，集资标准为 10 元/人，以户为单位参合，年内参合人数为 2.1188 万人。2009 年，参合标准提高为 20 元/人，年内参合人数为 2.4045 万人。2014 年，参合标准为 60 元/人，年内参合人数为 2.9580 万人。

2011 年 7 月，启动农村新型社会基本养老保险，全镇覆盖率达 85%。其中年满 60 周岁领取待遇人员 1134 人；参保缴费人员 1.5082 万人，缴费金额 1563500 元。2014 年 7 月，养老金由每月 55 元提高到每月 75 元。2016 年 1 月，养老金提高到每月 80 元。全镇有养老待遇享受人员 7356 人，全年共领取基础养老金 7061760 元；在缴人员 1.3229 万人，参保率达 100%.

五、特色地情

历史人物

覃添顺(1329–1391)　元朝天历二年(1329)九月二十一日生于磨市镇邓坪王家渡(原名富石堡台)。明武德将军，任添平千户所土司正千户，世袭其职，官阶五品。明洪武二十四年(1391)病逝，享年 64 岁。

王尔琢(1903–1928)　清光绪二十九年(1903)1 月 22 日出生于磨市镇商溪河王官峪，民国 13 年(1924)5 月考入黄埔军校第一期，民国 14 年(1925)任国民革命军营长，民国 17 年(1928)任红四军参谋长兼第二十八团团长。是年 8 月 26 日晚被叛徒袁崇全枪杀，时年 25 岁。

陈奇谟(1901–1930)　清光绪二十七年(1901)7 月出生于磨市镇商溪陈家坪。民国 16 年(1927)11 月任中共石门县委委员、磨岗隘区委书记。民国 18 年(1929)9 月任石门县委书记和苏维埃政府主席。民国 22 年 (1933)3 月被诬为“改组派”遇难，时年 32 岁。

陈振亚(1903–1941)　清光绪二十九年(1903)出生于磨市镇商溪龙岗村。民国17年(1928)任红五军四团五连连长,民国22年(1933)1月担任湘鄂赣军区医院政委。民国27年(1938)任八路军荣誉军人学校政治部主任。民国30年(1941)年6月13日被白俄罗斯医生害死,时年38岁。

郑国(1919–1983)　民国8年(1919)出生于磨市镇商溪河。1964年晋升为少将军衔。1983年病逝,享年64岁。

覃遵义(1908–1988)　清光绪三十四年(1908)出生于磨市镇商溪河九峰村。1960年晋为中校。1988年4月22日病逝,享年80岁。

郑洞国(1903–1991)　清光绪二十九年(1903)出生于磨市镇商溪河。早期参加过五四运动。黄埔军校第一期毕业,曾参加东征和北伐,是最早参加抗日战争的国民党将领之一。曾参加长城古北口战役、平汉路保定会战、台儿庄大捷、徐州会战、昆仑关战役。郑洞国是全国政协第三、四届委员,第五、六、七届常委,黄埔同学会副会长;自1979年起任中国国民党革命委员会副主席。1991年1月27日,病逝于北京,享年88岁 。

邵华(1938–2008)　祖籍磨岗隘黄龙岗村,陈振亚烈士之女,毛岸青夫人。民国27年(1938)10月出生在延安。历任中国人民解放军军事科学院百科部副部长(副军职),第七、八、九届全国政协委员。2008年6月24日,在北京因病去世,享年69岁。

纪念地、纪念设施

王尔琢故居　位于磨市镇王官桥村(原王尔峪村)1组。王尔琢故居于1995年11月被石门县委宣传部公布为石门县爱国主义教育基地。1998年12月被石门县人民政府公布为县级文物保护单位,2013年5月, 被常德市政府公布为市级文物保护单位。

陈振亚旧居　位于磨市镇黄龙村2组。陈振亚旧居于1998年12月被石门县人民政府公布为县级文物保护单位,2007年6月被常德市人民政府公布为市级文物保护单位。

红二六军团长征前集结地遗址　红二六军团长征前集结地遗址位于磨岗

隘南岳岩板滩村。

名优特产

磨市椪柑 明代，境内就有柑橘种植。1976年发生大冰冻，橘树全部损毁。20世纪80年代，开始在神州台、官桥成立园艺场，分别种植柑橘100亩、60亩。1986年在王官桥种植椪柑。至2000年，全镇共有柑橘面积1.3万亩，其中椪柑0.9万亩。1997年开始每斤椪柑0.8元以上，最好价每斤1.6元，2002年，全镇椪柑产量过万吨，收入超1000万元。2005年，王官桥村1200亩椪柑列入金香园绿色食品基地，实施标准化生产管理。2007年10月，磨市椪柑商标成功注册。

石门银峰茶叶 自1972年始，南岳人民公社组织全社劳力，经过两个冬春的苦战，在四方台大队开挖荒山2000余亩，于1974年年底建起四方台茶场。四方台茶场生产的“石门银峰”，1991-1993连续3年获湖南优质茶评比总分第一名。1994年获全国名优茶评比二等奖，首届湘茶杯金奖，第五届亚太国际贸易博览会金奖。

重大事件

1951年5月16日，中共石门县委西北工委、石门县人民政府西北办事处在磨岗隘成立。

1957年4月14日，石门县第一座农村小水电站——磨市官庄水电站建成发电(装机28千瓦)。

1986年3月7日，陈振亚烈士的夫人张文秋偕女儿邵华，女婿毛岸青及刘思齐回石门省亲。

2011年4月3日，中国人民解放军军事科学院战争理论和战略研究部副部长毛新宇少将携妻子刘滨、儿子毛东东、女儿毛甜懿到磨市镇，祭奠外公陈振亚烈士。

2011年10月24日，民革中央副主席、全国政协常委郑建邦到磨市镇郑洞国中学进行爱心助学捐赠活动，代表“郑洞国教育基金会”为该校捐赠20万元。

2013年，通过国家级生态乡镇评审验收。

雁 池 乡

★国家级生态乡镇

一、区域概况

地理位置

雁池乡地处县境西北部，东与太平镇接壤，西与罗坪乡毗邻，南与磨市镇交界，北与所街乡相连。乡人民政府驻雁池坪居委会，距石门县人民政府驻地 80 千米。

建置沿革

民国 2 年(1913)，设苏市自治区；18 年(1929)改苏市乡。1952 年 2 月，全县设 281 个乡，境内置 18 个乡。1956 年 6 月，公正、雁池、古市、龙山 4 乡并为雁池乡；官坪、重复、杨柳、珠宝、黄福、栋青 6 乡并为杨柳乡；三亩、水晶、凉水、琵琶、五通、宜竹、峰山、工农 8 乡并为苏市乡。1958 年 9 月，实行人民公社体制，雁池乡改为雁池人民公社；苏市乡改为苏市人民公社；杨柳乡与所市乡合并为所市

雁池坪集镇　王超摄

人民公社。1961 年 4 月析置杨柳人民公社。1982 年，苏市人民公社更名为苏家铺人民公社。1984 年，撤销人民公社体制，设雁池乡、杨柳乡、苏家铺乡。1995 年撤区并乡，雁池乡、杨柳乡、苏家铺乡合并为雁池乡。至 2014 年无变化。

区划面积

1995 年并乡后，雁池乡辖 54 个行政村，总面积 238 平方千米，耕地面积 3.4842 万亩，其中水田 1.7942 万亩，旱地 1.6900 万亩。

2004 年至 2007 年，全县进行行政村区划调整，境内行政村大为减少。2014 年，雁池乡辖雁池坪、杨柳园、五通庙 3 个居委会，皮家河、韦家湾、中军渡、珠宝

街、白泥、横断山、大路口、重复桥、易家山、矿岭、唐家坪、水晶庙、琵琶洲、李家峪、里山河、长湾、竹儿垭 17 个行政村，全乡总面积未变，耕地面积 3.8748 万亩，其中水田 3.244 万亩，旱地 6308 亩。

雁池乡行政区划图　雁池乡政府提供

人口民族

1995 年并乡后，雁池乡有 10157 户 3.4881 万人，其中男性人口 1.8394 万人，占 52.73%。人口以土家族为主，有 3.3540 万人，占 96.16%；其余为汉族 1336 人，维吾尔族 1 人，苗族 1 人。2013 年全乡为 8755 户 2.4719 万人，其中男性人口 1.2917 万人，占全乡总人口的 52.26%。人口仍以土家族为主，有 2.4312 万人，占全乡人口总数的 98.35%。其次为汉族 399 人、苗族 3 人、壮族 2 人、彝族 1 人、侗族 1 人、哈尼族 1 人。

自然环境

雁池乡地处武陵山脉东北端，居云贵高原向东部低山丘陵过渡地带，属中低山地地貌和河谷地貌。乡域地形狭长，呈带状分布，东西绵延，长 87 千米，南北狭窄，平均仅 5 千米。地势东西两边高，中间低，像一具扁长的马鞍。最低处樟丰渡口海拔 132 米，最高处四方台海拔 1152.8 米，相对高差 1020.8 米。

境内气候属亚热带季风气候，年平均降水量 1600 毫米，全年日照时数 1556 小时，无霜期 255 天，年平均气温 16.2 摄氏度。乡境为亚热带常绿阔叶林带，植被种类繁多。属国家一级保护植物有银杏、红豆杉 2 种，二级保护植物有篦子三尖杉、黄杉、巴山榧树、榧树、连香树、中华结缕草、樟树、闽楠、野大豆、花榈木、红豆树、鹅掌楸、厚朴、凹叶厚朴、水青树、红椿、莲、喜树、金荞麦、香果树、川黄檗、伞花木、长果安息香、榉树、白豆杉、毛红椿、漆树、楠木、绒毛皂荚等 29 种。动物资源较为丰富，已知有陆栖脊椎动物 100 多种。属国家一级保护动物有金雕、林麝 2 种，属国家二级保护动物有大鲵、白尾鹞、白头鹞、鹊鹞、凤头鹰、雀鹰、穿山甲、水獭、金猫、獐等 10 种。

自然灾害主要有旱涝、低温、冰冻。2011 年 3–6 月上旬的旱灾，累计降水仅 130 毫米，比常年平均降雨偏少 66.3%，为 60 年一遇。

二、经济建设

经济综述

1995 年并乡后，乡党委、乡政府围绕建设“富裕雁池、生态雁池、和谐雁池”的战略目标，实施稳增长、促改革、调结构、惠民生的决策，全乡逐步形成以柑橘、茶叶、烟叶为主，多种特色产业并举的产业格局。2010 年，全乡固定资产投资 1.03 亿元，财政收入 182.1 万元，农民人均纯收入 4470 元。2014 年，全乡固定资产投资 4.2 亿元，实现财政总收入 3092.9 万元，农民人均纯收入 5728 元。

农业

种植业　1995 年，全乡生产粮食 1.3182 万吨，柑橘 250 吨，油桐 200 吨，油茶 157 吨，乌桕 37 吨，小水果 47 吨，杜仲、天麻、黄柏等中药材 1 吨。2011 年，全

西山垭高山生态有机茶基地　雁池乡政府提供

乡粮食播种面积4.9万亩，产量1.6万吨；油菜2.3万亩，产量0.23万吨；柑橘8600亩，产量0.71万吨。2014年，全乡柑橘总面积1.8万亩，产量达0.8万吨；其中红橘400亩，产量400吨。种植茶叶1.4万亩，产量6200吨。3200亩西山垭高山生态有机茶园，被农业部评为全国有机茶标

“雁池红橘”移植长沙橘子洲头　雁池乡政府提供

准茶园示范园。生产的“石门银峰”茶，入选湖南省十大名茶。

养殖业　主要以圈养猪、牛、羊、鸡为主。2011 年，全乡出栏生猪5.69 万头，肉牛 0.22 万头，山羊 3.01 万只，家禽 26.44 万羽。2014 年，出栏生猪5.7 万头，肉牛 0.23 万头，山羊 2.95 万只，家禽 25.19 万羽。

工业

1995 年，境内有企业 482 家。其中机制砖厂、砂石厂、预制件厂等建材企业 15 家，创产值 300 多万元。油脂加工厂产植物油 1000 吨，创产值 200 多万元。全乡实现企业总产值 2118 万元，其中工业总产值 940 万元。2010 年，乡党委、乡政府引进 200 万元的韦家湾茶厂建设项目、2000 多万元的三岔溪水电站建设项目。2014 年，中军渡电站、三汉溪电站、渫峰茗茶有限公司、众诚建材有限公司等一批优质企业在境内落地投产，全乡实现工业产值 2 亿元。其中投资 2000 万元的众诚建材有限公司以页岩为生产原料，年生产环保砖超 1 亿块，创产值 3000 多万元。

旅游业

2005 年开始，乡党委、乡政府发掘传统人文元素，建成柳林花海、叠龙观和西山垭茶村生态旅游等景区。按照茶叶专业村、美丽乡村、生态旅游村“三村合一”和种茶人、采茶人、卖茶人、品茶人“四个茶人”发展思路，投资 120 万元打造韦家湾村“白墙、红瓦、绿茶”美丽茶村建设，将西山垭打造成雁池茶香名片。同时对里山河水库库区旅游项目进行规划设计。至 2014 年，修建的柳荫大道竣工，西山垭观景台投入使用，叠龙观的文物保护修复项目完工。

三、基础设施

交通运输

1995 年，全乡有公路 500 千米，石门至清官渡公路、安溪至古市公路、澧县甘溪至古市公路在境内交会，日车流量 800 车次，运输货物 5000 吨，运输旅客 2000 余人次。2010 年，修建村级道路 20.8 千米，解决 30 个组出行问题。整修乡村道路 60 千米。2011–2014 年，共投资 2500 多万元，完成 66.1 千米村级道路硬化。至 2014 年，境内有省、县、乡、村、组道 592 千米，其中 S303 省道 10 千米，县道 78 千米，乡道 18 千米，村道 260 千米，组道 226 千米。硬化公路 474 千米，硬化率达 80%。全乡拥有车辆 2871 辆，其中摩托车 2468 辆，农用车 56 辆，轿车 180 辆，货车 101 辆，面包车 63 辆，农村客车 2 辆，校车 1 辆。

水利建设

1995 年，全乡有里山河中型水库 1 座，水库集雨面积 19.2 平方千米，库容 1200 万立方米，灌溉面积 2.8 万亩。工农、老峪小Ⅰ型水库 2 座。工农水库集雨面积 10.25 平方千米，库容 99 万立方米，灌溉面积 3570 亩。老峪水库集雨面积 1.28 平方千米，库容 109 万立方米，灌溉面积 1740 亩。王家天坑小Ⅱ型水库 1 座，骨干塘 10 座。2013 年，投资 150 万元建成芷洪滩提灌站，装机容量 240 千瓦，灌田 2000 亩；投资 160 万元建设雁池防洪堤；投资 100 多万元整修堰塘 14 口；新修、疏通沟渠 6 千米。2014 年，投资 400 万元，完成工农水库除险加固工程。

至 2014 年，全乡共投资 2000 多万元建设安全饮水工程，解决全乡 20 个行政村(居)2 万多人安全饮水问题。其中，12 个村采用集中供水方式，修建大型蓄水池 29 个，PE 管网延伸共计 24 万米；8 个村采用分散供水方式，修建大小水池 210 个，PE 管网延伸共计 10 万米。

镇村建设

雁池集镇　1996 年，开始建设雁池坪一街，街道总长度 1200 余米，宽 40 米，总面积 4.8 万平方米。2003 年，开始建设二街道，街道总长度 1250 米，宽 40 米。集镇总建筑面积 13.3 万平方米，常住人口 4500 余人。

苏市集镇　1955 年，开始建设苏市集镇，有三条街道，一街道长 500 米，宽 30 米；二街道 1995 年开始建设，长 350 米，宽 45 米；三街道 2005 年开始建设，长度 200 米，宽 100 米。2002 年对一街道路面进行路面硬化，2006 年二街道硬化，2011 年三街道硬化。2010 年，投资 500 万元的乡政府办公大楼主体工程竣工使用。2014 年，投资 180 万元，完成雁池坪集镇及省道 S303 线街道亮化工程，安装太阳能路灯 240 盏。集镇总面积 5.0750 万平方米，常住人口 1100 人。

杨柳集镇 1995年开始建设杨柳集镇,街道总长度2.23千米,宽5.5米。建成区总面积926亩,常住人口1232人。

四、社会事业

社会保障

2011年，全乡参加新型农村社会养老保险1.6362万人。60岁以上老人有5853名,领取基础养老金193.15万元。享受农村低保492户1087人,领取低保金30万元。供养“五保”对象226人，其中在乡敬老院集中供养45人。有重点优抚对象385人，发放优抚金19.08万元。民政部门大病救助15人次,发放3.8万元。2014年,完成新农保续保1.5137万人,城镇养老保险续保70人。享受农村低保910户1571人,城镇低保59户67人。分散供养“五保”对象278户282人,集中供养30人。实施危房改造209栋。完成了2500人脱贫目标,占全乡总贫困人口数35%。

雁池乡村级“两保”收费点 雁池乡政府提供

教育

1995年,全乡有初级中学2所,小学49所,教职工213人,在校学生2693人,学龄儿童入学率、巩固率、毕业合格率98%以上。2002年起,调整学校布局,整合教育资源。至2014年,全乡有初级中学1所,九年一贯制学校1所,小学3所,幼儿园2所,教职工135人,在校学生1710人,在园幼儿584人。雁池乡中心学校为1所九年一贯制学校，占地面积3.6478万平方米，建筑总面积1.801

万平方米。有教职工 127 人，其中初中教师 87 人，小学教师 40 人，幼儿教师 1 人。开办教学班 26 个，其中初中班 12 个，小学班 12 个，学前班 2 个。在校学生 1902 人，其中初中生 809 人，小学生 690 人，学前幼儿 120 人。

医疗卫生

1993 年 5 月，雁池乡卫生院与北京安定医院联合创办精神病防治所，治愈精神病患者 100 多人，开创乡镇卫生院与国家级医院联合办医之先河。1995 年并乡后，与苏市区医院、杨柳乡卫生院合并为雁池乡中心卫生院。2014 年 11 月，雁池乡中心卫生院正式挂牌石门县精神康复医院，两块牌子，一套人马。医院占地面积 10 亩，建筑面积近 7000 平方米，医务人员 70 人。内设公共卫生管理办、中医科、急诊科、外科、内儿科、妇产科、五官口腔科、医技科、精神科 9 个业务科室。开放病床床位 120 张，其中常住精神病人 80 人。年门诊量 2 万人次，年住院病人 3000 人次。下辖 17 个标准化村级卫生室，有村医 19 人。

文化体育

2011 年建有乡文化站、广播电视站各 1 处，村图书室 20 个，民间文化艺术表演团体 3 个。2014 年建设村级文化活动场所 2 处、农民文化大舞台一个。投资 20 万元在乡政府大院内新建篮球场。采取以奖代投的模式，鼓励以村为单位组建群众文化队伍，成立水晶庙、五通庙、皮家河、琵琶洲等村文艺演出队，开展闹元宵、庆“七一”、迎国庆等大型文艺活动 6 场。参加全县职工气排球比赛，获得乡镇组第一名。全乡实现广播村村响，电视户户通。

群众文化活动　雁池乡政府提供

五、特色地情

历史人物

陈绪儒(1812–1856)　清嘉庆十七年(1812)七月初十生于雁池乡苏市水井村。成年后在本境任团总。咸丰六年(1856)六月二十日英勇就义,终年44岁。

黄碧川(1834–1890)　字照临,清道光十四年(1834)生于雁池乡雁池坪村。同治元年(1862),以廪生资格参加湖南乡试,中为举人。同治七年(1868)擢陕西知县,光绪十六年(1890)六月,染上热疹,七月初四病卒于老家,终年57岁。

盛联熊(1903–1932)　清光绪二十九年(1903)6月8日出生于雁池乡苏市竹溪河。民国21年(1932)在洪湖地区战斗中牺牲,时年28岁。

杨万柳(1903–1932)　清光绪二十九年(1903)3月出生于雁池乡竹溪河。民国20年(1931)1月任县游击队政委,后任鹤峰赤卫队队长。民国21年(1932)10月,在四川大巴山战斗中牺牲,时年29岁。

覃　甦(1906–1932)　清光绪三十二年(1906)2月9日出生于雁池乡大路口村。民国19年(1930)7月任红二军第十一团团长。民国21年(1932)4月任红八师长。是年11月10日在河南社旗县苗店郝寨战斗中牺牲,时年26岁。

虎踏桥　张吉全摄

伍伯显(1895–1963)　清光绪二十一年(1895)八月二十八日出生于雁池乡苏家铺竹溪河。民国16年(1927)任中共石门县委书记。民国18年(1929)任鹤峰联县县委书记兼鹤峰县苏维埃政府主席。1963年8月11日病逝于长沙,享年 68 岁。

田中夷(1913–1977) 民国 2 年(1913)6 月 16 日出生于雁池乡杨柳珠宝街村。1947–1949 年先后任新四军“江南游击纵队”司令部作战参谋、工委书记、游击队政委、中共石门县委委员、副县长等职。1977 年病逝,享年 65 岁。

纪念地、纪念设施

中共石门县虎踏桥支部遗址 遗址位于雁池乡杨柳虎踏桥村。民国 32 年(1943)9 月,中国共产党石门县虎踏桥支部委员会成立,隶属松、枝、宜中心县委领导,易梅英任党支部书记。

名优特产

红橘 果型大、优质、丰产、少核、耐贮性好。果实扁圆形,单果重 100~110 克,果皮薄,色泽鲜红,有光泽,皮易剥,富含橘络,可作中药材和调味品;肉质细嫩、多汁、化渣,甜酸可口,可溶性固形物 11%~13%,糖含量 8~10 克/100 毫升,酸含量 1.0~1.1 克/100 毫升;果实 11 月下旬至 12 月成熟。

茶叶 产区主要集中在西山垭,海拔高度 800 多米,长年云遮雾绕,有着茶叶生长的最佳生态环境,是“石门银峰”茶主产区之一。

石门和渣 石门和渣,也称“禾渣”,是石门土家族人的一种美食。它以粒大饱满的黄豆为原材料,将黄豆洗净,用清水浸泡发胀后,用石磨或擂钵将黄豆磨成糊状,称为稠糊。在稠内调以碎腊肉、辣椒、花椒等配料,放入锅中煮沸,待煮熟后从锅中舀起,并加上适量的香葱、味精、香油和细切韭菜、青菜丝等佐料即成。石门和渣吃起来清香可口,既甜且辣,有开胃的奇效,又含有丰富的蛋白质,具有较高营养价值。

石门和渣 张吉全摄

风景名胜

叠龙观——二天门景点　张吉全摄

叠龙观　位于澧水河畔的叠龙山。建于唐神龙年间(705-707)。初为道观,后佛、儒诸教日盛,遂三教合一,融为一体。明清时期,叠龙观得到大规模营建,香火鼎盛。叠龙观旧制有茶殿、山神庙、土地庙、雷公殿、文昌阁、观音阁、金殿等庙宇,建立于山顶岩磴之上。总建筑面积478平方米。自然景观主要有龙口、百步蹬、玉笋对峙、归仙洞、舍身崖、官赐崖、和尚洞等。“文化大革命”时期,叠龙观遭到毁灭性破坏,今尚存庙宇遗址和数块石碑,部分建筑得到修复。

晏仙洞　位于叠龙观入口的必经之路,与叠龙山相望,洞前有雁苏公路和澧水支流竹溪河经过。洞有三门,互为贯通,皆可进出。洞狭窄处仅容一人,宽阔处可供万人集会。洞分四层,层层相通,第一层人称千米画廊,两壁皆为图画故事。第二层称八卦洞,洞中变化莫辨。第三层称万仙洞,长数千米,其景为众仙会集。第四层幽静雅致,传说是坐关修行之所,洞内还有藏宝阁。

重大事件

1975年,杨柳里山河水库(中型)动工兴建。

2013年,通过国家级生态乡镇评审验收。

所 街 乡

★国家生态乡镇

一、区域概况

地理位置

所街乡位于县境西北部，北纬 110°53′48″，东经 29°52′51″，东与雁池乡相邻，南与罗坪乡接壤，西与壶瓶山镇交界，北与太平镇毗连。乡人民政府驻迎驾垭村，距石门县人民政府驻地 88 千米。

建置沿革

雍正十三年(1735)，石门设 3 乡 1 坊，乡域属北乡。民国 2 年(1913)，全县分 8 区，21 自治区，乡域设所市自治区。民国 18 年(1929)，全县自治区改乡，所市自治区改所街乡。民国 20 年(1931)，所街乡更名所市乡。中华人民共和国成立后，仍称所市乡；1951 年设水南渡乡。1956 年 6 月，水南渡乡改为文化乡。

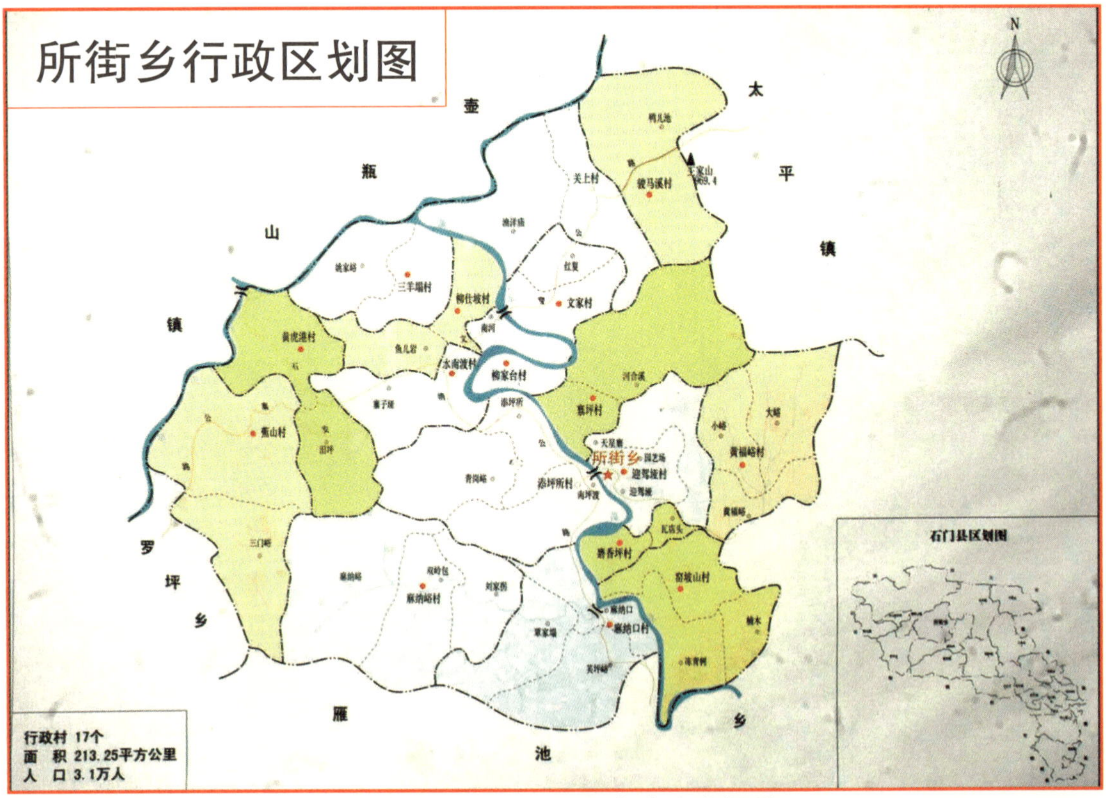

所街乡行政区划图　所街乡政府提供

1958 年 9 月实行人民公社体制，撤销所市乡、文化乡，成立所市人民公社、文化人民公社。1982 年，所市人民公社更名为所街人民公社，文化人民公社更名为水南渡人民公社。1984 年 4 月撤销人民公社体制，设立所街乡和水南渡乡。1995 年，全县撤区并乡，所街乡和水南渡乡合并为所街乡。至 2014 年无变化。

区划面积

1995 年，所街乡辖 39 个行政村，438 个村民小组。2004–2007 年，全县调整村组建制。调整后，所街乡辖寨坪、迎驾垭、磨香坪、窑坡山、黄福峪、添坪所、麻纳口、麻纳峪、焦山、黄虎港、三洋塔、水南渡、柳士坡、柳家台、文家、关上、骏马溪 17 个行政村，共 438 个村民小组。至 2014 年无变化。

1989 年，所街乡总面积 115.36 平方千米，水南渡乡总面积 99.64 平方千米。1995 年，所街乡总面积为 215 平方千米，耕地面积 2.9914 万亩。至 2014 年，全乡总面积未变，耕地面积 3.2083 万亩。

人口民族

1995 年，所街乡有 8946 户 3.2224 万人，其中男性 1.6873 万人，占 52.36%。总人口中，土家族 3.1457 万人，占 97.61%；其他为汉族 757 人，苗族 6 人，壮族 4 人。2014 年，所街乡出现人口外流，户口外迁等因素，全乡总户数及人数减少，全乡 8121 户 2.3887 万人，其中男性 1.2371 万人，占 51.79%。总人口中，土家族 2.3145 万人，占 96.89%；其他为汉族 724 人，苗族 5 人，壮族 2 人。

自然环境

所街乡境内有低山、中山之分，地形起伏较大，悬崖陡壁。平均海拔 460 米，最高点铜锅寨，海拔 795.5 米，最低点麻纳口，海拔 112 米。受太平洋暖流气候的影响，属典型的季风气候区，为亚热带山地气候。全乡年均气温 10.2 摄氏度，极端最高气温 38.2 摄氏度，极端最低气温为零下 10 摄氏度，年平均日照 1509.9 小时，年降水量 1898.5 毫米，年均雪日 42.2 天。具有气温偏低、春迟冬早、盛夏不暑、隆冬严寒、雨量充沛、湿度较大的特点。

森林覆盖率达 70%。主要林木有银杏、榉木、樟树等 20 多种。有天麻、杜仲、迎春花等野生药用植物数百种。有国家重点保护的娃娃鱼、猴、长毛兔、熊等珍稀动物10多种。

主要河流有渫水河、黄虎港河、石家河、平涧河4条，渫水从黄虎港经所市至南门峪，长30多千米，水能蕴藏量30多万千瓦。渫水属常年性河流，年平均流量112立方米/秒，年径流量31.9亿立方米。

主要山峰有王家山、孟家山、铜锅寨、大面山、白洋尖、鹰子头等50多座，土壤为土母质，主要为石灰岩、页岩、砂岩及其他硅质岩类溶化物的残积、坡积物。在溪河两岸的平坦地带可见有洪积、冲积物的堆积，成石滩。土壤分类为6个土类，12个亚类，22个土属。属于地带性土类的有红壤、黄壤、山地黄棕壤和山地草甸土，属于岩成土类的有红色石灰土、黄色石灰土。稻田面积很小，分布在海拔600米以下的缓坡、槽地。页岩资源拥有量达1000万立方米，可供日产10万砖的页岩砖厂使用50年以上。

二、经济发展

经济综述

1995年，所街乡党委、乡政府主抓“柑橘、茶叶、烟叶和养殖业”等产业发展，在三洋塔、水南渡两个村办点，建立有机茶园示范基地，其他茶叶主产村各培育10个茶叶生产大户；以磨香坪、窑坡山、迎驾垭为突破口，加大冰糖橙品种改良，大力培植示范园区，逐步壮大所街冰糖橙特色支柱产业；依托烟叶专业合作社，培育20亩以上的烟叶生产大户；搞好养殖大户扶持，培育好文化片（柳仕坡、关上、文家）牛羊草食动物养殖区、所街片（黄福峪、迎驾垭、窑坡山）生猪养殖区。是年，实现茶园受益面积5657亩，年产茶叶180吨，水南渡茶厂生产的“石门银峰”系列产品获第五届亚太国际贸易博览会金奖。全年种植柑橘1万亩，受益面积7611亩，年产量8000吨；生产粮食8725吨；饲养生猪2.8万头；养羊1万只。1995年实现工农业总产值3730万元，财政总收入151万元，农民平均纯收入733元。2003–2007年，支持发展各类产业协会，探索建立协会引导、合作社管理、农户自主经营的产业发展模式，以合作社带动产业发展。2007年，实现国内生产总值10308万元，比2003年增长82.7%，农民人均纯收入3059元，比2003年增长97.4%。2010年，继续狠抓柑橘、茶叶、烤烟、养殖业的发展。稳定柑橘面积1.5万亩，打造所街冰糖橙品牌，品改冰糖橙1600亩，实现产量1.2万吨。加速茶叶产业向有机生产转型，启动思源茶厂100亩茶基地建设，实现茶叶总产量32741担，产值1610万元。落实烤烟面积1200亩，产烤1900多担。培育大户带动全乡畜牧业发展，依托两大养殖专业合作社的力量，发展养殖大户7户，实现养殖收入4000万元。全年实现国民生产总值2.1亿元，农民人均纯收入3893元，财政收入607.4万元。2014年，继续狠抓柑橘、茶叶等特色产业，全乡柑橘面积增加到1.8万亩，产量达1.5万吨，产值达2400万元。全乡茶园面积增加到1.4万亩，产量120万千克，产值3700万元。2014年，完成地区生产总值3.7亿元，农民人均纯收入7125元，财政实现预算收入1200万元。各项经济指标稳步增长。

农业

种植业 1995年，全乡仅有水稻种植面积达1.6万亩，油菜种植面积达1.4万亩。柑橘受益面积7611亩，茶园受益面积5657亩。

2000年，柑橘种植面积扩大到1.5万亩，受益面积达1万亩，形成了8个柑橘特色产业专业村，年产柑橘2万吨。同时把冰糖橙作为拳头产品，把全乡柑橘总面积的50%以上进行冰糖橙品改，致使冰糖橙香甜可口，品质优畅销全国各地。2003年，被县柑橘办定为“湘冠”果业绿色食品基地园，2007年，被县政府定为县科技示范园。至2010年，品改冰糖橙面积达1.6万亩，年产量1.2万吨。2014年，全乡柑橘面积1.8万亩，产量1.5万

所街茶叶产品系列　所街乡政府提供

吨,其中品改冰糖橙面积达8500亩,产量1.2万吨,创产值2400万元。

2005年,成立了茶叶专业合作社,茶叶产销实现了集约化经营。水南渡李马坪茶叶专业合作社,是全县“银峰”茶系列产品的发源地,创办的“银峰”茶曾获国家银奖。创办的2家干茶加工厂,加工能力在3000担以上,年产值达100多万元。“思源”茶厂在2004年就通过了农业部无公害农产品质量认证及省内无公害农产品产地认证。2007年又通过了食品质量安全“QS”认证。产品质量带动产量的不断提升,仅2009年茶叶总产量就达到了2.8308万担,产值1852.4万元。至2014年,全乡有茶园面积1.4万亩,产量120万千克,产值3700万元。

2009年,所街乡结合本地气候资源,把烟叶作为特色产业进行发展,是年,烤烟面积达1999亩,修建烤烟房66栋,改建32栋。形成了焦山—水南渡—关上—骏马一条线的常德“芙蓉烟叶走廊”,是年产烟6000担,烟农人均增收1800元。2010年烟叶面积1200亩。至2014年,烟叶面积1300亩,产量3170担。

养殖业　1995年,全乡饲养生猪2.8万头,出栏1.75万头;养羊1万只;养家禽12万羽。2010年,以培育大户带动畜牧业的发展,发展养殖大户7户,全年实现养殖收入4000万元。2014年,全乡发展规模养殖大户40多户,其中千头以上的养猪大户3户,磨香坪村建成产购销一条龙,年出栏千头以上的大型现代化养猪场。全乡年出栏生猪6万头,羊存栏6000多只,牛存栏5000多头,家禽存笼7万羽。

林业　1995年,全乡拥有林地面积13.4142万亩,其中封山育林面积7.0560万亩,年外销木材1500立方米。油桐面积2.7060万亩,年产桐籽1400吨。楠竹面积7250亩,年产竹材100吨。2010年,完成农村集体林权制度改革工作,全乡林改面积达21.3万亩,发放林权证9495本。2014年,增加造林面积769亩,全乡有林地22.08万亩,森林覆盖率达70%。

工业

所街乡工业主要是小水电开发和矿业。1995年,全乡开发石灰石、大理石30万立方米,创产值10多万元。2003年,乡党委、乡政府全方位发展乡镇工业,开展内引外链,招商引资,着力进行小水电开发,实现固定资产投资总额达2.5

亿元,位居全县之首。全年实现农村工业总产值282万元。依托渫水,做活水资源文章,吸引常德电业局小水电开发张家渡公司在所街投资近4亿元进行水电开发。2004年,投资9800万元,装机容量1.5万千瓦的张家渡水电站建设成,5月运行发电,年发电量4000千瓦时,创产值1750万元。全乡工业总产值达1150万元。2006年,投资9600万元,装机容量1.5万千瓦的所街电站于10月运行发电,年发电量3000千瓦时,创产值750万元。全乡工业总产值增加到5310万元。2010年,又投资2亿元,装机容量2.64万千瓦的中军渡电站于2011年运行发电。

在开发小水电资源的同时,所街乡党委、乡政府利用丰富的页岩资源,在拥有量达1000万立方米,可供日产10万块砖的页岩砖厂使用50年以上的柳仕坡村引资建厂。2004年,深圳艺龙轩公司投资300万元建成所街页岩砖厂,11月竣工投产,年产砖1000多万口。

2014年,所街乡拥有固定资产投资7500万元,实现工业收入995万元。

三、基础设施

交通运输

1959年,石门县城至清官渡的石清公路建成通车,途经境内2.3万千米。2007年,建成麻纳口至麻纳峪的双麻公路,长3100千米。1995年,建成文化至穿山的文穿公路,长2千米。1990年间,建成珠宝街至所街的珠所公路,长21千米。1995年,全乡有公路100多千米,通公路的村34个。1997年,投资350万元,全长201.57米的所街大桥竣工通车。2010年,硬化村级道路16千米,新修、维修村级道路40千米。至2014年,全乡拥有省、县、乡、村公路24.3万千米,实现公路组组通。硬化公路12.6万千米,硬化率51.85%。

邮电通信

1995年,境内有邮电机构1处,开通500门程控电话,通电话的村30个。2010年实现村村通程控电话。2014年,全乡有固定电话用户4121户,移动电话用户4103户,互联网用户21户。

供电供水

供电　1992年至1996年，由农民集资368万元，争取扶贫资金44万元，架设高低压输电线路605.3千米，其中高压61.3千米，低压544千米。安装变压器36台2100千伏安。用电户7099户。至2014年，全乡有高低压输电线路11万千米，变压器73台4000千伏安，用电量1000万千瓦时。

供水　2010年，所街集乡启用集中供水设施，600多户居民用上安全卫生的自来水。2014年，完成水南渡、关上、柳家台3个村的安全饮水工程，惠及村民8000人，自来水进村入户率达70%。

水利建设

1995年，全乡拥有水库7座，堰塘280口，蓄水量410多万立方米，有效灌溉面积7200亩。2010年，通过项目建设、一事一议等形式，实施堰塘整修、沟渠加固等工程。2014年，全乡旱涝保收面积达1.32万亩。

张家渡水电站　所街乡政府提供

镇村建设

明代，在留驾坪建添平千户所，所署对面，人户逐增，渐成小街，故名所街。1995年撤区并乡后，作为乡政府驻地，所街集镇建设加快。1997年，集镇建成区面积扩展到1平方千米，常住人口3000余人，教育、卫生、文化、水电、通信等公共服务设施基本完善。2013年，投入资金10万元对所街大桥桥面进行沥青修复，对路灯进行改造换新。投入资金60万元对集镇留驾坪段1.3千米人行道和下水道进行改造升级。2014年，启动所街农贸市场建设，总投资达3000多万元。至2015年，集镇建成区达11.48平方千米，总建筑面积6万平方米，街道总长1000米，常住人口2100人。

四、社会事业

教育

1995年所街乡有中小学校38所，其中中学2所，小学36所，教职员工230人，在校学生3969人。2002年起，调整学校布局，整合教育资源。至2014年，全乡有初级中学1所，九年一贯制学校1所，小学4所，幼儿园3所，教职工146人，在校学生2261人，在园幼儿465人。

所街乡中心幼儿园　所街乡政府提供

文化体育

20世纪50年代开始组建群众文化团体，至2014年，全乡有群众文化团体17个，特殊专长人才359人。全乡有17个文化体育广场，分别配有锻炼器具和文化设施。

医疗卫生

1953年，所街成立卫生所，时称石门县第十区卫生所，负责辖区内的预防接种、推广新法接生和爱国卫生运动。1958年，人民公社成立，诊所从私营转为集体，改名为所市人民公社中医院。1960年，改名为所市人民公社卫生院。1984年

4月,更名为所街乡卫生院。1995年并乡后,境内设所街乡中心卫生院和水南渡卫生院,有医务人员23人,病床37张。2014年,全乡2所卫生院有医务人员34人,病床60张。下辖17个村卫生室,有村医20人。全年接纳门诊病人1.1万人次,住院病人2109人次。

所街乡敬老院　所街乡政府提供

社会保障

1995年救助农村低保169人,救助低保1700余人。截至2014年,扎实开展社会救助"阳光行动",通过民主评议、村(居)公示,全乡取消城乡低保11人,取消农村低保483人。救助农村低保244户245人;救助农村低保921户1300人;城乡低保47户54人。

1995年,所街乡救助农村"五保"57人。随着政策普及,救助"五保"人数逐年上升。2003年,修建敬老院,开始集中供养17人;2013年,救助"五保"60人。2014年,集中供养27个人。

2005年,新型农村合作医疗应缴人数2.3967万人,实缴人数2.157万人,收缴比占89.8%。2011年,在全乡16~59岁人口中有1.4万多人参加了新型农村社会养老保险,占全乡人口91%。

五、特色地情

历史人物

覃正格(1903–1932)　清光绪二十九年(1903)生于所街乡芙坪村。民国14年(1925)黄埔军校第四期毕业。民国16年(1927)12月任营长。民国20年(1931)任红三军第九师副师长。民国21年(1932)9月在江陵新沟嘴战斗中牺牲，时年 29 岁。

覃经阶（1893-1935） 清光绪十九年（1893）出生于所街乡刘家拐。民国 17 年（1928）参加红军，民国 19 年（1930）任红二军独立团团长。民国 24 年（1935）被团匪杀害于湖北，时年 32 岁。

文化遗址

覃氏祖祠 位于所街乡文家村，始建于明正德年间，重建于清乾隆三十四年（1769）。覃氏祖祠为青瓦硬山顶砖木建筑，依山势而建，坐北朝南。祠堂台基为长方形，建筑面积 537.6 平方米。大门正面为四柱三层门楼，高 20 余米，气势恢宏。门楼、山墙，阁楼等既有典型的湖南地方建筑特点，又有湘西北土家建筑的风格。其石构件和木构件上的雕刻彩绘构图优美，造型逼真，雕工细腻，是湖南民间建筑中木雕、石刻艺术的珍品。1989 年 1 月，石门县人民政府公布为第二批县级文物保护单位。2000 年 6 月，常德市人民政府公布为第二批市级文物保护单位。2011 年 1 月，湖南省人民政府公布为第九批省级文物保护单位。

七里公王陵 位于所街乡麻纳口村，为明武德将军、添平所千户覃添顺的

七里公王陵 王本平摄

墓地。石门土人感念添顺公德，尊为七里公王。陵墓坐南朝北，陵前立有“武德将军”石碑，石阶皆用青石。春节、清明，全国各地的覃氏族人纷纷前往祭拜。

添平所土司衙门 位于所街乡留驾坪。元末，土家族茅岗土司覃添顺，响应朱元璋号令，起兵反元平乱，战功卓著。明洪武元年(1368)，朱元璋赐覃添顺为武德将军。明洪武六年(1373)，朝廷下诏置添平千户所，管辖地域 3400 多平方千米。“不张官，不设吏，以土官治土人”，命覃添顺戍守，世袭其职，官阶五品。所署驻留驾坪，建有城堡，占地百余亩，城墙周围三百八十丈，高二丈一尺。城堡内建筑纵横交错，主房分三进，每进七开间，中间廊廊相连。清雍正十三年(1735)，添平千户所建制“改土归流”，其辖域一部分划归湖北五峰县、鹤峰县，大部分并入石门县，千户所职能大大削弱，所衙逐渐破败。

重大事件

2008 年 3 月，常德市委书记武吉海视察中军渡水电站建设工程，并提出了具体的指导意见。

罗　坪　乡

★国家生态乡镇

★中国民间文化艺术之乡

一、区域概况

地理位置

罗坪乡位于县境西北边陲，东与所街乡、雁池乡交界，西与湖北省鹤峰县铁炉乡接壤，南与磨市镇和桑植县西莲乡、白石乡毗邻，北与南北镇、壶瓶山国家级自然保护区（壶瓶山镇）相连。乡人民政府驻罗家坪集镇，距县人民政府驻地117千米。

建置沿革

清初，石门县划为1坊3乡24里，乡域属北乡。民国2年(1913)，全县设21个自治区，乡域置苏市自治区。民国20年(1931)，全县设20个乡，乡域置苏市乡。1952年2月，全县设14个行政区281个乡，乡域置11个乡。1956年6月撤区并乡，马鞭、五峰、罗坪、重乐、龙坪5乡并为罗坪乡，安溪、栗子、长庭、红鱼、泰华、黄林6乡并为安溪乡。1958年9月实行人民公社体制，撤销罗坪乡、安溪乡，成立罗坪人民公社、安溪人民公社。是年12月，安溪人民公社并入罗坪人民公社。1961年4月，安溪人民公社析出，复为罗坪、安溪2个人民公社。1984年撤销人民公社体制，改为罗坪乡、安溪乡。1995年撤区并乡，罗坪、安溪两乡合

罗坪乡政府所在地　罗坪乡政府提供

为罗坪乡。至 2014 年无变化。

区划面积

1995 年，全乡辖 31 个行政村。2006 年并村后，全乡辖寨垭、大房峪、罗家坪、蓝公田、大龙坪、重庆峪、何家峪、六房峪、芭栋、安溪、栗子坪、长梯隘、红鱼溪 13 个行政村，共 212 个村民小组。至 2014 年无变化。

全乡总面积 207 平方千米。耕地面积 2.6 万亩，其中水田 0.8 万亩，旱地 1.8 万亩。山林面积 30 万亩。

人口民族

1995 年，全乡有 4738 户 1.524 万人，其中男性 8640 人，占 56%；女性 6600 人，占 44%。全年人口出生率为 10‰。人口以土家族为主，有 1.5209 万人，占 99.8%。2014 年，全乡有 4750 户 1.584 万人，其中男性 8409 人，占 53.1%；女性 7431 人，占 46.9%。人口出生率为 10‰。土家族人口 1.5713 万人，占 99.2%。其他为汉族 120 人，彝族 2 人，苗族、壮族、布依族、侗族、白族各 1 人。

自然环境

境内横断山横亘东北，高垭山逶迤西南，呈现四周高、中间低的地形。最低点在六房峪村穿眼洞，海拔 230 米。最高点在红鱼溪村亮垭山，海拔 1867 米。溹水流经寨垭、蓝公田、千斤庄、罗家坪、何家峪、栗子坪、安溪 7 个村汇入后河，经黄虎港注入溇水。乡域属亚热带季风性湿润气候，冬夏长、秋春短，四季分明。年均日照时数为 1550 小时，年均气温 16.5 摄氏度，无霜期 265 天，年均降雨量 1380 毫米。土质多为板页岩风化物和弱酸性红壤。境内动植物资源丰富。有灌乔木树种 50 多种，其中有国家一级保护树种银杏、红豆杉，二

罗坪风光　罗坪乡政府提供

级保护树种鹅掌楸、杜仲、竹叶楠。境内生存的40多种野生动物中,有国家一级保护动物大鲵,二级保护动物猕猴、牙獐、青鹿、水獭、长尾雉、红腹锦鸡。矿藏资源有:风车口至赵家垭12千米范围内发热量6000~7000大卡的优质无烟煤,储量1000万吨以上,并孪生硫铁矿。大冒尖、亮垭一线有赤铁矿、铜矿。

二、经济发展

经济综述

20世纪80年代前,境内以传统农业为主,没有经济主导产业。20世纪90年代开始,农业内部产业结构进行调整,发展茶叶、烟叶,逐步形成经济主体。扩大集镇规模,以邻湘鄂两省三县的区位优势,拉动商贸流通,组织、鼓励农村剩余劳动力外出经商务工,推动罗坪经济发展。1996年,全乡工农业生产总值5000万元,其中农业总产值4100万元。财政收入900万元。农民人均纯收入1100元。由于农业内部结构的优化,茶叶、烟叶面积的扩大,2010年,全乡工农业生产总值达1亿元,其中农业总产值7049万元。财政收入2300万元。农民人均纯收入3245元。2014年,全乡工农业生产总值1.3亿元,其中农业总产值8392万元。财政收入2900万元。农民人均纯收入3659元。

农业

种植业 境内种植业历来以水稻、玉米、薯类、油菜等作物为主。由于自然条件相对较差,生产力低下,广种薄收。20世纪70年代,开始大面积使用化肥、农药,加强农田水利基础设施建设,推广杂交良种,境内粮食产量大幅提高。1982年,全乡水稻亩产427千克。20世纪80年代末,开始调整农业内部结构,先后尝试过种植甜菜、药材、葛根等经济作物,均不成功。后选定茶叶、烟叶作为种植业突破口,经数年努力,发展成主导产业。1996年,全乡茶叶、烟叶面积分别达到4290亩、1400亩,产值分别为402万元、185万元。2010年,茶叶面积扩大到1.234万亩,产值1357万元。烟叶1200亩,产值294万元。2014年,烟叶面积减少到340亩。茶叶一业独大,扩大到1.8万亩,其中有机茶5000亩。全乡有上规模的茶叶加工企业8家,小型家庭加工作坊30余家。生产有机茶3000吨,

A 级茶 5000 吨，产值 4000 万元，占农业总产值的 48.7%。罗坪人由粮农转型为茶农。

养殖业 罗坪山多地广，农户有家养土猪、土鸡、肉牛、山羊的传统。1996 年，全乡养殖生猪 1.8 万头，出栏 0.9 万头，养殖家禽 3 万羽，牛 0.35 万头。后因退耕还林、茶叶面积扩大，饲料来源地减少，养殖规模缩小。2010 年，全乡养殖生猪 1.1 万头、山羊 0.35 万只、牛 0.2 万头、家禽 1.8 万羽。后因全面封山育林，放牧区域大幅缩减，养殖业进一步萎缩。2014 年，全乡养殖生猪 0.9 万头、山羊 0.25 万只、家禽 1.5 万羽。

林业 20 世纪 50 年代，由于毁林开荒和大炼钢铁，境内山林面积和木材蓄积量锐减，自然生态遭到严重破坏。1974 年开始，实行封山育林和人工造林，20 世纪 80 年代初，境内拥有漂水岩、平安、青山寺、亮垭 4 个乡办林场和 22 个村办林场，共造林 3000 亩。1990 年起实施退耕还林，分年营造长江流域防护林、世界银行贷款造林等。至 2014 年，全乡人工造林 830 亩，争取生态公益林项目 6.5 万亩，林地总面积增至 25 万亩；森林蓄积量 78.8 万立方米，人均拥有 50 立方米，森林覆盖率 86%。全乡有百年以上古树 192 株，分属 13 科 29 种，其中树龄 300~499 年的二级古树 30 株，树龄 500 年以上的一级古树 11 株。

工业

20 世纪 60 年代初，境内组建有公社综合加工厂，集全社竹木加工、缝纫、理发、铁器打造为一体。1971 年建茶叶粗制厂。20 世纪 80 年代，企业发展进入高峰期，境内乡、村两级企业达 20 多家，乡办企业有木器加工厂、煤矿、硫铁矿、茶场、林场等。从 1992 年起，乡村集体企业开始个人承包。后逐渐改制为私有或解散。2014 年，全乡有民营企业 12 家，分属茶叶加工、木器加工、建材等行业，创产值 5000 余万元。

商贸服务

民国时期，较繁荣的墟场有马字坪、重庆峪、罗家坪、栗子坪 4 处，尤以重庆峪铺里为最，大道两边的铺面长达里许，故名铺里。中华人民共和国成立后，墟场自行消亡。在乡(公社)驻地附近建供销社、肉食站、粮店、信用社等机构和服务点，逐渐成为农村中心市场。各村（大队）开设有集体代销店。20世纪80年代，个体商贸得到恢复和发展，农村市场日益活跃。至1996年，境内有罗坪、栗子坪两个集贸市场。个体商铺发展到108家。社会商品零售总额1480万元。随着商品流通体制改革的深入，为发挥两省（湖南、湖北）三县（石门、桑植、鹤峰）边界的区位优势，乡党委、乡政府筹资进行集镇基础设施建设，鼓励农民进镇居住和经商，推动商贸服务业的发展。2014年，全乡有各类商铺263家，个体工商从业者达839人，墟场赶集日有3000人左右。社会商品零售总额达1.2亿元。

劳务输出

20世纪80年代中期，境内有少数人数外出务工，至2000年，外出务工形成高潮。2004年，全乡外出务工达4870人，占人口总数的1/3，劳务收入2952万元。2010年，全乡外出务工4904人，劳务收入7356万元。2014年，全乡外出务工5030人，劳务收入1.25亿元。

三、基础设施

交通运输

1974年开始修建雁池至罗坪公路，是为境内第一条公路，1975年建成通车，全长37千米。1977年，公路延伸至安溪。1980年，境内始通客运班车。1981年起，加大乡村公路修建力度，相继与湖北省鹤峰县铁炉乡，桑植县白石乡、西莲乡公路实现连通。从1985年起，实施村组公路全覆盖工程。至2014年，境内公路总里程达230千米，公路入户率70%以上，进村道硬化率84%。全乡有摩托车4000辆，拖拉机45台，轿车64台，农用车32台，往返石门县城客运班车每日营运6班次。

邮电通信

1958年，境内设有罗坪、安溪2个邮电代办所。1998年邮政、电信分设，境内有电信所2个、邮政所2个。全乡有固定电话8028部。2013年，电信、移动、联通信号覆盖全乡。2014年，境内有移动、电信、联通代办服务点8家。全乡有固定电话8896部，移动电话1.2035万部，互联网用户1.0285万户。

水利建设

1970–1972年，建成罗坪、老鸦山2座小Ⅱ型水库和三超、朝霞2座等外水库，设计灌溉面积2500亩，后因配套设施没有完善，实际灌溉面积1200亩。1984年、1992年分别修复蓝公田、重庆峪2处河道，砌防洪堤3.5千米，取直河道，增加耕地面积78亩。

电力建设

1966年，在马字坪、重庆峪、长梯隘各修建1处小型水轮发电站，后因蓄水困难，发电量小，数月后改为粮食、茶叶加工点。1974年，修渠道2.3千米，引重庆峪河水至大龙坪，修建40千瓦水电站1座，1977年建成投产，供公社各机关照明用电。1985–1993年，为解决照明困难，全乡范围里兴办微型水电站14处，后自行消亡。1995年，拉通国家电网通电，结束境内农户祖祖辈辈点油灯的历史。1998年、2006年两次对境内低压线路进行升级改造，改善了供电质量。

镇村建设

2005年，对人口居住相对集中、地理交通条件较好的寨垭、罗家坪、安溪、栗子坪、长梯隘5个村，进行统一规划，启动小集镇建设。至2014年，已形成集镇规模，5个集镇总建筑面积2.68万平方米，常住人口达1832人。其中乡政府驻地罗家坪集镇，老集镇与新集镇实现连通，主街道总长1300米。集镇全部仿古式墙面，有各类商铺76家，宾馆5家。在长梯隘景区，改造特色民居38栋。

至2014年，全乡8个村完成农村安全饮水工程，乡机关、学校、集镇计1.2万人饮用自来水。1720户村民建沼气池和改灶改厕。村村建垃圾池，组织专人清扫聚居点和主要道路。

四、社会事业

教育

清末境内有私塾蒙馆多家。民国9年(1920)，石门留学第一人刘孔阶回乡后在香炉观创办私塾改良学校，以先进的教育方式和课程内容取代私塾教育。其间，还在罗葭(今罗家坪)创办弘毅学校。中华人民共和国成立后，办学规模逐渐加大。20 世纪 70 年代，境内有罗坪、安溪、岩报 3 所学校办有初中班，各大队办有小学，学校总数达 35 所，做到读小学不出大队，读初中不出公社。从 1989 年起，由于生源减少和教育体制改革，学校陆续撤并。1996 年，全乡有初中 1 所，小学 7 所。2007 年后，全乡保留初中学 1 所，小学 2 所。撤并整合后，学校的教学、生活条件大为改善。2014 年，全乡校园总面积 5.9402 万平方米，建筑面积 2.376 万平方米，教学班 26 个，在校学生 1026 人，教职工 84 人，适龄儿童入学率 100%，初中生毕业率 100%。有幼儿园 3 所，入园幼儿 202 人。

文化

1985 年，成立乡文化站，配兼职辅导员 2 人，报酬实行务工补贴。1986 年，乡广播站与文化站合并为文化广播站，配有专职辅导员。1995 年，全乡组建有 2 支舞龙队、2 支舞狮队、3 支民间打击乐队、2 个民俗文化艺术团。2008–2013 年，罗坪乡蝉联两届由文化部授予的“中国民间文化艺术之乡”称号，并获得“湖南省文化艺术之乡”“常德市三优群众文化之乡”称号。至 2014 年，全乡有文艺演出团 6 个，演职员 128 人。2012–2014 年，连续 3 年被县选派参加常德市群众文艺演出百团大赛，并获二等奖、三等奖。其中《嫋草锣鼓》被评为优秀节目，受邀赴京演出，中央电视台 2、4、7、9 频道相继到罗坪录制民俗节目。2014 年，全乡有家庭书屋 32 家，书刊达 26 万多册，建成文化体育广场 7 处，计 3000 平方米，广播电视全乡普及。

寨垭村民在农家书屋阅读　王本平摄

医疗卫生

民国年间和中华人民共和国成立初期，境内医疗为个体行医，有著名中医谢保初、贾少奎等。1956 年，建立罗坪、安溪 2 个乡卫生院，医生 6 人。1958 年更名为公社卫生院，共有医务人员 8 人，无病床等住院设施。1969 年，兴办大队合作医疗，各大队配备赤脚医生一名，由社员筹集资金，吃药免费。1980 年停办。1984 年，公社卫生院改乡卫生院。1996 年，安溪乡卫生院与罗坪乡卫生院合并为罗坪乡中心医院。2001 年 6 月，修建门诊综合大楼 1250 平方米，购置先进医疗设备，改善医疗和住院条件。至 2014 年，全乡有中心医院 1 所，村级卫生室 13 个，医疗点 8 处，病床 42 张，专业医护人员 20 人。

社会保障

1985 年建立乡敬老院，入住“五保”对象 22 人。2005 年，乡敬老院迁至原安溪乡政府大院，改建后入住“五保”对象 32 人。2014 年，乡敬老院再次迁至长梯隘景区休闲养老中心，集中供养“五保”对象 54 人。

2005 年，推行新型农村合作医疗制度，全乡参合率 91%。2006 年，启动贫困居民最低生活保障金制度，全乡有 548 人享受农村最低生活保障待遇，32 人享受城镇居民最低生活保障。2008 年，启动老年人基本养老金和大病救助项目，是年为 85 人发放大病救助资金 10.5 万元。

2014 年，全乡有 1.4529 万人参加农村合作医疗，参合率为 96%。1088 人享受农村低保待遇，发放低保金 163.45 万元。3208 人享受社会基本养老保险待遇，发放养老金 260 万元。

四、特色地情

民俗风情

吊脚楼　为土家族传统居屋。改革开放后，农村居住条件发生巨大变化，现代建筑如雨后春笋，但境内仍不乏古色古香的吊脚楼点缀其间，展现出土家族的特有风情。

哭嫁　土家族女出嫁前，有哭嫁的习俗，少则 5~7 天，多则 1~2 个月不等。其内容多为娘教人如何做人，母女分离之痛。如《娘教女》《女欠娘》《十劝》《十送》等。有固定的哭腔，凄婉至极，催人泪下。

打丧鼓　土家族老人自亡故之日起至下葬，有一套繁杂的仪规，最能体现民族特色且保留至今的是打丧鼓。由2~4人组成的歌师在灵柩前架起大鼓，昼夜击鼓而歌，既为亡者歌功颂德，又劝亲友节哀。整个过程分开歌头、唱正本、送歌头三个部分，有固定的唱腔，多为七言句。

节日　土家族节日较多，保留至今的节日有10个。其中祭祀节日4个：土地节、清明节、月半节、小年；纪念节日1个：端午节；庆贺节日4个：大年、中秋节、上九日、元宵节；生产性节日1个：重阳节。尤以过大年最为隆重。土家族过大年，比汉族提前一天，小月为腊月二十八，大月为腊月二十九；并务必赶在天亮前吃完团年饭。故又称赶年。

山歌　土家山歌有情歌、哭嫁歌、劳动歌、盘歌等，内容包罗万象，在调式上，徵、羽调式较多，宫调式较少，部分调式交替现象，曲式结构上以二东句、四东句、五东句的东段结构较多，少数偏远山村，也有一个东句不断反复的东句式结构。各种民歌中，多段(联曲)体结构比较普遍，旋律多为激进，与语言紧密结合，富于吟诵性。2014年，境内有省级山歌传承人1人，市级传承人1人，搜集整理山歌近2000首。

风景名胜

罗坪地质公园　位于长梯隘村，总面积35.8平方千米，2014年被授予湖南省第五批省级地质公园建设资格。公园在地层学、岩石学、水文地质学、地貌学等方面具有较高的科研价值和观赏价值。湖南省地质研究院罗坪考察报告记述："园里灵秀之美在于石林，精巧之美在于天目洞，灵巧之美在于莲花洞，壮观之美在于百丈峡天坑，而集众美丽之大成者，应是岩子口峡谷。"

天目洞　位于罗坪地质公园东北部，洞口海拔698米，洞厅长280米，宽140米，面积4万平方米，均高50米，容积200万立方米。洞顶呈苍穹状，底板平坦，顶部有2处因溶蚀塌陷形成的20~30平方米天窗，如双目一般，故名天目洞。塌陷的岩土堆积成一座小山，形成洞在山中，山在洞中的奇特景观。正午的阳光从天窗照射入洞，与洞里彩灯交相辉映，给厅内的高大石柱披上一层神秘色彩。

红石林 分布面积2.5平方千米，海拔650~800米，发育400余根形态各异的红石柱，石柱高5~25米，呈剑状、柱状、塔状、棒槌状和锥状，外形似人、似剑、似塔、似物，栩栩如生。代表景观有蛤蟆嘴、雄狮望岳、三姊妹等。2012年，被湖南省摄影家协会明确为“摄影基地”。

湖南省摄影基地揭牌仪式　罗坪乡政府提供

莲花洞 位于罗坪地质公园东部，龙头洞南岸，洞口海拔573米。洞厅上下两层，呈“7”字形，长约80米，宽35米，面积3000平方米。厅高20米。厅里钙化沉积物形态极其丰富，有石笋、石柱、石幔、石枝、石花等。颜色以米白、灰白为主。进洞20米处，有一石花盆，由5层边石坎组成，呈不规则圆形，盆中间有一椭圆球状凸起，周边石坎呈圆圈状围绕，状似一朵洁白的莲花，故名莲花洞。入洞往下，为水深约2米，宽2.5米的阴河，游人可在陆地行走，亦可在洞中泛舟。

百丈峡天坑 位于庙家垭附近，坑口呈不规则圆形，直径约250米。坑底海拔420米，面积1万平方米，坑口至坑底高差340米。是为湖南省第一大天坑。2011年，湖南地质研究院教授童潜明与《潇湘晨报》湖湘地理版记者在罗坪考察后，发表《百丈峡填补湖南天坑地貌空白》论文。天坑入口是一宽20米、跨度50米的天桥，由桥洞而入天坑。

岩子口峡谷 位于罗坪地质公园东北部，全长10千米，以深、窄著称，被湖南地质专家誉为“华南第一峡谷”。峡谷最深处600米，平均深度400米；峡谷上部最宽处300米，最窄处70米；底部最宽处100米，最窄处30米。

长梯隘 明初设土司衙署于长梯隘，村沿用隘名。衙署所在地称衙门口，为

土家族聚居地，至今保留较为完整的土家族民俗民风。2012年，被国家民委评定为全国少数民族特色村寨。2014年，以银杏客栈、百户寨为中心的集餐饮、住宿、养老、休闲、度假为一体的特色村寨建成并对外开放。村寨街道全长200米，青石板铺地，有特色民居38栋，木质翘檐，古色古香。村寨获"2014年中国最美休闲乡村""湖南省五星级乡村旅游点""湖南省'记忆里的乡愁'原味乡村休闲地""湖南省五星级休闲农业庄园""湖南省特色旅游名村"荣誉称号。

名优特产

罗坪有机茶 2001年，罗坪乡开始种植有机茶。至2014年，有机茶面积达5000亩。罗坪有机茶在生产过程中，依照国际有机农业运动联合会(IFOAM)标准，完全不施用任何人工合成的化肥、农药、植物生长调节剂、化学食品添加剂等物质，无污染、纯天然，最完整保留茶的清香甘醇的特性。罗坪有机茶相继获得QS认证、热带雨林认证、欧盟组织认证，出口海外，深受消费者青睐。

西兰卡普 又称土家锦，以其独特的工艺和美妙的构图被列为中国五大织锦之一。

重大事件

1983年4月，罗坪公社蛟蛇溪小学教师覃申媛被湖南省人民政府授予劳动模范称号。省委、省人民政府作出"关于开展向覃申媛学习"的决定。

2010年12月，罗坪乡党委书记覃歇民被农民日报社、中华农民报业协会评选为全国乡镇党委书记"情系三农"十大新闻人物。

2012年9月，湖南省摄影家协会摄影基地——石门罗坪揭牌仪式在罗坪乡栗子坪村举行。

2014年9月，罗坪乡长梯隘村入选农业部"2014年中国最美休闲乡村公示名单"。

壶 瓶 山 镇

★全国重点镇

★全国环境优美乡镇

一、区域概况

地理位置

壶瓶山镇位于县境西北部，渫水源头，地理坐标北纬 29°50′~30°09′，东经 110°29′~110°59′。西、北两面与湖北省五峰县后河国家级自然保护区、渔洋关镇、长乐坪镇、湾潭镇毗邻，东抵太平镇，南连所街乡、罗坪乡，西南与东山峰管理区、南北镇接壤。因境内有海拔 2098.7 米号称“湖南屋脊”的壶瓶山而得名。镇人民政府驻泥沙居委会，距县人民政府驻地 110 千米。

建置沿革

清雍正十三年(1735)，镇域属石门县北乡管辖。民国 2 年(1913)，全县设 8 区 21 自治区，镇域置泥市自治区，归石门县第八区管辖。民国 18 年(1929)，全县设南、中、北、西 4 区 20 乡，镇域置泥市乡，归西区管辖。1952 年 2 月，全县设 14 个行政区，5 个区辖镇，281 个乡，镇域置泥沙镇和 16 个乡，归石门县第十四区管辖。1955 年 4 月，撤销泥沙镇，并入泥市乡。1956 年 6 月撤区并乡，泥市、坪东、大胜、后路、耍武 5 乡及麻风村并为泥市乡；江坪、龙池、李坪、下深溪、黄连 5 乡并为江坪乡；南坪、上深溪、黄连河 3 乡并为南坪乡；新坪、鼓锣、水田 3 乡并为中岭乡。1958 年 9 月实行人民公社体制，泥市乡改为泥市人民公社，南坪乡改为南坪人民公社，中岭乡与江坪乡合并为江坪人民公社。1961 年 4 月，由江坪人民公社析置中岭人民公社。1982 年，泥市、南坪、江坪人民公社分别更名

壶瓶山集镇　唐平波摄

为泥沙、南坪河、江坪河人民公社。1984 年 4 月撤销人民公社体制，恢复乡建制，泥沙、南坪河、江坪河、中岭人民公社改为泥沙、南坪河、江坪河、中岭乡。同年 7 月，泥沙乡改为泥沙镇。1995 年 6 月，泥沙镇、南坪河乡、江坪河乡、中岭乡合并为壶瓶山镇。至 2014 年无变化。

2004 年 7 月，壶瓶山镇与壶瓶山国家级自然保护区实行“区镇合一”体制，一套人马，两块牌子，至 2014 年未变。

区划面积

1995 年，泥沙镇 18 个行政村 1 个居委会，江坪河乡 15 个行政村，南坪河乡 16 个行政村，中岭乡 13 个行政村合并为壶瓶山镇，全镇辖 62 个行政村，1 个居委会。2007 年，全县实行合村并组，壶瓶山镇辖平洞、大胜、青山溪、后路坪、姬塘峪、文峰、杨家坪、南坪河、黄莲河、上延河、云麓、后山、大棚、桐木山、龙池河、江坪河、炉岩、泉坪、金钣山、神景洞、李坪、黄莲棚、管山、北溪河、长岭、咸泥、要武、簸山、剩头林场、壶瓶山、大岭、大京竹、中岭、九岭、天坪、水田、鼓锣 37 个行政村和泥沙居委会。至 2014 年未变。

1995 年，壶瓶山镇总面积为 645.07 平方千米。耕地面积 2.97 万亩，其中水田 9049 亩，旱地 2.0651 万亩。林地 85.8965 万亩。2014 年，全镇总面积664.77 平方千米（由于测算误差而调增），耕地面积 4.7695 万亩，草地 3.4204 万亩，园地 1.593 万亩。

人口民族

1995 年，壶瓶山镇有 9314 户 3.4102 万人，其中男性 1.7414 万人，占全镇总人数的 51.06%。2014 年，全镇有 10673 户 2.9061 万人，其中男性 1.5785 万人，占 54.32%。总人口中，土家族 2.4408 万人，占 83.98%，其余为汉族 4630 人，苗族 4 人，壮族 3 人，白族 16 人。

自然环境

镇域地处武陵山脉东北端，居云贵高原向东部低山丘陵过渡地带，与鄂西山地毗连，属中山山地地貌和河谷地貌。地势西北高而东南低，全境峰峦叠嶂，海拔 1000 米以上的山峰达 10 多座，主峰壶瓶山，海拔 2098.7 米，为湘西北群峰

壶瓶山主峰(2098.7米) 唐平波摄

之首。位于长岭村的石家河为境内最低点，海拔251米。相对高差一般在1000~1800米之间。

壶瓶山属亚热带山地气候，年均气温9.2摄氏度，年均日照1509.9小时，年均降水量1898.5毫米，年均雪日42.2天，极端低气温零下15摄氏度。呈气温偏低、春迟冬早、盛夏不暑、隆冬严寒、雨量充沛、湿度较大的特点。

土壤成土母质，主要为石灰岩、页岩、砂岩及其他硅质岩类溶化物的残积、坡积物。在溪河岸的平坦地带，局部有洪积物和冲积物的堆积，分选性差，多成石滩。土壤分类为6个土类，12个亚类，22个土属。属于地带性土类的有红壤、黄壤、山地黄棕壤和山地草甸土，属于岩成土类的有红色石灰土、黄色石灰土。稻田面积很小，分布在海拔600米以下的缓坡、槽地。

境内河谷深切，有金家河、泉坪河、深溪河等7条河流，分别汇入江坪河和毛竹河，经渫水入澧水至洞庭湖，是长江中游地区重要的水源涵养区。水利资源丰富，溪河年径流量19亿立方米。

壶瓶山属中亚热带常绿阔叶林植被，是中国地貌上由第二阶梯向第三阶梯过渡、东亚两大植物区系重要交汇地区。植被类型包括针叶林、针阔混交林、阔叶林、灌丛和草甸5个植被型组51个群系。山脚到山顶可划分为常绿阔叶林、常绿落叶阔叶混合林、落叶阔叶林、山地灌丛草甸带等四个明显的植被带谱。海拔1000米以下为常绿阔叶林，海拔1000~1500米为常绿落叶混交林，海拔

1500~1700 米为落叶阔叶林,海拔 1700 米以上为山地灌丛草甸带。

境内林地 600.93 平方千米,活立木蓄积 118.3 万立方米,占全县总蓄积的 38.8%。阔叶林占林地总面积的 75.4%,且多为天然阔叶林,植被覆盖度为 98.7%,森林覆盖率为 86.5%。

壶瓶山植物种类丰富,区系成分复杂,包含中国种子植物属 15 个地理分布类型的 14 个,称华中地区珍贵生物物种“基因库”。区内已记录维管束植物 227 科、1034 属、3080 种,分别占湖南 254 科、1340 属、5492 种的 89.4%、76.6%、56.1%。珍稀濒危、孑遗植物近百种,属于国家一、二级保护的植物共有 37 种,其中,属一级保护的植物有珙桐、光叶珙桐、钟萼木、银杏、红豆杉、南方红豆杉、水杉等 7 种,二级保护的植物有长果安息香、篦子三尖杉、白豆杉、巴山榧树、连香树、樟树、闽楠、野大豆、花榈木、鹅掌楸、厚朴、凹叶厚朴、水青树、香果树、川黄檗、伞花木、榉树等 30 种,占全省属国家保护的 70%以上。列入国际公约的有 69 种,是石门鹅耳枥、湖南花楸、石门杜鹃、长果安息香、石门小檗、石门葡萄、石门菝葜、壶瓶山碎米荠等的模式标本产地。

壶瓶山动物资源有陆栖脊椎动物 28 目、84 科、437 种。属国家一级重点保护的有金雕、中华秋沙鸭、东方白鹳、黑鹳、林麝、云豹、豹等 7 种。属于国家二级保护的有大鲵、红腹角雉、穿山甲、猕猴、苏门羚等 52 种。

境内金属矿产和非金属矿产有钒、铜、铁、磷矿、石灰岩、煤等,矿产储量大。已开采的有中岭的磷矿、江坪的煤矿。

二、经济发展

经济综述

1995 年,镇党委、镇政府推进经济体制改革和经济增长方式转变,全镇完成工农业总产值 12547 万元,其中工业总产值 7215 万元,农业总产值 5332 万元,实现财政收入 161 万元。2000 年,推进农村产业化、工业化、城镇化进程,完成工农业总产值 13630 万元,其中工业总产值 6143 万元,农业总产值 7487 万元。2005 年,以建成小康社会为目标,促进经济平稳发展,完成工农业总产值 18996

万元，其中工业总产值5472万元，农业总产值13524万元。2011年，实现工农业总产值48630万元，财政收入434万元。2014年，推进生态立镇、旅游活镇战略，经济呈现稳中趋优，实现工农业总值62968万元，财政收入2300万元。

农业

种植业 1995年，全镇农作物播种面积11.5914万亩，主要品种为玉米、红薯、马铃薯、小麦和豆类，其中，玉米3.1023万亩，产量5755吨；红薯1.7693万亩，产量2971吨；马铃薯1.6091万亩，产量1674吨；小麦1233亩，产量93吨，水稻90亩，产量36吨。实现产值2874万元。2000年，农作物种植品种扩大到烤烟、药材、油菜和蔬菜，全镇农作物播种面积8.5515万亩，其中，水稻8900亩，产量3053吨；玉米2.6492万亩，产量9484吨；烟叶3000亩，产量704吨；油菜9550亩，产量333吨；蔬菜9169亩，产量1.1920万吨。2010年，镇党委、镇政府狠抓烟叶、茶叶和蔬菜的发展，全镇种植烟叶7000亩，产量1.2万担，创产值1300万元；新扩茶园1200亩，总面积达2万亩，产茶叶3万担，产值3010万元；高山蔬菜1.2万亩。2014年，全镇农作物种植面积7.5235万亩，其中，水稻田9829亩，产量3151吨；玉米2.6313万亩，产量9987吨；油菜7636亩，产量687吨；烟叶7800亩，产量1.37万担；茶叶2.3万亩，产量3.2万担。

养殖业 1995年，全镇生猪出栏2.4147万头，存栏1.5004万头；家禽出笼1.8365万羽，存笼4.7031万羽。2000年，在巩固生猪和家禽的基础上发展山羊、耕牛和水产品。2005年，山羊出栏3.7861万只，存栏3548只；耕牛出栏697头，存栏2750头；水产品养殖面积190亩，总产量9吨。2010年，积极壮大大胜、平洞、长岭、杨家坪4个规模养殖小区(村)。2014年，全镇出栏生猪3.21万头，山羊、肉牛、家禽出栏分别达1.0985万只、2880头、11.23万羽。水产品养殖面积增加到265亩，产量11吨。养殖业总产值5019万元，占农业收入的44.1%。

林业 1995年，全镇有林地85.8965万亩，造林面积6916亩，油茶林5905亩，油桐林15亩，木材采伐面积1.0609万亩。镇辖38个村以采伐人工林、烧制木炭和种植香菌等为主收入，对森林资源的依赖性较大。是年，实现茶油产量7吨，采伐木材682立方米。2010年后，实施封山禁伐、国家生态公益林项目和退耕还林工程项目，对境内所有煤矿实行关停转产，林业产业结构逐步调整，居民对森林资源的依赖程度逐步降低。2014 年，油茶、油桐产量为零，木材采伐量 473 立方米。

工业

1995 年，全镇拥有加工、采矿、运输业 1200 多家，组建有矿产品、林产品、农产品三大专业集团。实现工业总产值 7215 万元，其中乡办工业 1769 万元；村办工业 297 万元；村以下工业 5149 万元。2010 年，围绕水能开发、农产品加工等“无烟”工业发展，全镇实现工业总产值 2.1 亿元，上缴税金 500 万元。市级农业产业化龙头企业壶瓶山茶叶公司采取“公司+基地+农户”经营模式，加大技改力度，生产能力和技改水平得到提高，全年加工干茶 1.2 万担，创产值 500 万元。2014 年，投资 7500 多万元，先后对江码电站、自来水公司等工业企业进行技术改造，增加彩瓦厂和电子厂各一家，全镇完成工业总产值 45596 万元。

旅游业

1995 年开始，镇党委、镇政府利用境内资源进行旅游开发建设，先后建起江坪河景区、南坪河景区和黄虎港景区，开辟有象鼻子沟、石碾子沟、屋脊漂流、黄连河峡谷、壶瓶山主峰、张家渡、洞中天、姻缘树、生死缝、石女望夫、野猴谷、土地庙、悬棺山、窄峡谷、覃氏祠堂、黄虎港石拱大桥等景点。2010 年，生态漂、登顶游、休闲游火爆，接待游客 3 万人次，创旅游收入 300 多万元。

壶瓶山仙女瀑　唐平波摄

壶瓶山镇宜沙老街　唐平波摄

2014年，投资3000万元建设壶瓶山主峰登顶步行道和江坪河景区提质。镇政府与业主配合投资1500万元，完成宜沙老街改造升级和泰和合茶号建设。全年接待游客5万人次，实现旅游综合收入4000万元。

“湖南屋脊”(渫水)漂流　唐平波摄

三、基础设施

交通运输

1995年，壶瓶山镇有石(门)清(官渡)、石(门)鹤(峰)、石(门)五(峰)3条过境骨干公路，境内总长9千米。镇、村公路70千米。2010年，镇党委、镇政府通过国家投资和启动社会资金加快公路建设，全年硬化镇、村公路37.5千米，完成江坪河村、管山村、后路坪村等25.3千米村道硬化工作，完成集镇至壶瓶山主峰大洞坪段旅游公路改造50千米。

至2014年，全镇拥有省、县、镇、村道公路106条651.4千米，硬化43.75%。主要镇道有：泥沙古镇至江坪河集镇公路，长14千米；泥沙古镇至三河村大洞坪公路，长52千米；杨家坪村至鼓罗村公路，长17千米；鼓锣村至南北镇公路，长15千米；东山峰至鼓锣村公路，长12.5千米；泥沙古镇至要武村公路，长18

千米;江坪河集镇至大京竹土蜂垭公路,长 24 千米;所街乡寨子垭至安溪洪水滩公路,长 34 千米。客运班车至石门县城约 3~3.5 小时,每天有 14 趟至石门县城,其中始发客班车 8 趟,过境客班车 6 趟。

供电

1995 年,境内有 35 千伏安变电站 1 座,10 万伏输电线路 4 条,线长 330.75 千米,低压线路 1397 千米。农村公用变压器 201 台,总容量 11345 千伏安。企业专用变压器 34 户,总容量 4270 千伏安。小水电站 23 座,装机总容量 15910 千瓦。2014 年,全镇年售电量 1176.15 万千瓦时,供电可靠率 99.7%,D 类电压合格率 98.05%。

四、社会事业

教育

清末和民国年间,境内有私塾数家。民国 2 年(1913),创办泥沙初级小学。后泥沙初级小学发展为普通高中——石门县第八中学。1994 年高中停办,改为初级中学。2000 年,全镇拥有学校 35 所,其中中学 1 所、九年制学校 3 所、完小 2 所、村小 5 所、1 人 1 校的教学点 24 所。有教职工 217 人;在校学生 3543 人,其中中学生 1450 人,小学生 2093 人。2002 年起,调整学校布局,整合教育资源。2002 年下学期,撤销中岭学校初中部,并入石门县第八中学;撤销咸泥、上延河、三峰、龙洞 4 个教学点。2003 年下学期,撤销红苋、青山、下么山、吉塘、三河、杨家坪、司言、泉坪、神景洞、管山、沿途 11 个教学点,石门县第八中学更名为壶瓶山镇中心学校。2004 年下学期,撤销上么山、大胜、云六 3 个教学点。2005 年下学期,撤销江坪、南坪学校初中部。撤销黄莲棚、黄连河、龙池河、京竹、长岭 5 所学校。至 2014 年,全镇有镇中心学校 1 所(九年一贯制学校),平东、古罗、中岭、南坪、江坪 5 所完全小学,后路、夹马、要武、大棚、李坪 5 所初级小学;有教职工 169 人;在校学生 1547 人,其中中学生 478 人,小学生 1069 人。

文化

至 2014 年,壶瓶山镇有 1 个文化站、有村级文化活动中心 6 处。各类图书

民俗文艺节目展演　壶瓶山政府提供

室 38 个，藏书 19 万余册。全年放映农村公益电影 456 场，开展文化下乡 10 场，开展民俗文艺节目展演 2 场次。举办“手机上的天下壶瓶”摄影大赛和原始村落北溪河村“年猪节”，以新形式传承和宣传土家民俗文化。全镇拥有有线电视中心 1 个，电视用户入户数 1800 户，电视综合人口覆盖率达 100%；广播站 38 个，广播综合人口覆盖率达 100%。

体育　至 2014 年，全镇有体育场地 1 个，开展全面健身项目 2 项，新建农民体育健身工程的行政村 1 个。年参加健身运动人数达 100 人次。

医疗卫生

1952 年，由龚光杏组建泥沙区卫生所，1956 年，成立泥沙区中医院。1961 年，与泥沙人民公社卫生院合并成立泥沙区医院。设立妇产科、检验科、放射科，医务人员 42 人。1987 年 4 月，医院建起门诊大楼，增设五官科、防疫科及中药加工室。建筑面积 3746 平方米，其中业务用房 3086 平方米。医院能开展外科阑尾炎切除、疝气修补、骨折内固定等手术。1988 年，医院开放床位 46 张，年接待门诊病人 3.95 万人次，出院病人 426 人次。创业务收入 18.47 万元。1995 年撤区并乡，泥沙区医院更名为壶瓶山镇建中心卫生院。同年 12 月，泥沙镇卫生院并入中心卫生院，下设江坪、南坪、中岭分院。至 2012 年，医院拥有在职员工 73 人，占地面积 1.05 万平方米，房屋建筑面积 9146 平方米，固定资产 592.58 万元，开放床位 70 张，年接诊病人 2.77 万人次，住院病人 3160 人次。2014 年镇中心卫生院，已发展成为综合性一级甲等医院，有干部职工 66 人，其中医务人员 61 人，本科学历 2 人、大专学历 19 人、中专学历 40 人，设置有预防保健科、内儿科、外科、妇产科、五官科、麻醉科、医学检验科、医学影像科、中医科。有病床 72

张，配置了X光机、电解质分析仪、超声诊断仪、救护车等医疗设备。下辖38个村卫生室，38名乡村医生，担负全镇3万多人的基本医疗和预防保健工作。医院用地面积1.0593万平方米，建筑面积4800平方米，年业务收入500万元。

五、特色地情

历史人物

唐荣阳(1878–1932)　清光绪四年(1878)生于壶瓶山镇平东村。光绪二十三年(1897)，应试武士。光绪三十一年(1905)八月协理奉天警务。民国11年(1922)任剿匪司令官。民国12年(1923)升迁陆军中将。民国21年(1932)卒于津市，终年54岁。

袁东藩(1899–1979)　又名袁平凡，清光绪二十五年(1899)四月二十二日出生于壶瓶山镇江坪河白果树村。民国15年(1926)1月，任中共石门县特别支部书记，后任县委书记。1979年8月23日，病逝于常德，享年80岁。

纪念地、纪念设施

泥沙区苏维埃政府旧址　位于壶瓶山镇“泰和合”茶号。民国18年(1929)8月，中共石门县地方组织在贺龙红军的支持下，在泥二垭成式成立石门县苏维埃政府后，紧接着在泥沙和白竹垭建立区苏维埃政府。泥沙区苏维埃政府设在“泰和合”茶号。泰和合茶号由广东中山籍商人卢次伦于清光绪十五年(1889)创建，建筑规模宏大，功能齐备，是一座砖木结构的清式民间建筑。1984年5月，石门县人民政府公布为县级文物保护单位。2000年6月，常德市人民政府公布为市级文物保护单位。2011年3月，湖南省人民政府公布为省级文物保护单位。2012年初，石门县文化广播电视新闻出版局安排专项资金30万元，对泰和合茶号进行修缮。

风景名胜

壶瓶山旅游风景区　壶瓶山旅游风景区是湖南十大山岳景观之一和世界自然基金会等国际组织确定的全球200个重点生态区之一，被誉为北纬30度上的“自然迷宫”。分为东山峰、江坪河、南坪河、黄虎港4个景区，其中江坪河、

太和合茶号　唐平波摄

南坪河、黄虎港景区在壶瓶山镇境内。

江坪河景区　位于镇域西北部，地势西北高、东南低。海拔400米以上多为峡谷风光，海拔400米以下为溪河漂流风光。区内峡谷深涧，绝壁高悬，切割深邃，环境幽雅，风景秀丽，纸棚河、郭家河两侧原始次生林，自然古朴、野趣横生，如痴如醉，流连忘返。景区已开发象鼻子沟、石碾子沟景区和枇杷滩生态漂流。

黄虎港景区　位于镇域东南部，区内峡谷狭窄、幽深，两岸岩石陡峭险峻，绝壁高矗，峡谷两岸森林茂密，猴子成群，为峡谷探幽、漂流的理想之地。主要景观有剩头铁索吊桥、黄虎港大桥等10多处。山的绝壁上，有长116米，宽2米，高188米的吊桥。登上吊桥，可俯瞰相连河峡谷，谷黛幽深，鸟鸣山涧，古木葱茏，溪水湍流。黄虎港大桥为石清公路修建时的重点工程，1959年12月竣工。桥位处于深溪峡谷之中，跨越渫水支流黄虎港。两岸悬崖峭壁，山势自然坡度达80多度，高耸200余米。桥型为石拱桥，主拱净跨60米，水面至桥面高50余米。1959年，交通部在石门召开现场会，认定是中国跨径最大、桥拱最高的石拱桥，为亚洲第二大石拱桥。

南坪河景区　位于镇域东部与北部，主要景观有黄连河峡谷、壶瓶山主峰。黄连河峡谷始于南坪河黄连村的回打坡，至泥沙平洞村的香笼寨，全长12千米，峡长幽深，两岸崇山夹峙，瀑布多而壮观，生长着长果安息香、香果树等多种珍稀植物。壶瓶山主峰南、西、北三面峭峻，坡度70°左右，东南面稍缓，有建登顶步道。山顶植被茂盛，春夏晴日登顶，可见高山杜鹃、红花木兰群落争相竞艳。

壶瓶山黄虎港大峡谷 壶瓶山镇政府提供

重大事件

1959年12月21日，交通部在黄虎港大桥召开有24个省、市、区代表参加的单孔大跨径石拱桥技术现场会。

1964年4月，中共湖南省委书记李瑞山到石门视察，发现泥市区黄虎港等处毁林严重，当即严厉批评，责成县委采取措施制止。

1973年，江坪河公社装机250千瓦的江码电站建成发电。

1982年4月，湖南省人民政府批准建立壶瓶山自然保护区，核心保护面积103000亩。

附：

壶瓶山国家级自然保护区

★全国自然保护区示范单位

一、区域概况

地理位置

壶瓶山国家级自然保护区(以下简称保护区)位于壶瓶山镇境内。其管理机构设在壶瓶山镇政府大院内,距石门县人民政府驻地 110 千米。

建置沿革

1982 年,湖南省人民政府批准建立壶瓶山自然保护区。1994 年 4 月,国务院批准建立湖南壶瓶山国家级自然保护区。1995 年 12 月, 常德市人民政府批准成立壶瓶山国家级自然保护区管理处。2004 年 7 月,壶瓶山自然保护区管理机构更名为壶瓶山国家级自然保护区管理局, 与壶瓶山镇合并, 两块牌子,至 2014 年未变。

区划面积

保护区总面积 99.852 万亩。其中,核心区面积 3.42 万亩,占保护区总面积的 34.25%;缓冲区面积为 2.925 万亩,占保护区总面积的 29.29%;实验区:面积为 36.402 万亩,占保护区总面积的 36.46%。

自然环境

壶瓶山国家级自然保护区位于扬子地台二级构造单元鄂黔对台褶带内。地层分布较全,主要有古生代的寒武纪、志留纪、泥盆纪和二叠纪岩层出露,石灰岩、板岩和页岩为其主要成土母质。区内为云贵地洼湘西至黔东地穹之北缘,洞庭地洼之北隅, 大巴穹东南

国家一级重点保护植物珙桐 壶瓶山国家级自然保护区提供

角，其大地构造位置及性质，控制了区内地质、地貌的发展和演化。在晚元古代早期(约8亿年前)，保护区及附近地区被海水淹没，在晚元古代早期末，由于武陵运动的影响，地壳强烈上升，发生褶皱，露出水面。在燕山期和喜山期，地层再次发生强烈的褶皱，又有大规模的岩浆喷发和侵入，形成了一些背斜、向斜和断层，且地壳也在相对间歇性地不断抬升，而东部地区则相对下降，从而形成了壶瓶山的主体。

鱼类新物种"壶瓶山鮡" 壶瓶山国家级自然保护区提供

保护区受太平洋暖流气候的影响，属典型的季风气候区，为亚热带山地气候，年均气温9.2摄氏度，极端最高气温38.2摄氏度，极端最低气温为零下15摄氏度，年平均日照1509.9小时，年降水量1898.5毫米，年均雪日42.2天，海拔1200米以上地带每年都会出现-10摄氏度的低温及冰冻(雨凇、雾凇)。具有气温偏低、春迟冬早、盛夏不暑、隆冬严寒、雨量充沛、湿度较大的特点。

国家二级重点保护动物——中华鬣羚
壶瓶山国家级自然保护区提供

壶瓶山大地构造属武陵山脉背斜的一部分。由于境内地貌复杂，有低山、中山直至高山之分，地形起伏较大，悬崖陡壁，具有显著的山地岩溶地貌特征，山体最高海拔2098.7米，相对高差大，气候复杂多样，生物资源丰富，土壤类型

国家二级重点保护动物红腹锦鸡
壶瓶山国家级自然保护区提供

多,可分为6个土类,12个亚类,22个土属。壶瓶山土壤地带大致划分为:海拔550米以下为红壤、红色石灰土、旱耕土和水稻土;550~800米地段,土壤发育程度低,地带性不明显;800~1500米为山地黄壤、黄色石灰土、旱耕土;1500~2000米为山地黄棕壤、黑色石灰土;2000米以上为山地草甸土。

保护区内神景寨度假村系洞庭湖区澧水第二大支流溇水的上游区域,境内各山溪均属于溇水上源的江坪河和南坪河两条水系,主要支流有北溪河、高桥河、金家河、龙池河及深溪河、水打溪、黄连河等。这些河流大多河床深切,礁石林立,峡谷幽深,水流湍急,水力资源十分丰富,属于典型的山溪性河流。溇水河于县境三江口俞家河汇入澧水,流经湘鄂两省,全长162千米,流域面积3125.5平方千米。境内溪河年径流量19亿 立方米。江坪河年均流量25.4立方米/秒,丰水期平均流量37.9立方米/秒,枯水期平均径流量6.6立方米/秒;南坪河(毛竹河)年均流量22.2 立方米/秒,丰水期平均流量为33.2 立方米/秒,枯水期平均流量10.5 立方米/秒;溇水所市段(距黄虎港20千米)集水面积1657平方千米,多年平均流量为62.1立方米/秒,平均径流总量19.583×108立方米,径流深为1181毫米,径流系数0.69。其年内时间分配与降水量相应,有一半的径流集中在6–8月。

二、保护区管理

管理体系

壶瓶山国家级自然保护区管理局与壶瓶山镇人民政府合署办公，受湖南省林业厅和石门县人民政府双重领导。管理局作为保护区的管理机构行使自然保护区的管理职能，壶瓶镇政府作为地方行政机关，行使地方政府的行政管理职能。管理局内设办公室、科教科和保护科，下设4个管理分局、10个哨所（检查站）和62个巡护点。

人员结构

2002年，保护区规划编制85人，有正式工作人员49名，其中决策人员4人，社区事务管理人员29人，科研、野外巡护管理和执法工作人员14人，后勤工作人员2人。文化程度大学及以上文化7人，大专文化26人，中专和高中文化10人，初中及以下文化6人。保护区聘请巡护员86人，属临时用工。

管理措施

一、保护区属集体林区，山林所有权与保护区管理权相互分离，保护区与当地社区在资源管理方面形成共管模式，即在权属不变的前提下，森林资源由保护区统一管理。

二、县政府于1983年发布了《关于加强壶瓶山自然保护区管理的布告》，于2001年发布了《关于加强壶瓶山国家级自然保护区资源保护管理的通告》，为保护管理提供了政策依据。

三、2002年后，保护区相继制定了保护区内部管理制度、巡护员管制度、巡护员考核办法等相关制度和规定，为实现规范化管理打下了一定基础。

四、保护区建立了防火制度，每年与各村、核心区哨所签订了防火责任状，并在各村均组建了50~70人的森林防火应急分队，确保林火不对森林资源造成大的破坏。

五、与周边地区建立了联防组织，签订了联防协议，形成了较稳固的联防关系。

六、指导社区进行产业结构调整，发展茶叶、干果林等产业促进社区经济发展，减轻社区居民对自然资源的依赖。同时积极争取生态富民项目。

七、保护区采取定期、定线路和不定期、不定线路相结合的方式开展野外巡护。核心区巡护由科教科负责，有管理人员 2 人，巡护员 18 人；村级巡护点的巡护工作由保护科负责，有管理人员 5 人，巡护员 71 人。

管理计划

2004 年 8 月，编制完成了《湖南壶瓶山国家级自然保护区管理计划》，计划实施期限为 5 年（2004-2008 年），总投资概算为 2449.53 万元，其中，GEF 项目赠款资金 782.56 万元，配套资金 156.26 万元，保护区基本建设项目资金 664.74 万元，生态公益林项目资金 276.2 万元，林业事业费 181 万元，待筹资金 388.77 万元。管理计划确定了生态系统与资源保护、人类活动的持续管理、公众宣传与保护意识教育、机构能力建设、科研与监测、区域性协调发展等 6 个方面的项目内容和 45 个项目活动。

保护对象

保护区以保护华南虎等濒危动物物种及其栖息地和珙桐等珍稀植物物种及群落为主的森林和野生动植物类型自然保护区。保护华南虎、金钱豹、林麝等濒危动物物种及其栖息地和珙桐、红豆杉等珍稀植物物种及群落，优化保护区内的生物多样性结构，维护森林生态系统的稳定功能，结合社区经济发展开展保护、科研、监测活动，实现保护区与社区的持续协调发展。

植物。保护区原始森林区内已记录维管束植物 2836 种，隶属于 228 科、1026 属，是湖南省维管束植物种类最丰富的地方。其中，国家一级保护植物有珙桐、光叶珙桐、银杏、钟萼木、红豆杉、南方红豆杉等 6 种，国家二级保护植物有长果安息香、鹅掌楸、连香树等 24 种。列入 CITES 公约附录的植物有朱兰、石豆兰等 69 种。新种有长果安息香、湖南花楸、石门鹅耳枥、石门葡萄、湖南菝葜、石门小檗、石门杜鹃等 7 种。区内今已记录的菌类 150 种，分属于 22 科 61 属，其中能食用或药用菌类约 50 种，有毒菌类约 20 种。

动物。区内现已记录的陆生脊椎动物 315 种，隶属于 28 目 82 科。其中，哺乳纲8目26科64种，鸟纲15目39科179种，爬行纲3目9科47种，两栖纲2目8科25种。国家一级保护动物有华南虎、金钱豹、云豹、林麝、金雕5种；国家二级保护动物有猕猴、苏门羚、林麝、穿山甲、红腹锦鸡、大鲵等48种；列入CITES附录的有穿山甲、黑熊等52种。区内现已记录的鱼类有30种，隶属5目12科。

昆虫资源极为丰富，今已记录的昆虫有4500余种，隶属于24目265科，其中已发表昆虫新种39个，中国新记录种11个，湖南省新记录种81个，列入CITES附录的有双尾褐凤蝶1种，国家重点保护种类有叉犀金龟、双尾褐凤蝶2种。

名优特产

石门蜂蜜 石门蜂蜜俗称“石门土蜂蜜”，主产于壶瓶山国家级自然保护区。“壶瓶飞瀑布，洞口落桃花”。千百年来，中华蜜蜂在壶瓶山绝佳生态环境中生息繁衍，酿造出了稀世珍品。石门土蜂蜜因药食同源、特有香气、地道品质而赢得消费者的喜爱。

石门土蜂蜜在20世纪50年代被列入国家购销计划，出口创汇。至2014年，全县养殖规模已达万群之多，年产石门蜂蜜近百吨。到石门旅游者以获得石门土蜂蜜为幸事，石门人也把石门土蜂蜜当厚礼赠亲送友。

石门蜜蜂养殖及其产品　张吉全　闫友波摄

南　北　镇

★国家生态乡镇

一、区域概况

地理位置

南北镇地处县境西北部的湘鄂边界，东抵东山峰管理区和壶瓶山镇，南邻罗坪乡，西连湖北省鹤峰县走马镇，北靠湖北省五峰县六峰乡。省道 S303 线穿境而过，与湖北 S314 线对接。集镇沿过境公路石(门)鹤(峰)线西侧发展，与走马镇连成一片，形成两镇一街跨两省的独特格局。因其独特的交通枢纽位置，自古为湘鄂客商往来必经之地和边贸口子镇。2012 年，被评为“国家级生态乡镇”。2014 年，被评为“中国长寿之乡”。镇人民政府驻南镇居委会，距县人民政府驻地 145 千米。

建置沿革

民国时期，镇域属泥沙乡。其间，民国 17 年(1928)，贺龙在贺家台建立县苏维埃政府，镇域隶属白竹垭区苏维埃政府管辖。中华人民共和国成立后，南北镇为第八区。1951 年 1 月划为第十四区称南镇乡。1956 年 6 月撤区并乡，成立南镇乡。1958 年 9 月实行人民公社体制，改称南镇人民公社。1977 年 8 月，划属西洞庭农场东山峰分场，1978 年 12 月，划归石门县。1984 年撤销人民公社，复名南镇乡。1992 年 10 月，经常德市人民政府批准，南镇乡被辟为“常德市农业经济综合开发实验区”。同年，经湖南省人民政府批准，南镇乡改为南北镇，至 2014 年未变。

南北镇政府大院　南北镇政府提供

区划面积

1992 年，南北镇辖南镇、黑头岩 2 个居委会，潘坪、宋垭、白竹垭、清官渡、薛家、安家、雅吉、操军坝、大城、白竹山、红耀、南岔、三台、金河、镇茶厂15个行政村。2007年，调整行政村居区划，潘坪、宋垭合并为潘坪村，白竹垭、清官渡合并为清官渡村，薛家、安家合并为薛家村，操军坝、黑头岩合并为黑头岩居委会，白竹山、红耀、南岔、三台、金河合并为金河村，南镇、镇茶厂合并为南镇居委会。雅吉、大城2个村保持不变。调整后，全镇辖南镇、黑头岩2个居委会和潘坪、清官渡、雅吉、薛家、金河、大城6个行政村。至2014年无变化。

1995年，全镇总面积153.95平方千米，耕地面积1.22万亩，其中，水田3877亩，旱地8323亩。至2014年，总面积无变化，耕地面积为1.7695万亩，其中水田4811亩，旱地1.2884万亩。

人口民族

1990年，南北镇有2444户9415人，其中男性5127人，占54.45%。人口以土家族为主，有8364人，占88.84%。其余有汉族1001人，苗族25人，白族25人。

2014年年末，全镇有2380户6847人，其中男性3625人，占52.94%。全年人口出生率11.9‰。总人口中，土家族6729人，占98.27%。其余为汉族106人，苗族6人，壮族1人，侗族1人，白族4人。

自然环境

南北镇地处山区，境内重峦叠嶂，地势险峻，90%为大山原野，平均海拔1100米以上，最高海拔1560米，最低海拔300米。属中亚热带向亚热带过渡的季风湿润气候区，气候特征为春迟冬早，雨雾天气较多。气候垂直变化明显，适宜于多种农作物、树木、中药材、牧草生长。年平均气温13.5摄氏度，变幅在2.8摄氏度之间。最冷月为1月，平均气温2.3摄氏度；最热月7月，平均气温26摄氏度。年平均降水量1650毫米，年平均降雪日42.6天，年平均霜日97.8天，年平均日照为1263.4小时。境内自然资源丰富，野生瓜果有猕猴桃、板栗、山李等，药材有黄连、天麻、七叶一枝花、血通等，珍稀树木有金家河的千年巨杉、清官渡500年山茶树、卢家台千年老桂树、黑土岩千年神奇豆角楸、薛家的红豆杉。珍稀野生动物有猕猴、金雕、大鲵、五步蛇、锦鸡、牛羚、獐子、黄麂等。主要河流有前河、后河、金家河、下河 4 条，境内流程近 40 千米，流域面积近 100 平方千米，且有大量地下水资源可供开发利用。境内矿产品资源丰富，磷矿石储量达 10 亿多吨，主要分布在清官渡、大城湾、碑埡一带。还有白竹山的铜矿、矾矿，南岔和薛家的铁矿、大理石，安家的滑石矿等。

二、经济发展

经济综述

1995 年，全镇完成工农业总产值 2153 万元。2008 年，全镇完成国民生产总值 7474 万元，其中一产业增加值 5190 万元，二产业增加值 1407 万元，三产业增加值 877 万元。实现财政收入 525.8 万元。2009 年，完成国民生产总值 1.12 亿元，人均 1.34 万元，居全县第五位。财政一般预算收入 580 万元，农民人均纯收入 4097 元。2010 年，完成国民生产总值 1.19 亿元，其中一产业增加值 8882 万元，二产业增加值 1840 万元，三产业增加值 977 万元，人均 1.42 万元。2011 年，完成国民生产总值 1.34 亿元，农民人均纯收入 5005 元。2012 年，完成国民生产总值 1.31 亿元，农民人均纯收入 5665 元。2014 年，完成国民生产总值 1.62 亿元，实现财政收入 691.7 万元，农民人均纯收入 6850 元。

农业

种植业 1995 年，镇党委、镇政府大力发展茶叶、烟叶、高山蔬菜三大绿色支柱产业，种植面积 1.8 万亩。年产干茶 7500 担，红鱼井峰茶获“湖南省第二届

茶叶基地(左)、烟叶基地(右) 南北镇政府提供

黑头岩居委会高山反季节蔬菜基地　南北镇政府提供

湘茶金杯奖”。年产烟叶 6000 担，为常德卷烟厂烟叶供应基地。高山蔬菜获“常德市 5 个百万亩工程优质蔬菜乡镇”一等奖。2008 年，成立 6 个烟叶合作社，种植烟叶 4230 亩，交售原烟 1.1220 万担，实现产值 807 万元，被评为全县“烟叶产业化建设先进单位”。完成有机茶转换 400 亩，扩无性繁殖良种茶 500 亩，全镇茶叶面积突破 9000 亩，年产干茶 6 万担，实现产值 2400 万元。发展茶叶加工企业 6 家。2009，年种植烟叶 4500 亩，交售原烟 1.53 万担，产值 1200 万元。完成有机茶转换 500 亩，扩优质茶园 300 亩，全镇茶叶总面积达到 1 万亩，产干茶 2.5 万担，产值 1100 万元。2010 年，种植烟叶 3500 亩，扩茶园 1000 亩，完成茶园低改 1500 亩，集中发展无性良种茶 700 亩，全镇茶园总面积达到 1.1 万亩，年产干茶 9.5 万担，茶叶总产值 1800 万元。2011 年，种植烟叶 3000 亩，交售原烟 9100 担，烟叶产值 1000 万元。蔬菜种植面积 2000 亩，创产值 800 万元。2012 年，种植烟叶4100亩，交售原烟1.44万担，实现烟叶产值1770万元。2013年，种植烟叶4500亩，销售优质烤烟1.59万担，实现烟叶产值3000万元。茶叶种植面积1.061万亩，鲜叶产量2016万千克，加工销售干茶504万千克。2014年，种植烟叶5700亩，产量1.1630万担，实现烟叶产值1628万元，获全市“烟叶生产先进乡镇”称号。修建烤房120栋，完成2000亩烟田整理。茶叶面积1.18万亩，产值4800万元。建成湖南中茶公司1000亩基地，碧云家庭农场、薛家茶叶合作社完成茶叶商标注册。

养殖业　2009年，全镇养殖生猪5800头，出栏4900头，养禽1.2万羽。2012年，养殖生猪9800头，出栏5400头；养殖耕牛1500头，出栏650头；养殖山羊3800只，出栏1800只；养殖家禽1.3456万羽，出笼1.0456万羽。养殖总产值457万元。2013年，养猪1万头，出栏5100头，百头以上养猪大户3个；养羊2200只，百头以上养羊大户4个；养蜂900箱，30箱以上的大户6个。修建大鲵养殖场1个，养殖大鲵8000尾。2014年，养猪6200头，出栏5400头，百头以上养猪大户4个；养羊3500只，百头以上养羊大户5个；养蜂1100箱，30箱以上的大户8个；养殖大鲵1万尾。

林业　1973年，创办文家池林场，植树造林2430亩。2002年至2005年，退耕还林7761.4亩。2002年，启动国家重点公益林保护工程，总面积6.6074万亩，林农累计获得国家补偿资金1916.146万元。2014年，全镇森林面积18.3980万亩，木材总蓄积量21.8628万立方米，森林覆盖率79.6%。

工业

1958年9月，湖南石门磷肥厂投资5万元，建设清官渡矿区，露天开采磷矿石1200吨。1959年10月，矿区在国民经济调整时关停。1965年6月，国家投资109万元，建设常德专区石门磷肥厂清官渡矿区，年内露天开采磷矿石3700吨。1966年1月1日，以清官渡矿区为基础，成立常德专区石门磷矿。1974年，对清官渡工区进行技术改造，年产磷矿石能力扩大到15万吨。1979年，石门磷矿积压磷矿石33万吨。1989年，石门磷矿关停。从1990年起，境内乡镇企业和个体业主投资开采磷矿石。1995年，全镇有镇办企业4家，个体私营企业185家，完成工业总产值1200万元。2008年，全镇完成工业总产值2406万元，引进投资700万元的两河口水电开发项目1个，装机550千瓦的三台电站投产发电。2009年实现工业产值5457万元，引进工业企业1家，实施企业技改项目3家。2010年，建红耀湾电站、雅吉电站，引进磷化企业1家。实施企业技改项目2个，即溇水公司投资500万元的和平、灰塘坡电站技改项目和常德客商投资150万元的大城湾电站技改项目。2014年，全镇有规模工业企业4家，茶厂38家，水电站10家，烤烟厂3家，环保炭厂2家，实现工业总产值7052万元。

商贸服务

清末和民国时期，镇域边贸便有一定规模，是湘西北、鄂西南商品物资贸易流通的重要集散地。中华人民共和国成立后，境内建有供销社3个，肉食水产站2个，粮油站2个。1954年设立南镇信用社。湖北鹤峰、五峰等县在境内设有物资转运站。集镇内形成二、五、八墟场。中共十一届三中全会以后，个体商贸服务业迅速发展，市场经济日益壮大。2015年，全镇拥有商业网点250个，专业合作社6个，其中1个烟叶合作社，5个茶叶合作社，从业人员达1100多人，年社会消费品零售总额达1.01亿元。

旅游业

2012年，南北镇党委、镇政府提出了“旅游活镇”方针，着力打造土家特色风情边界口子镇。2013年，制作《南北镇旅游图册》，邀请市锐摄影俱乐

南北镇土家山寨　南北镇政府提供

部、中央电视台《行走的餐桌》节目组和湖南省旅游协会进镇采风，推出“梦幻南北”系列主题宣传活动，引导农户开发家庭旅馆 7 家。2014 年，完成薛家和大城 2 个旅游景区矢量化地图测量、景区线路规划和路标建设，修建南镇居委会至黑头岩居委会的 6 米宽旅游公路，启动薛家景区特色土家村落建设。

三、基础设施

交通运输

1959 年，石门县城至清官渡公路(简称石清公路)建成通车，境内始通公路，长 11 千米。1972 年，清官渡至南镇集镇的公路建成通车，长 14 千米。1983 年修通南镇集镇至金河公路。2001 年，修通清官渡至雅吉公路，总长 4 千米。2006年，完成黑头岩、操军坝 2 个村 5.4 千米道路硬化工程，整修维护 50 多千米乡村道路。2007 年，对清官渡、雅吉 2 个村 7 千米村道进行硬化，修通村、组公路 6千米。2008 年，硬化清官渡、薛家、大城、金河等村村级公路 33.6 千米，修组级公路 22.5 千米。2009 年，硬化金河村村级公路 8.8 千米，完成退耕还林项目 5 千米村道建设，整修金河村红耀片水毁公路 1.5 千米。2010 年，在大城、雅吉等村修村组公路 17 千米，修桥涵 10 座，整修村组道路 74.5 千米。2011 年，修村组公路16 千米，修桥涵 18 处，硬化村组公路 3 千米。2012 年，硬化村级断头路 4.2 千米，整修村道 10 千米。2013 年，硬化乡村道路 6.3 千米，修村组公路 9.5 千米。2014 年，完成金河村金龙桥至前池 2 千米公路的加宽和硬化，大城村李家至陈家 2 千米公路的硬化，完成乡村道安全防护墩建设。至 2014 年，全镇有各级公路 169.5 千米，其中硬化 75 千米。居民出行交通工具有客班车、中巴车、轿车、摩托车等。乡村客运班车每日两趟往返于集镇与各村。南北镇始发至石门县城班车每日三趟往返。过往经停客运班车有鹤峰——石门，鹤峰——广州，走马——石门，走马——长沙，鹤峰——武汉等。每天经过南北镇运输磷矿、蔬菜、茶叶、建材等商品的车辆 100 多辆，日发货量 2300 余吨，日交易额达 200 多万元。

邮电通信

1966 年，设南镇邮电所、清官渡邮电所。1991 年，撤销清官渡邮电所，改设集镇邮政网点一个。2007年，建成操军坝移动基站和无绳电话基站。2008年在金河村建移动基站1座。2009年完成雅吉村移动基站建设。至2014年，全镇建有邮政所1家，移动通信站1家，联通通信站1家，电信通信站1家。通信铁塔11个，其中移动铁塔6个，联通铁塔3个，电信铁塔2个。家庭固定电话75部，电信手机用户610户，移动手机用户3117户，联通手机用户207户，互联网用户380户，有线电视用户708户。

供电供水

供电 1978年，在清官渡修建灰塘水电站，装机容量为400千瓦，为694户居民提供用电，其中白埡村131户、和平村75户、安家村58户、雅吉村110户、南镇村180户、黑土岩90户、操军坝50户居。1980年，修建和平水电站，装机容量800千瓦，为343户居委提供用电，其中大城村160户、潘坪村80户、宋埡村76户、薛家村27户。1995年，在金河村修建一、二级水电站，装机容量760千瓦，为金河村48户居民提供用电。1996–2001年陆续建成宋埡电站、三台电站、家属湾电站。至2014年，全镇拥有水电站10座，总装机容量9600千瓦；有变压器35台，总容量3615千瓦；专变11台，总容量555千瓦。10千伏线路60.839千米。用电用户2185户，总供电量262万千瓦时。

供水 2010年，投资144.3万元，实施南镇居委会、薛家村、清官渡村安全饮水工程，建成水池32个，铺设引水管道1.5万米。2011年，完成清官渡安全饮水工程，解决1500人的安全饮水。2014年，投资250万元修建集镇自来水厂，日供水2000吨，解决集镇3000人的安全饮水。同时对各村实施分散供水工程，共铺设水管12万米，修建水池25个。全镇安全饮水实现全覆盖。

水利建设

1970年，修建大城水库，总库容量100万立方米，灌溉面积1056亩。2006年，修建排灌设施沟渠1.4750万米，塘坝2处。2007年，投资300多万元修建大型水池7个、塘坝2处，修建沟渠1.15万米。2011年，投资320万元，实施大城水库溢洪道整修工程，完成薛家村3千米河道清理和400米防洪堤建设。至2014年，全镇旱涝保收面积达1.8489万亩。

镇村建设

2008 年，完成集镇整体规划编制，对南镇居委会、清官渡、大城、雅吉等村进行规划修编。投资 20 余万元安装集镇路灯，实现集镇亮化。2011 年，完成新街一期居民房建设工程，修建具有土家民俗风格，集商贸、休闲、旅游于一体的商住房 14 栋。2012 年，实施集镇街道绿化工程，配备高级果皮箱 60 个、高档仿木花坛 120 个，建生活垃圾填埋场 1 个，组建保洁队伍，配备垃圾清运车。2013 年，投资 50 万元对凤凰新街进行人行道地面砖铺设、路灯安装和栽树绿化，修通集镇四个断头路，完成规范性停车场和菜市场建设。投资 9 万元对集镇进行道路表线画示和道路标牌设立。2014 年，建成凤凰街特色商住楼 45 栋。

四、社会事业

教育

民国时期，境内有私塾和经馆各一家。中华人民共和国成立后，创立清官渡岩板塔小学和南镇完小。1971 年，创建石门磷矿子弟中学和南镇中学两所初级中学。1986 年，全镇有中、小学 21 所，教职员工 89 人，在校学生 1875 人。1990 年，磷矿中学并入南镇中学。1995 年，红耀、三台小学合并到金河小学，和平、安家小学合并到白垭小学，小杖小学合并到大城小学，贺家台、构树塔小学并入潘坪小学。南北镇中心小学和南镇中学合并为南北镇九年一贯制学校。1996 年，又将南镇小学并入南北镇九年一贯制学校。是年，全镇有九年一贯制学校 1 所，完小 1 所，初小 11 所，学龄儿童入学率达 97%以上。2003 年教育机构改革，撤销镇教育办，成立中心学校。金河、飞机、岩岭、南岔、大城 5 所小学并入南北镇中心学校，宋垭、潘坪、安家、白垭 4 所小学合并为清官渡完全小学。2004 年，郑垭、雅吉小学并入南北镇中心学校。2005 年，东山峰小学划归南北镇中心学校管辖，成为一个教学点。至 2014 年，全镇有九年一贯制学校 1 所、完全小学 1 所、教学点 1 个，教师 57 人，在校学生 389 人，学龄儿童入学率 100%。

文化

2009 年 10 月，南北镇综合文化站兴建，占地面积 300 平方米，建筑总面积

480 平方米，配备有办公室、电子阅览室、图书室、器材室，2010 年 10 月竣工投入使用。是年 10 月，与走马镇人民政府联合承办了“湘鄂携手、明天更好”湘鄂边大型文化交流活动。2012 年成功举办第一届群众文化艺术节。同年 1 月开始挖掘整理土家文化、围鼓、土家山歌、民间故事。清官渡村村民卢志慧于 2007 年出版个人诗集《沉寂的火焰》，并获得丁玲文学奖。2014 年南北镇文联成立，组建了一支女子管弦乐队。全镇有农家书屋 23 家。

医疗卫生

清光绪十六年（1890）后，境内有杨曲克在潘坪开药铺行医。宣统二年（1910）年前后，有刘玉明游走行医。民国 19 年（1930），清官渡田灼然开药铺行医。其间，石门县苏维埃政府在湖北走马建立石门县游击大队后方医院，后改名红军医院，有医务人员 5 名。1950 年，南北墩许象如开药铺行医，取名恒丰药堂。1955 年，王春生开办第一家西医诊所，取名和平诊所。1956 年成立南镇乡联合诊所。1958 年更名为南镇乡中医院。1959 年成立南镇人民公社卫生院。1963 年，卫生院增设 3 个医疗点。1976 年实行合作医疗，16 个大队均设合作医疗站，1981 年停办。1984 年，南镇人民公社卫生院改名南镇乡卫生院，1993 年更名为南北镇卫生院。2014 年，有医务人员 25 人，村级卫生室 8 个。

社会保障

2007 年，兴建南北镇敬老院，总建筑面积 1580 平方米，床位 44 个，2008 年 11 月投入使用，集中供养“五保”对象 24 人。2009 年，参加新型农村合作医疗 6658 人，参合率达 90%，非农人口参加城镇合作医疗 300 人。2010 年，有 7922 人参加新型农村合作医疗，330 人参加城镇居

晨雾中的南北镇敬老院　吴光荣摄

民医疗保险。2011 年，有 290 人享受农村低保，89 人享受农村“五保”，33 人享受城镇低保。2014 年，有 411 人享受农村低保，30 人享受城镇低保。

五、特色地情

纪念地、纪念设施

石门县苏维埃政府旧址 位于南北镇潘坪村贺家台。石门县苏维埃政府的办公用房和碉堡、战壕等工事保存较好。

白竹垭区苏维埃政府旧址 位于南北镇白竹垭村。民国 17 年(1928)8 月，贺龙领导的红四军在泥沙乡的泥二垭成立石门县苏维埃政府，9 月迁往南北墩白竹垭。随即成立白竹垭区苏维埃政府，下辖高水田、潘坪、清官渡、雅吉、南镇、大城 6 个乡苏维埃政府。

南北墩战斗遗址 位于南北镇集镇。民国 20 年(1931)7 月，石门罗效之保安十团、慈利朱际凯(朱疤子)保安第九团、国民党新编三十四师桑植周燮卿七旅及湖北恩施罗启疆旅共 9 个团 10000 人兵力，向石门苏区发起“围剿”。9 月 8 日，罗效之一、二大队共 2000 人，分别在大队长陈震(绍南)、陈显伯的带领下，从所街出发，进攻泥沙苏区。石门游击大队长张桂林率队员 80 多人，奋起反击，因敌强我弱，战斗失利，撤向泥儿垭。10 日凌晨，敌人直扑县苏维埃政府所在地——贺家台，致红军两面受击。县苏维埃政府领导人唐占益、陈奇谟、杨万柳率游击队给予还击，双方激战 4 小时，但因弹药、兵力不足，放弃贺家台，向南北墩(南北镇)撤离。11 日，红军独立团团长王炳南率领二营、三营及石门县游击大队，兵分三路，向敌军发起 10 多次冲锋，最后弹药耗尽，同敌展开了白刃战，激战 8 小时之久，红军和游击队伤亡 200 多人。因伤亡较重，下午 5 时撤出战斗，退守鹤峰大岩关、三路口一带。

山河圆 位于南北镇薛家村海拔 1200 米的六塔山上，2014 年 3 月 31 日开园。

风景名胜

龙门出水 位于金河村北端凤岗岭，系渫水源头。距镇政府驻地 17 千米。

逶迤绵延的铜铃峰至凤岗岭戛然截为两端，断面悬崖高耸，一洞中开，一股泉流奔涌而出，形成飞瀑奇观。龙门出水最大流量 500 多立方米／秒，最小流量 0.87 立方米／秒。瀑布直落玉竹潭，激起巨大漩涡，形成涌瀑。清代张庭南留下名句“千尺高岩宿扭头，一泓碧水藏风雷”。

龙门出水处　南北镇政府提供

金家河生态园　位于金河村境内，系小河、前河和后河汇合之地，面积约 30 平方千米，距镇政府驻地 17 千米，水泥路畅通。金家河生态园为天然动植物园，有属国家级保护的珙桐、银杏等 10 多个珍贵树种；有大鲵等数十种濒临灭绝的珍稀野生动物；有味道鲜美的阴河鱼；有天麻、黄连、白三七、一点红等名贵中药材。

名优特产

土家腊肉　土家腊肉以皮薄、肉嫩的家养土猪肉为原料，经切条、配制辅料、腌渍、洗盐、晾干和熏制六道工序加工而成。其特点是皮色红黄、脂肪似腊、肌肉棕红、咸淡适口、熏香浓郁、食之不腻。

土家腊肉　南北镇政府提供

中华野生蜂蜜　由野生蜜蜂采集植物花蜜酿造而成，纯天然无污染，含有多种营养成分，清香甘甜，祛病养颜。

高山薇菜　又称牛毛广，学名紫萁，为多年生草本植物，质脆，味美少纤维，含蛋白质、有机矿物质及多种维生素，享有“无污染菜”之誉，其制成品远销日本、东南亚等国。

石门高山萝卜 为了丰富城乡“菜篮子”,县政府于1992年成立高山蔬菜领导小组,在古罗坪村示范种植石门高山萝卜等蔬菜。南北镇平均海拔1200米,境内群山叠翠,常年云雾缭绕。

石门高山萝卜 石门县市场服务中心提供

石门高山萝卜等蔬菜种植区属中亚热带向亚热带过渡的季风气候区,空气富含植物精华“芬多精”,每立方米空气中负氧离子含量高达10000个;据权威部门检测,方圆200多平方千米种植区矿藏丰富,有磷、铁、硫、铜、锰、硒等多种矿物质,十分适宜高山萝卜生长。在此生长的萝卜,含维生素30多种、微量元素80多种。

1996年,石门县被省政府授予高山蔬菜基地县。到2014年,全县有9个乡镇发展高山蔬菜产业。南北镇至壶瓶山镇高山蔬菜绿色走廊形成,种植面积扩大到10万亩,总产值增至1.3亿元,占全县农业生产总值的8.4%。《高山外向蔬菜配套栽培技术及综合开发研究》获湖南省科技进步三奖,省科委“星火计划”予以推广。产品畅销省内、东南沿海及香港、澳门市场。

重大事件

1956年,成立南镇乡。1958年,更名为南镇人民公社。

1969年,南镇公社卫生院草医闵远清被推为“学习毛主席著作积极分子”,是年上北京参加国庆观礼。

1982年,南镇公社大成大队社员潘兴发全家两个半劳力,主种烟叶,兼种粮食,全年产粮过万斤,收入过万元,成为全县第一个种植业“万元户”。

1993年,南镇乡更名为南北镇。

2013年,获评“全国生态乡镇”。

2014年,获评“中国长寿之乡”。

东山峰管理区

★国家生态乡镇

一、区域概况

地理位置

东山峰管理区(湖南省国营东山峰农场)位于县境西北部,东南与壶瓶山镇接壤,西北与南北镇相连。区管委会驻南山4片黄家塌,距石门县人民政府驻地125千米。

建置沿革

1964年10–11月,根据常德地区革命委员会文件精神,常德地区、新关镇、雄黄矿的71名知识青年,分3批到东山峰组建东山红茶叶培植场(简称茶培

东山峰管理区管委会驻地　东山峰管理区提供

场)。1966年12月,石门县13名城镇知识青年下放东山峰茶培场。1967年2月,从白洋湖人民公社转出常德地区、石门楚江、新关等城镇知识青年101名到东山峰茶培场。1969年10月,县“五七”干校315名干部学员从新关镇迁入东山峰茶培场。1971年11月,根据国家相关部门实施甜菜南植战略计划,常德地区革命委员会从地区各部门、各县市及西洞庭农场抽调153名干部职工筹建东山峰农场。1972年3–7月,长沙、常德、湘潭等1209名城市知识青年下放东山峰,西洞庭农场456名职工携家属搬迁至东山峰。是年,定名为常德地区国营西洞庭农场东山峰分场。1974年2月,更名为常德地区国营东山峰农场。1982年1

月，经省委批准，升格为正县级，命名为湖南省国营东山峰农场。2000 年 8 月，省委决定将东山峰农场整体移交石门县管理。2001 年 1 月，成立石门县东山峰管理区，为县政府派出机构，副县级，保留湖南省国营东山峰农场牌子。至 2014 年未变。

区划面积

1972 年，泥沙人民公社杨柳、东红两大队，南镇人民公社板桥大队划归为国营丁洞庭农场东山峰分场。分场下设 1、2、3 工区。1 工区以石青公路线为范围，辖南山 1、2、3 连队和苗圃、张家湾 2 个农业集体大队。2 工区以南山坡及山顶为范围，辖南山 4、5、6、7、8、9 连队，北山 1、2、3、4 连队。3 工区以大长湖水库为起点，辖北山 5、6、7、8、9、10、11 连队。1974 年 2 月更名为常德地区国营东山峰农场后，3 个工区随之改为分场。1977 年，南镇人民公社划归东山峰农场管辖。12 月，3 个分场合并为 2 个，农业集体大队合并为 13 个，依原地名称队。杨柳、立坪、陈家堰、巫山、三汉溪、板桥、雷家塌 7 个队由 1 分场管理。草头坡、黄家塌、凉伞寨、小长湖、岩塌、小河口 6 个队由 2 分场管理。2000 年 8 月，下放县管，农业队合并为 6 个管理片。杨柳、粟坪 2 个队合并为南山 1 片，陈家堰、巫山 2 个队合并为南山 2 片，三叉溪、板桥、雷家塌 3 个队合并为南山 3 片，草头坡、黄家塌 2 个队合并为南山 4 片，岩塌、小河口 2 个队合并为北山 1 片，凉伞寨、小长湖 2 个队合并为北山 2 片。总面积 51.8 平方千米，耕地面积 6178 亩。

人口民族

1990 年，东山峰农场有 1455 户 4976 人，其中男性人口 2623 人，占 52.71%。人口以土家族为主，有 2712 人，占总人口数的 54.50%；其余为汉族 2244 人，回族 11 人，壮族 8 人，苗族 1 人。

2014 年，东山峰管理区有 1314 户 4768 人，其中男性人口 2513 人，占 52.70%。人口以土家族为主，有 3101 人，占 65.04%；其余为汉族 1650 人，蒙古族 1 人，回族 2 人，苗族 2 人，壮族 10 人，侗族 1 人，白族 1 人。

自然环境

境域地形为高山峻岭，武陵山脉从东往西高低参差延伸，最高点东山峰主

东山峰日出　东山峰管理区提供

峰海拔 1516 米，最低点木杉溪海拔 220 米，平均海拔 1250 米，海拔千米以上的高山山原占 4.5%。人员居住、生产面积主要集中在两条山脉间的南、北坡地。境内高山湿地、湖泊、溪沟、泉涌纵横交错，以响水沟最为出名。响水沟发源于大长湖，从海拔 1480 米处流淌而下，经板桥沟、三岔溪汇流到黄虎港入渫水，长 1500 米。境域属中亚热带向北亚热带过渡季风气候区，年平均气温 13.6 摄氏度，年日照量 1056 小时，无霜期 254 天，平均年降雨量 1700 毫米，雾、雨日占 220 天，相对湿度 82%。土壤为轻质粘土，pH 值 4.5~6.5，平均土层 75 厘米，有机含量 4.17%，适宜林木和部分农作物生长。林木有杉、松、枫、栗、梓、樟、

东山峰冰景　东山峰管理区提供

杜鹃、油茶、核桃等250余种。野生动物有豹、猴、蛇、麝、麂、山羊、大鲵等。矿藏资源以磷矿石储量较丰富，滑石、铜、硫铁、矾等有一定的储量。

二、经济发展

经济综述

1972–1979年，农场经济以种甜菜、甜高粱制糖为产业，投入大，产出小，得不偿失。后又从吉林引进梅花鹿、从山东引入绵羊养殖，还种植中药材、猕猴桃，办酒厂、饮料厂等，都形不成产业。1980年开始扩种茶园，贷款建茶厂，经济逐步有起色。1990年实现工农业总产值1327万元，其中工业总产值800万元，农业总产值527万元。随后的10年中，由于计划经济的束缚，干部、职工又背上国营企业、国家职工两个包袱，东山峰管理区生产每况愈下。2000年，工农业总产值仅1342万元。同年，农场改制成管理区，区党委大刀阔斧改革，卸掉“国字号”包袱，干部、职工共同融入市场经济大潮中，茶叶产业枯木逢春，经济得到复苏。2005年，工农业总产值达到3400万元，比2000年增长60.53%。2006–2014年，管理区大力培植茶叶产业经济链，对茶园、茶厂实施品改、技改，优质茶产出率显著提高。通过招商引资与争取项目资金，改造场区基础设施，发展第三产业。2014年，全区完成国民生产总值16302万元，其中，第一产业增加值3166万元；第二产业增加值9835万元；第三产业增加值3301万元，农民人均纯收入8219元，居民人均可支配收入25017元。

农业

种植业 1995年，实施茶叶“绿色食品”基地建设，投入资金500万元，建成茶叶原料基地7995亩。全面推行土地租赁承包合同制，引导农民在抓好茶叶生产的同时，投入人力物力抓山地开发。1996年，与市蔬菜办合作，兴建高山缓延季无公害蔬菜基地，实现农业总产值1011万元。2000年，管理区以良种补贴、肥料奖励等措施鼓励荣农改造低产劣质茶园，优质茶叶生产取得成效。至2003年，优质茶园达到8000亩，“东峰”牌东山秀峰系列、云雾绿茶系列、茉莉花茶系列成为湖南著名商标。高山缓季无公害蔬菜基地5000亩，年产蔬菜1万吨。

东山秀峰茶叶基地　东山峰管理区提供

2014年，种植蔬菜4790亩，总产量1.1999万吨；玉米4815亩，产量1743吨；稻谷60亩，产量7吨；马铃薯780亩，产量98吨；油菜籽630亩，产量64吨。全年实现农业总收入4278万元。

养殖业　1974年，从吉林引进梅花鹿80头，至1995年繁殖到237头。后因鹿茸价格下跌，养殖成本增高，场部决定由集体改为个人养殖，经营者买断养殖权。2014年年底仅存栏57头。

1980年，随着农村产业政策放开，群众养殖猪、羊、鸡等积极性提高，平均每户养猪2.3头，羊1.6只，家禽10羽。2002年，全区出栏生猪3767头，存栏2475头；出栏山羊1210只，存栏953只；出笼家禽1.05万羽，存笼

东山峰鹿场　东山峰管理区提供

0.97万羽。此后又发展养牛和养蜂。至2014年,生猪出栏上升到4460头,存栏3205头;牛出栏300头,存栏150头;家禽出笼1.47万羽,存笼1.63万羽。蜂蜜生产量达3200千克。

林业 1972–1979年,农场开荒毁林种甜菜,境内森林破坏严重。1980–2000年,为搞活经济,砍伐树木、挖掘矿产,生态环境受到重创。自2002年始,逐步实施退耕还林和生态保护,对老矿区土地进行复垦,植树10.0650万株,播撒草种301亩,矿区植被渐渐恢复。2010年后,管理区强化对森林的保护,加大人工造林力度,每年4月,动员农户植树造林和房前屋后绿化。2014年,山林绿化面积达6.2385万亩,其中,商品林4.2240万亩。森林绿化率达86.5%。商品林中,核桃110亩、板栗770亩、油茶50亩、猕猴桃53亩。公益林中,杉树1.3620万亩、马尾松3840亩、枫树1335亩、速生阔叶林7740亩。

工业

1972年始,农场建有发电站、修配厂、砖厂、粮油加工厂等。随后糖厂、建材厂、水电站相继建成。1975年,生产白砂糖167吨,水泥3.2万吨,发电量4.2万千瓦时。1985年起,茶厂、磷矿、滑石粉厂先后开工生产。至2000年,共生产机制茶10.8万担、滑石粉358吨、磷矿石15.6万吨。2002年后,工商企业逐步实行改制,国退民进,茶厂被省外贸公司收购成立东山峰生态茶有限公司。部分干部、职工及茶农合股或独资办起多个茶厂。2014年,有粗、精、名优茶厂27家,生产干茶5933.6吨。

商贸服务

农场时期,建百货商店,下设4处分店。有物资供应站和运输队。粮、油、煤、猪肉、禽蛋由县商业部门调供,也多次从常德地区战备库调冰冻猪肉供应。总场机关设有招待所、电话总机室、缝纫店、饮食店。管理区成立后,开展招商引资和进行小集镇建设,引资870万元在原招待所修建三星级宾馆,床位121个。自筹资金356万元建立4家个体休闲农庄。至2014年,境内有餐饮、日用品超市、机动车配件店、修理店、美发店等19家。汽车货运、客运车辆121台。个体工商从业者451人,创第三产业产值4316万元,产业增加值2860万元。

旅游业

东山峰滑雪场　东山峰管理区提供

2013年10月，《东山峰旅游总体规划》通过省级旅游专家评审。规划以资源优势为依托，以避暑休闲、生态旅游、滑雪运动为项目，以茶山花海、天上街市为主题，致力打造“东方瑞士小镇”“南方冰都”特色景点。把茶马古道、梅花鹿场、高山水库、生态茶园、野菜自采、风光摄影等作为旅游内容。上海规划设计院专家经过实地勘察，拿出了总体规划设计书。前期投资870万元的南洋学校已经开课教学。投资1.7亿元的星河坊、韩国山居、茶文化生态园已启动招商。2013年12月28日，首次人工造雪成功。2014年1月10日，东山峰滑雪场正式营运，1月内实现营业收入106万元。

三、基础设施

交通运输

20世纪70年代，石青公路途经东山峰境内16千米。1972年8月，农场组织两个连队、200余人分段修通总场、糖厂简易公路，随后修总场通分场、农业队等单位公路。至1980年，简易公路修通67千米，建桥梁、涵洞27处。2002-2014年，区党委通过争取项目资金，发动干群捐款与投劳等方式修通村组道26.4千米，硬化区道52.3千米，村道14.7千米，道路硬化率达72%。

1985年5月，湘运石门分公司开通石门至东山峰的客班车。2001年5月，东山峰至石门、临澧、常德客班车每日2趟。2014年12月，东山峰客运站落成，每天往返常德、壶瓶山、南北镇的大小客运班车15趟，出租车8辆。

邮电通信

1973年2月，县邮政局在泥二垭设邮政所，负责农场邮政和电报事务。2001年，邮政所并入壶瓶山镇邮政支局，东山峰只设邮政代办所，每周投递接运2趟或3趟报刊信件包裹。农场初期设电话总机室，每个单位一部摇把座机电话，单位与单位联系要话务员转线呼叫。1995年12月，石门至东山峰程控电话架通，结束人工转接电话历史。2003年，县移动公司在东山峰设立基站，手机在东山峰推广使用。2014年年底，移动、电信、联通用户达1517户，程控电话212台，通信普及率97.8%。

供电供水

2001年起，管理区抓住农电网改造的契机，对场区高低压杆线、变压器逐批进行更换，解决电压不稳、线路故障多等问题。农场时期的居民用水，大部分依托溪沟，泉眼水源建蓄水池，每个单位都有大小不一的水池一处或多处，遇下雨天水质很差，还经常堵塞。2003-2014年，管理区争取扶贫资金300余万元，分期对人畜饮水工程进行改造，在集镇修建自来水厂，安装净化设备。境内82%的住户用上安全清洁饮用水。

水利建设

1993年，修筑大长湖水库大坝，蓄水120万立方米，用劈山、架渡槽、筑水沟等办法修通引水渠19.2千米，供应糖厂、水电站生产用水。先在木杉溪安装两台水轮发电机，后在金竹湾安装两台发电机，年发电量1600千瓦时。农场改制时，水电站移交渫水水电公司。用电由县电力公司供应。

镇村建设

管理区成立后，加强对集镇和新居民点的规划建设工作。2002-2014年，招商引资在区机关所在地建小集镇，对0.65千米砂石街道进行硬化、亮化、净化、绿化，竖立路灯31盏，建立垃圾池27个，栽种花草1087米。鼓励群众在集镇建楼房。凡按规划修建的楼房，建房手续由干部代办，新房竣工时干部上门送红包1000元。至2014年12月，集镇建楼房29栋，居民点建新房183栋，建筑面积30186平方米。争取政策对危旧房屋进行改造。投入资金3130万元，重建和维修

职工老宿舍，按民族特色统一建筑风格。村部和村民活动室拆旧建新，会议室、娱乐活动室、图书室、电脑室、妇检室配套，方便群众开展各项活动。

四、社会事业

教育

1972年8月，农场利用原茶培场旧房舍开办东山峰农场职工子弟学校，有教师15名，学生213名。其中初中班2个，学生58名；小学班6个，学生155名。1973年，增加初中班1个，学生30名；小学学生增加到371名。还在杨柳、粟坪、板桥、南山、北山等农业集体大队开办小学11所，班级21个。1977年9月，农场职工子弟普通中学在总场落成开学，招收学生340名。设立高中班2个，初中班8个。教职工45人。后高中班增加到4个。县内其他乡镇的学生也到东山峰就读的。1986年高中班撤销。1988年开办职业高中班2个。同时利用农场工会俱乐部开办幼儿园。1990年，农场中学只设初中班。2002年，撤销中学，初中合并到壶瓶山中学；小学迁到原中学校区，设9个班，有学生341名，教职工37名。2003年7月，农场子弟学校更名为南镇乡中心小学东山峰教学点，有学生32名、教师3名。原农场子弟学校的37名教职工中，16名由县教育局安排到各乡镇学校及其他部门，14名由管理区安排到机关上班，7名休岗由农场给予生活补贴。2014年9月，投资907万元建成南洋职工培训学校，设1个班，招录学生35人。

文化体育

1972年6月至1984年12月，农场工会组建毛泽东思想宣传队和电影放映队，巡回到分场、农业队、工商单位演出。经常组织篮球、排球、乒乓球、羽毛球等文体活动比赛。1998年，建起内部有线电视台，包括周边乡镇村民共有用户713户、805台电视机。2004年，并入县广播电视网，设立东山峰管理区广播电视管理站。2012年3月，南山1片组建民间管弦乐队，单位、个人重大活动都请乐队到场搞庆典。管理区每年组织篮球比赛活动。2011年9月，篮球队参加全县职工运动会，获农、林场赛组第2名。

医疗卫生

农场组建初期，医院设在农户家中，每个农业队都培训有赤脚医生，进行简单的治疗服务。1975 年 5 月，在总场附近修建 530 平方米窑洞式混凝土结构的职工医院，设病床 30 张，有医护人员 25 人，其中主治医生 9 人。1990 年，新建 3 层 1400 多平方米医院大楼，设病床 40 张，医护人员 28 人，其中，主治医生 11 人。1995 年开始，部分医护人员找了新单位，至 2014 年医护人员余下 9 人。农场改制后职工医院申报区卫生院未获批准，医护人员工资费用由管理区承担一部分。

社会保障

1990 年农场职工 1778 人。2014 年，管理区离退休职工 1475 人，全年发放养老金 1903 万元。参加养老保险 748 人，缴纳保费 428 万元。城镇医疗保险参保 826 人，缴纳医保费 63 万元，新型农村合作医疗参保 1497 户，3642 人。全年再就业 70 人。农村最低生活保障 109 户，170 人，发放保障金 18.8 万元；城镇最低生活保障 200 户，378 人，发放保障金 81.8 万元。修建廉租房 4 栋 8000 平方米，困难户入住率达 100%。

五、特色地情

纪念地、纪念设施

石门县苏维埃政府成立地遗址——泥二垭 遗址位于东山峰管理区境内。民国 18 年(1929)8 月，在红四军的帮助下，石门县委在泥沙区的泥二垭成立了石门县苏维埃政府。由刘树勋任主席，汪毅夫任军事委员，杨汝南任财政经理，毛桂香任妇女主任，白硕庸任秘书。

贺锦斋烈士纪念碑 位于东山峰管理区枫香坡村，石清公路左侧。贺锦斋烈士纪念碑于 1984 年 1 月 8 日修建。2011 年 12 月扩建，建筑面积达 120 平方米，总投资 5 万元。贺锦斋烈士纪念碑于 1988 年 1 月被湖南省人民政府公布为湖南省重点烈士建筑物保护单位。2001 年 12 月，被常德市委宣传部公布为常德市爱国主义教育基地。

贺锦斋烈士殉难地——丝茅岭战斗遗址 位于壶瓶山镇枫香坡村。2013年5月7日,贺锦斋烈士殉难地被常德市政府公布为市级文物保护单位。

风景名胜

瞭望塔 建在海拔1500多米的东山峰主峰山顶,登塔四周山峦尽收眼底。架起望远镜可观山峰、溪流、林海、茶园、村镇、云海等景观。

高山水库 建在海拔1450米高的山坳中,蓄水量120万立方米。水淹山涧20余条,面积501亩。水库大坝高68米,长70余米。坝底宽34米,坝顶宽4.6米。是垂钓、划船、休闲的清净场所。

名优特产

东山秀峰茶叶 东山秀峰形扁挺直,色泽翠绿,宛如秀丽山峰,汤色浅绿明亮,嫩香高长,滋味鲜爽回甘,叶底嫩绿明净。制作原料来自于海拔1200多米高的东山峰优质茶园基地,其采摘精细、制作精湛。采摘一芽一叶初展的鲜叶为原料,经过摊青、杀青、揉捻、理条、整形、提毫、木炭烘焙等工艺过程精制而成。1987年10月,东山秀峰茶叶首次参加湖南省食品工业办“芙蓉奖”评选活动,获“芙蓉奖”。1988年,参加农业部举办的部优产品评选活动,获部优产品证书。1990年,东山秀峰在全国优质产品评比中以总分第一,获国家质量银质奖,被授予“中国公认品牌产品”称号,农业部批准为全国首批茶叶“绿色食品”。1991年,获湖南省名茶杯金奖。1991-1994年,东山秀峰茶以其独特的品质,连续保持湖南省名茶称号。1995年,在湖南省新产品、新技术会议上,摘取“双新”产品金杯奖。2005年9月,在国际茶业大会暨茶叶展览会名茶评比中,东山秀峰再次获得金奖。2005年12月,东山秀峰茶被评为“湖南十大名茶”。2006年,东山秀峰被外交部、商务部批准作为中国茶叶行业赠送俄罗斯总统普京的礼品茶之一,并受到中国土畜食品商会茶叶分会的表彰。2012年,东山秀峰健谊牌绿茶获第十届中国国际农交会金奖。

悍酒 以玉米、高粱、大米为原料,配鹿茸、鹿鞭、鹿血、鹿筋、鹿骨、鹿胎膏、冬虫夏草、锁阳、人参、枸杞等10多种名贵中药材泡制而成。

微菜干 又称猫儿蕨。每年3月-4月,人工在山坳、溪沟、岩坡采摘,经过择选、烫煮、揉捻、晒干、去末等多道工序而成。鲜干比 11.5：1。外贸收购出口日本、韩国、欧美等国家。

鹿茸 从梅花鹿头上割下来的嫩角，经过多环节加工制作的产品，包括鹿鞭、血、筋、骨、膏等，是滋阴壮阳、强身提神的高级药材。

猕猴桃 通过人工培育品种与野生苗木嫁接，结的果实具有色、香、味、形等突出的特点。猕猴桃新品种“东山峰 79-09”，1982 年 10 月，在全省第一次猕猴桃鉴评会上，名列全省参评的 19 个优株中的第一名，被列入首批参加全国人工栽培猕猴桃科技攻关 8 大优株之一。由于该品种果大、品质好，深受消费者喜爱，在广州等地取代从新西兰进口的猕猴桃。2000 年 10 月，通过省级鉴定，被列入全省猕猴桃优质品种系列。同年 12 月，获湖南农业大学授予的猕猴桃优质沁香品种选优研究科学技术进步一等奖。2001 年 12 月，湖南省人民政府授予猕猴桃优质品种选育研究科学技术进步三等奖。2005 年 4 月，农场技术人员王与道退休后，受广东省农科院高级研究员林太宏邀请，继续进行猕猴桃实生育种研究。从 2008 年开始，经过 8 年潜心培育与研究，先后研发成功粤农科 21 号、东山峰 23 号、24 号、29 号、33 号、38 号等

广东省农业科学院果树研究所专家与王与道(右二)对猕猴桃品种进行研究

东山峰猕猴桃　东山峰管理区提供

品种,2015 年 10 月,他将研发出来的品种,送广东省农业科学院果树研究所检测,其技术指标参数在全国同类产品中占据首位,研培出来的东山峰 23 号、24 号、38 号等 4 个植株,被广东省农科院研究员林太宏称为“四大王牌”“天赐珍果”。特别是 38 号品种可溶性固形物达 19.1%,酸 1.07 克/100 毫升,维生素 C139.1 毫克 / 100 毫升,还原糖 7.64 克/100 毫升,蔗糖 5.03 克 / 毫升,全糖 12.67 克 / 毫升。香甜可口,像吃葡萄一样。

重大事件

1990 年 9 月,东山秀峰茶获全国绿茶质量评比总分第一名和银奖(未设金奖)。

1991 年 8 月,中共湖南省委书记熊清泉到东山峰农场调研。

1993 年 7 月,全国人大常委会副委员长廖汉生到东山峰农场视察。

1993 年 8 月,湖南省省长陈邦柱到东山峰农场考察。

2005 年 11 月,农业部授牌明确东山峰管理区为“无公害农产品示范基地”。

2011 年 1 月,东山峰管理区遭受特大冰冻灾害,冻毁茶园 5050 亩,直接损失 3000 多万元。

2012 年,东山峰管理区获“湖南省生态乡镇”称号。

2013 年 9 月 26 日,东山峰农产品(茶叶)质量追溯项目顺利通过农业部专家组的验收。

2014 年 10 月 16-20 日,湖南省委农村工作部、省农业委员会、省供销合作总社、省扶贫办、省中小企业局、湖南日报社联合主办 2014(第六届)湖南茶业博览会,授予东山峰管理区“湖南茶叶十佳旅游休闲示范基地”称号。

湖南石门夹山国家森林公园

★国家 AAAA 景区

★全国重点文物保护单位

★国际生态休闲景区

一、区域概况

地理位置

夹山国家森林公园位于石门县城东南13千米，地处北纬29°34′，东经110°29′。东南抵临澧县杉板乡，西南连接夹山镇，北与二都乡接壤，因境内“东西双峰对峙、南北一道中通”而得名“夹山”。公园管理机构(湖南石门夹山国家森林公园管理处)驻地夹山村居委会，距石门县人民政府驻地13千米。

建置沿革

唐咸通十一年(870)，朝廷御派高僧善会和尚到此开山建寺，初名“普慈寺”。至宋迄元，历有高僧主持和增修，使庙宇屡添宏伟，有“三朝御修”之誉，并改名为“夹山灵泉禅院”。

夹山景区灵泉禅院航拍图
夹山国家森林公园管理处提供

宋政和元年(1111)圆悟禅师应宰相张高英居士之邀在此传经授徒10年。夹山寺历经千年，屡度兴废，由于其在汉传佛教文化历史上的特殊地位，1958年被湖南省人民政府公布为重点文物保护单位。

1985年9月25日，湖南省石门县夹山国家森林公园管理处成立，下辖夹山寺居委会。1993年，被林业部批准为国家森林公园。1994年，被林业部确定为全国20家森林公园示范园。2006年8月31日，经国家林业局批准，夹山森林公园成为首批获得中国国家森林公园专用标志使用授权的国家级森林公园。至2014年未变。

公园规划面积2.295万亩,现经营面积1.11万亩,森林覆盖率96%以上。

人口民族

2013年,有284户1019人,其中男性506人,占人口总数的49.66%,汉族人口855人,土家族164人。

自然环境

夹山地处武陵山系东翼十九峰山脉,属低山丘陵地貌。园内最高海拔401.8米,最低海拔56.7米(张家纸棚),相对高差345.1米,整个山脉由东向西逐渐升高,形成峰谷相间的低山丘陵地貌,东西长15.37千米,南北宽3.6千米,地势波状起伏,地形奇特,具有较高观赏价值的地貌景观。

夹山景区桃花山景点　夹山国家森林公园管理处提供

夹山属中亚热带向北亚热带过渡的季风湿润气候,年平均气温16.7摄氏度,1月平均气温4.9摄氏度,7月平均气温28.5摄氏度,极端最高气温40.9摄氏度,极端最低气温零下13摄氏度,年降雨量1367.1毫米,年平均日照时数1656小时,无霜期281天。气候特点是以大陆气候为主,兼有湿润的滨湖气候和潮湿的山地气候特征,四季分明,热量充足,雨水集中,冬暖夏凉,春秋温和。

土壤主要是以石英砂岩风化而形成的红壤,占96.8%,其余为少量面积分布的石灰岩、板页岩、第四纪红色粘土发育的红壤,土层较厚,淋溶作用强烈,肥力中等,pH值4.8~5.5之间,适宜于多种林木的生长。

植被属中亚热带常绿阔叶林北部亚地带、三峡武陵山地栲类润楠林区。但主要为天然针阔混交林和人工栽植的杉木林，其次是人工栽植的湿地松、马尾松、铁坚杉、檫木、柏木和柑橘、板栗、山楂等经济林，园内有木本植物65科204种，主要乔木树种有杉木、湿地松、马尾松、香樟、枫香、檫木、铁尖杉、柏木、柳杉、香椿、麻栎、杜英、板栗、楠竹等；主要灌木树种有杜鹃、化香、盐肤木、油茶、檵木、柃木、白栎、柑橘、茶叶等；主要草本植物有五节芒、海金沙、蕨、铁芒萁、苔藓等。

二、经济发展

1985年，规划新建夹山寺、青嶂岭、佛光岩、紫和峰、黄门湖景区。1992年8月，动工建设夹山寺、青嶂岭、佛光岩景区的30多个景点，开辟碧岩山庄、犀牛沟度假寨、凤凰山庄等旅游服务场所。1993年10月开园，累计接待游客50万人，创旅游收入2500万元。2003–2007年，不断创新经营管理体制，5年实现社会生产总产值6900万元，三产创收1102万元，居民人均收入由2003年的1800元上升到4000元，公园基础设施建设投资2100万元，招商引资投入3005万元。2010年，坚持科学发展观，景区基础设施建设与旅游促销同步推进，旅游人气走旺，全年接待游客3.1万人次，是年创社会生产总产值5000万元。各项建设投资1800万元，居民人均增收600元。2014年，围绕创建国家AAAA级景区建设，全年投入8000万元，成功创建为国家AAAA级景区和国际生态休闲景区。

2014年国际休闲产业协会会长王军(中)考察夹山　夹山国家森林公园管理处提供

三、景区建设

1992年,根据清乾隆澧州知府何璘所述原貌修复重建闯王陵。1993年建成夹山寺、青嶂岭、佛光岩景区的30多个景点,开辟碧岩山庄、犀牛沟度假寨、凤凰山庄等旅游服务场所。2003年,探索“政府主导,市场运作”新模式,3月1日,将旅游景点以4800万元的价格委托给湖南凤凰古城有限责任公司经营。配合旅游公司投入2000万元对闯王陵纪念馆进行维修,配合寺庙僧人筹款1000多万元,修建灵泉宝塔、念佛堂、居士楼等设施。2010年,投入资金2100万元维修配套寺庙设施和广场征地拆迁工作。2013-2014年,全力打造国家AAAA级景区,编制“中国禅茶之都——夹山境”全案策划和修编旅游总体规划。对禅茶文化广场和夹山国家AAAA级旅游景区全面展开建设。完成庙前广场等重点项目征地拆迁。完成桃花山景区、碧岩湖游乐、碧岩廊彩绘、青嶂岭“天路”、药王殿、环紫和寺游道、农业综合开发、夹山水库美化整修、“巾帼樱花林”、中幼林抚育等10项基础设施或项目建设。先后投入1500余万元,推进农贸市场建设和禅茶园水土保持等项目建设。为保护文化遗产,成功申报全国重点文物保护单位,筹备千年国际茶禅论坛,发起成立湖南茶禅文化研究会,致力于《夹山三禅》等夹山文化旅游丛书编辑,恢复圆悟祖师千年“碧岩讲堂”。开展招商引资,引进常德兴业管道燃气公司,投入资金90万元建禅茶石亭和碧岩屋。

夹山景区禅茶广场　夹山国家森林公园管理处提供

四、景点名胜

灵泉禅院 夹山灵泉禅院俗称夹山寺，占地50余亩，寺院内有山门殿、南清池、钟鼓二楼、天王殿、大雄宝殿、大悲殿、法堂、金殿、闯王迷秘宫、灵泉宝塔、斋堂、寺院古树群落景观。

闯王陵 位于夹山寺西侧山坡坞形地，坐西向东占地30亩，是明末清初农民起义领袖闯王李自成兵败后化名奉天玉禅隐夹山寺圆寂后的安葬地。陵园内有陵卫、李自成禅隐夹山纪念馆、永昌池、大顺桥、紫石牌坊、神道、石相生、陵寝、野拂塔、明楼、碑刻长廊等景观。

灵泉禅院　夹山国家森林公园管理处提供

闯王陵　夹山国家森林公园管理处提供

洗墨池 是高僧奇士写诗作画清洗笔墨的地方，故名洗墨池。李自成在此曾经写了这样的一首诗：“满不满，清不清，一齐反，得太平。”

玉玺井 传说当年李自成攻进北京城，得玉玺后带到了夹山寺，本来是想谋东山再起之后再用这个印的，没有想到大势已去，有心杀敌却无力回天了，一气之下把玉玺扔进了这个井里面，因而得名玉玺井。

碧岩泉 位于夹山寺西南1千米处，因两眼泉水从五座石峰下汩汩流出而得名。唐咸通十一年(870)，高僧善会到石门夹山，创立夹山灵泉禅

碧岩泉 夹山国家森林公园管理处提供

院。善会和尚饮茶坐禅，悟出了“猿抱子归青嶂岭，鸟衔花落碧岩泉”的“夹山境地”，成为唐、五代禅宗中最富有代表性和典范意义的茶禅机缘、茶禅境界，以致历代禅林又称夹山为“碧岩”。碧岩泉风景区以碧岩泉为中心，由碧岩溪、碧岩桥、碧岩池、碧岩湖、碧岩亭、碧岩洞、碧岩茶园、碧岩广场、碧岩摩崖石刻等景点组成。游人在这里品茶悟禅，可以体会到一种清寂明净、纯洁秀美、无拘无束、自由自在的“茶禅一味”境界。

五、李自成禅隐夹山说

李自成兵败后，其归宿一直是个未解之谜。主要有两说：一说是在顺治二年(1645)清军攻破潼关，李自成经襄阳入湖北，试图与武昌的明朝总兵左良玉联合抗清，左良玉东进南京去南明朝廷“清君侧”，征讨马士英的途中病死。4月，李自成入武昌，但被清军一击即溃。5月，在江西再败，后在湖北通山县南九宫山被忠于明朝的地方武装杀死，年仅39岁。二说李自成用金蝉脱壳之计，到了石门夹山寺隐居为僧，直到69岁时圆寂。这种说法是依据1981年夹山寺发掘奉天玉和尚墓出土的许多文物，与当地流传李自成出家为僧的一些故事极为吻合。专家们又根据出土的碑石、墓砖上有关文字、图案等，推断出与陕北的风俗习惯有关，认为奉天玉和尚极有可能是李自成。

李自成兵败后，究竟死于何时何地至今还是个谜。从清顺治二年(1645)至今，300年来，翻开所有官私文乘、文录、谱牒、方志及野史，都找不到确切的说法。归纳起来有八种传说：一说死于黔阳罗公山，二说死于辰州九宫山，三说死于通城九宫山，四说死于通山九宫山，五说死于广西峡山，六说死于平阳，七说死于宜嶂莽山，八说死于禅隐湖南石门夹山寺。鉴于这种情况，在陕西米脂的李自成行宫纪念馆中，暂以九宫山遇害和夹山寺禅隐两说并存展出。

六、重大事件

1983 年 6 月，日本国驹泽大学佛教瞻仰团一行 14 人，参拜夹山灵泉寺。

1993 年 4 月 10 日，全国人大常委会原副委员长廖汉生在省人大常委会副主任吴运昌、市委书记庞道沐、县委书记翟笃培陪同下访问夹山。

1995 年 3 月 26 日，中共中央总书记、国家主席、中央军委主席江泽民在省委书记王茂林陪同下视察闯王陵。

1995 年 3 月 26 日，中共中央总书记、国家主席、中央军委主席江泽民视察闯王陵。　　夹山国家森林公园管理处提供

1996 年 6 月 10 日，中共中央政治局委员、国务委员李铁映在省委副书记储波陪同下视察夹山。

1996 年 10 月 22 日，全国政协副主席钱正英在省政协主席刘正、副省长庞道沐陪同下视察夹山国家森林公园。

1996 年，闯王陵园被湖南省人民政府公布为湖南省省级文物保护单位。

1998 年，被湖南省旅游局评为湖南省最佳景区（点）。

1999 年，被湖南省人民政府批准为湖南省重点宗教活动场所。

2002 年，被国家旅游局评为 AAA 级景区。

2013 年，被列入第七批全国重点文物保护单位。

2014 年，被评为中国 AAAA 级旅游区。

白云山国有林场

★中国茶叶学会茶叶科技示范基地。

★国家级生态乡镇

一、区域概况

地理位置

白云山林场位于县境西北部，东抵皂市镇，西接维新镇，南邻白云乡，北连皂市水库风景区。地理坐标：北纬 29°30′，东经 110°31′，海拔 180~925 米，林场场部驻北山村，距石门县人民政府驻地 40 千米。

建置沿革

白云山原属白云桥乡，1958 年建林场，称湖南省白云山国营林场。1996 年改称云龙观国有林场。2000 年改为白云山国有林场。是一个具有行政职能的事业单位。辖金环、北山两个行政村。

区划面积

林场总面积 3.2 万亩，其中林业用地 2.8 万亩；有松、杉等用材林 5000 亩；杜仲、厚朴、黄柏等药材林 2000 亩；核桃、板栗等干果林 1000 亩；竹林 200 亩；有机茶园 3000 亩；柑橘 800 亩；油茶 3000 亩；其他特种用材林 1.5 万亩。

自然环境

白云山属武陵山脉北支太青山脉东部余脉，其母岩以石灰岩为主，间有砂岩、页岩构造，属石灰岩山地地貌。自西向东依次有苦麻山、太平山、云龙观、王家凸、金环洞大凸、何家大凸、木头盖、鹞儿岩等主要山峰绵延，自西向东，逐渐降低，形成峰谷相间的孤立山脉上的中山群山开阔区，境内最低海拔 180 米（西部花子洞），最高海拔 925 米（中

白云山国有林场茶叶基地　白云山国有林场提供

部太平山),东西长15.5千米,南北宽2.5千米。

白云山地处中亚热带向北亚热带过渡的季风湿润气候区,冬夏较长,春秋稍短,四季分明。年平均气温15.5摄氏度,1月平均气温3.4摄氏度,7月平均气温27.3摄氏度,极端低温零下14摄氏度,极端高温40摄氏度。日照1600小时。降水量1396毫米,6月份最多达250毫米,12月最少, 仅30毫米。无霜期265天。由于群山环抱,林木茂盛,境内夏无酷暑,冬无严寒,雨无洪涝,晴无干旱,气候温暖湿润,环境舒适。

植被有地带性植被常绿阔叶林,垂直地带性植被常绿、落叶阔叶混交林、落叶阔叶林、松杉混交林、杉木林、松木林,生长木本植物174种,分属57科,116属,其中乔木85种,灌木74种,木质藤本12种,竹类4种。乡土植物中,受国家一级保护的有银杏、钟萼木等;二级保护的鹅掌楸、朴树、凹叶厚朴、厚朴、香樟、喜树、榉木、红椿等。兰科植物有15种。列入中国珍稀濒危红皮书的植物有银杏、鹅掌楸、红椿、厚朴、凹叶厚朴、杜仲等。林地总面积2.799万亩,森林总蓄积4.7万立方米,森林覆盖率92%。

野生动物有洞栖、树栖、地栖野猪、果子狸、穿山甲、松鼠、毛猴、红腹锦鸡、红腹角雉、杜鹃、山斑鸠、画眉、红嘴相思、竹鸡、家燕、大山雀、刺猬、野猪等。

人口民族

2013年,全场有244户593人,其中男性320人,占全场总人数的53.96%,人口以土家族为主,有310人,占总人数的52.28%,其次为汉族282人,哈尼族1人。

二、经济发展

经济综述

1993年开始,林场调整产业结构,大力发展茶叶生产,1999年,以来采取“封山育林,以茶养林”的经营方针,不采伐木材,大力发展有机茶生产,建设生态公益型林场。2010年,实现总产值3850万元,农民人均纯收入3611元。2014年,改造茶园469.95亩,种植无性系良种茶苗8万株;投资50万元扩建红茶生产线。全年实现总产值2500万元，其中有机茶生产值850万元。职工人均年收入3.5万元，农民人均纯收入3800元。

农业

茶叶 1992年开始，林场调整产业结构，大力发展茶叶生产，建立经营管理规范、生产工艺先进、检测手段完备、茶叶质量稳定的生产经营体系，使冠云春芽、白云银毫王、白云银毫、石门银峰、白云毛尖、白云绿茶、白云白茶、白云黑茶、白云红茶等茶产品先后荣获国内外名优茶评比17项金奖。注册商标“冠云”和“白云山”品牌，先后17次获国际文化名茶金奖、国家质量奖和部、省级金奖，并获得湖南省名牌产品、湖南省著名商标等荣誉称号，获国家发明专利10项，县科技进步奖3项。从2000年起，连续10年获得OFDC、CERES、NOP、JAS标准有机认证，并通过ISO 9000质量管理和ISO 22000食品安全管理体系认证，成为湖南省林业产业化龙头企业、常德市农业产业化龙头企业、湖南省有机茶出口基地、石门县出品食品(农产品)质量安全示范基地、中国茶叶学会茶叶科技示范基地。

湖南省茶叶研究所专家到白云山林场考察有机茶园　白云山林场提供

茶叶清洁化生产线　白云山林场提供

旅游业

美国茶商到白云山林场考察　白云山林场提供

2010年，充分利用本地资源开发旅游产业，3月，被湖南省环境保护厅评为“环境优美林场”。7月，常德市政府批准建立“常德市白云山森林公园”。全年接待来自瑞士、德国、俄罗斯、日本等地的参观游客15批81人次。2014年，加大旅游综合服务中心、茶园体验、农家乐等项目建设，投入资金100多万元，装修聚云楼，修建观云亭、观景台、诗词墙。8月，通过常德市五星级乡村旅游区验收。

三、基础设施

交通运输

2014年，从场部至省道S303线8.4千米道路全面硬化；场部至北山村6千米村道及金环村2.8千米村道全面硬化。

供电供水

2010–2014年，建成高压专线进场。建有日供水能力300立方米的自来水厂，满足1200多人的安全饮用水、农业生产用水及茶园抗旱用水需要。

四、特色地情

风景名胜

天坑群　白云山属石灰岩发育土壤，地下溶洞较多，造成表土陷落，形成天坑群。白云山共有大小不等的天坑100余个，大的天坑深约80~100米，宽约50米。四面绝壁环绕，斜坡绿树。坑中心可通洞底，直达地下溶洞。坑内有地下河，

每逢雨季，洞内地下河便有水流出。

金环洞 位于金环村南侧的半山壁上。洞内宽阔，石笋密布。因地下泉水温度高于地表环境温度，洞中常有水雾喷出，在日光映照下，形成七彩光环，景象万千，故称金环洞。

云龙观 位于白云山顶峰，兴于唐，盛于清初，因山顶常年云缠雾绕，群山隐隐，形似巨龙起舞，故称“云龙观”。云龙观占地50余亩。明末农民领袖李自成兵败禅隐夹山时，有一部分军士选择做了道士，居云龙观，时常周游四方，刺探军情，以图协助“闯王”东山再起。云龙观在“文化大革命”时期被毁，今仅存遗址。

文化

白云山赋 峨然于天者，白云美其名，羽然于衣者，银毫为其魂。翘越南楚，俯接洞庭，北出荆襄之郡，南下武陵之城。龙气腾腾直贯九霄，蟾宫皎皎铺湖而照，林其莽莽，隐上古之孑遗，雾其霭霭，笼仙台之阿娇。

西坡茶圃，简饰奇纹，绿阪斜铺，龙现爪鳞。石牛耕坡，始得厚壤，谷雨细滋，枪旗奋英。纤指轻撷，弹玉屑而罔顾，朱唇乍启，兴茶歌而忘形。坊间磨响，香溢兰草之洲，罗筛数抖，商奔茶马古道。柳杉轻笼，茶香之亭，瑶池近依，茶桌数樽。醴陵之瓷，接黑炉之沸水，金环之泉，冲玉皿之春芽。翠叶轻舒，奇香漫溢。酥手频添，解陆羽之茶经，百鸟吵山，惭孔明之瑶琴。

草树相掩，云龙之观，霞雾相参，鱼蛇之玩。墟废道教，点树即可得仙，临湖思鱼，抚石可得佳篇。择祥云而挂碧树，拾断砖而认前缘。厌倦红尘，此中当有药解，淡出功名，个里方许清谈。

仙女岩畔，蓝花红籽，二台前，白浪银滩。湖岛如螺，舫舟如鸦。八佛之山，北屏风雨，渫阳之湖，坐得云天。留客有松，况有嘉藤牵扯，颂歌有鸟，且得松籁其伴。极目山河，尽是悦目赏心，遍拍青岩，无非思古幽情。

星斗之坡，天赐三坑。如碓如锅，舂炒千年之茶，如文如谶，欲泄苍天之机。或茶或松，掩地府之幽关，承风承雨，顺自然之法门。造化之奇，不知始于何代，济世之深，不啻仅于神农。

鹅楸相望，喜有人家。汲清泉而得饮，伐香木而得薪，择霜茶而得油，掬兰草而得花。叟童东墙择豆，妇孺西塘剖瓜。风拂堂前灯笼，犬护庭前鸡鸭。八仙桌上，玉米且佐佳肴，木囤之内，新茶且压旧麻。明灯一盏，静照林中瓦舍，野史半宿，多怜别村黄花。叟方咳咳，童却哈哈，此乐谁属，只此仙家。

拾药园之厚朴，曲卷米粑，觅湖畔之岩蛙，欲赐烟霞。斜径有竹，仙家应驻此地，乱石护花，荫浓自成天涯。嗟乎白云之深，藏锦绣不知几许，观中问茶，知方外亦有奇葩。晴雨有时，遇盛世而展鸿图，金石之辩，待高人以会碧崖。

白云银毫记茶倚山而生发，山借茶而传名，茶山互为依托，犹山水迭相凭恃。二者殊途同归，“白云银毫”可谓兼之矣。

清同治《石门县志》载，白云山“孤峰矗立，形如旗帜，常有白云笼罩。山顶有祖师殿、观音阁、文昌阁，又有龙头岩、人面石、马鬃岭诸胜迹。产兰蕙，香闻数里。”观其形胜，逶迤奇秀，卓尔不群，渫水流其北，兰溪潺其南，两流相汇，注入澧水。学者有云，屈原《湘夫人》所咏“沅有芷兮澧有兰，思公子兮未敢言”，即咏此也。

20世纪90年代，白云山国有林场场长覃事洋率山民筚路蓝缕，开山植茶。其后，有施建平、屈省武、黄安凯众场长履职从事，专注茶业。至2009年，茶园面积增至千余亩。建园伊始，茶场严禁使用高毒高残农药，杜绝化学肥料、化学除草剂及生长调节剂，广泛施用枯饼、人畜粪便等有机肥料，采用鸟类、蜘蛛等生物链条治虫、电子频振灯诱虫、人工捉虫等生态举措。可谓生物治虫无污染，有机肥料壮内质。自1999年以来，已连续10年获欧盟生态研究所有机茶认证。遍考中国各地茶园，无有望其项背、追其风骨者。

清明时节，春回白云，鹰嘴雀舌，绿闹茶山。徜徉白云山中，穿行茶道上，但见茶园四周，百年松林，如道道绿色屏障，隔尘绝世；茶树丛中，参天柳杉，似张张绿色蛛网，守园护叶。清风徐来，沙沙作响；白云飞度，茫茫无涯。百鸟啼鸣，宛然《春之圆舞》；茶歌悠远，尽是流水高山。登顶眺望，但见垄垄茶园，层层叠叠，蜒蜒蜿蜿，恰似苍龙翔舞，又如绿浪翻腾；簇簇嫩芽，油油绿绿，尖尖圆圆，宛若银针出蕊，有如碧峰争春。词人情满而作赋，游人兴尽而忘返。世外桃源，乃陶渊

明之梦境；白云茶山，诚芸芸众生之蓬莱。

雨过天晴，风和日丽，正是土家少女，采茶之时。且看柔荑之手，上下翻飞；又见片片嫩叶，跃入茶篮。摊青杀青、摊凉揉捻，炒青复揉、复烘做形……十年打造谋一叶，千揉百炒名茶生。但见那“白云银毫”条索紧秀，色泽绿润，白毫披露，匀称秀美。注水杯中，汤色清澈明亮，叶底嫩绿明净，恰似游鱼戏水，又如雀舌鸣春。嗅一嗅，栗香扑鼻；啜一口，齿颊互芬。真个是头泡香高，二泡味浓，三泡四泡，余味无穷。“白云银毫”有机茶创制命名以来，已先后获湘茶杯、中绿杯、农博会、国际名茶评比（纽约）金奖。产品饮誉欧盟，声名远播五洲。有诗为证：“云缠雾绕白云山，有机茶园非一般。兰馨蕙馥出名品，白云银毫香九天。”

重大事件

2009 年 11 月 23 日，省政协原副主席、省旅游学会会长游碧竹到白云山国有林场考察生态旅游，县委常委、县委办主任胡元琴陪同考察。

2010 年 1 月，“冠云”牌白云银毫系列有机茶获评“湖南省名牌产品”。

2010 年 7 月，白云山林场有机茶协会被评为“全国优秀有机茶协会”。

2010 年 7 月，“冠云”牌白云绿茶荣获中国茶叶学会首届“国饮杯”一等奖。

大同山国有林场

一、区域概况

地理位置

大同山国有林场位于县境中部山区，东抵三圣乡，南接维新镇，北与太平镇接壤，西至峡峪河，地处北纬29°49′18″，东经111°06′18″。场区驻安乐村，距石门县人民政府驻地70千米。

建置沿革

1958年2月，大同山国有林场划分为3个工区（凤凰工区、安乐工区、黄金工区），隶属常德地区林业局管辖，正处级编制。1959年，定名石门县大同山农林垦殖场。1962年9月，改名为国营湖南省石门县大同山林场。1985年降为副科级，改名为石门县大同山国营林场，为差额拨款事业单位，归石门县林业局管辖。1997年12月，再次改名为石门县大同山国有林场，至2014年未变。

区划面积

林场下辖胜利、安乐2个行政村12个村民小组。1954-1955年，又先后划建阴湾村、太平村。1954年建人民公社，阴湾村、太平村由维新人民公社管辖。1956年阴湾村、太平村合并为双胜大队。1958年，建国营林场。1960年，由国有大同

大同山国有林场　大同山国有林场提供

山林场代管。1962 年,双胜大队又分为胜利区和太平区。1966 年,两个村合并成胜利村。

安乐村是由原手巾坡村和原安乐村合并而成。手巾坡村原属维新镇杨木坪村一村民小组,因地处偏僻,不利于管理,于 1982 年经时任县委副书记伍贡支亲自协调,将其划归大同山林场管辖,因有一地名为“手巾坡”而取名手巾坡村。2006 年,全县调整行政区划,手巾坡村与安乐村合并为安乐村。至 2014 年未变。

全场土地总面积 3.1620 万亩, 其中: 林业用地 2.5233 万亩, 占总面积的 79.8%,非林地面积 6389 亩,占总面积的 20.2%。林地面积中的森林 1.7013 万亩(其中针叶林 1.4032 万亩、阔叶林 2961 亩、针阔混交林 19.5 亩);疏林地面积 1817 亩,灌木林地面积 6302 亩(其中国规灌 3728 亩、其他灌木 2574 亩)。全场森林覆盖率 78.1%。

国有部分总面积 2.2650 万亩,占总面积的 71.6%,其中林地面积 2.2649 万亩,非林地面积 1.5 亩。林地面积中,森林 1.5399 万亩,疏林地面积 1781 亩,灌木林地面积 5405 亩。

集体部分总面积 1892 亩,其中林地面积 1800 亩,非林地面积 91.5 亩。林地面积中森林面积 1116 亩;疏林地面积 36 亩,灌林木地面积 648 亩。个人部分总面积 7079 亩,其中林地面积 784.5 亩, 非林地面积 6294 亩。林地面积中森林面积 535.5 亩,灌木林地 249 亩。

人口民族

2014 年,林场下辖胜利村、安乐村,居民户 428 户 1537 人,其中农业人口 1291 人,非农业人口 246 人,人口以土家族为主,有 1476 人,占总人口的 96%。其次为汉族 47 人,回族 2 人,苗族 2 人,壮族 10 人。

自然环境

林场由东南向西北逐渐升高,形成峰谷相间的中低群山开阔区,境内最低海拔 224 米,最高海拔 935.2 米,东西相距 7.89 千米,南北相距 5.4 千米。林场地处中亚热带向北亚热带过渡的季风湿润气候区, 年平均气温 15.1 摄氏度,1 月平均气温 3.2 摄氏度,7 月平均气温 26.3 摄氏度。最低气温零下 14 摄氏度,大于或等于10度的活动积温为4413.7度，日照1590.2小时，年降雨量1545.6毫米，6月份降雨最高达220毫米，12月份最少仅23毫米，无霜期267天，初霜期为11月下旬，终霜期为3月上旬。境内峰谷相间、林木葱茏、四季青翠，属中亚热带常绿阔叶林武陵山地栲类润楠林区，森林植被资源丰富，主要植被群落有马尾松、杉木、常绿阔叶树灌木、草本等。经过调查，主要木本植物有378种，分属80科182属，其中乔木183种、灌木142种、木质藤本51种、竹类2种，其中药用类167种，有二级保护树种4种(香果树、杜仲、鹅掌楸、银杏)，三级保护树种6种(桢楠、白梓树、厚朴、凹叶厚朴、檫木、五味子)，草本植物更丰富。林场曾先后荣获“省级生态乡镇”“市级卫生村镇”。境内珍稀野生动物有果子狸、麂子、野猪、刺猬、五步蛇等20余种，大部分动物种类是国家和省级重点保护野生动物。

境内大部面积属石灰岩成土母质，有小面积扳页岩分布，土壤主要为山地黄壤和红色石灰土两大类，由于多系石灰岩发育的土壤，肥力多属中等肥沃型，氮磷含量不高。

二、经济发展

经济综述

林场建场之初，由于当时人员少，面积小，仅从事林木育苗和扩场等筹建工作，基本无经济收入。主要农产品有粮、油、茶、烤烟、果、菜、畜产品等。1995年以来，林场通过大力推进农业产业化、标准化，已基本构筑起优势突出、特色鲜明的农业发展框架，经济已成逐年增长趋势。2001年国民生产总值达290万元，其中农业生产总值225万元。2002年国民生产总值341万元，其中国营部分27万元，农业生产总值314万元。2003年国民生产总产值315万元，国有部分35万元，农业部分280万元。2004年国民生产总值达380万元，国有部分30万元，农业部分350万元。2005年国民生产总值385万元，国有部分30万元，农业部分355万元。2011年完成国民生产总值650万元。国有部分完成产值120万元，其中：林业经营40万元，职工种植、养殖创收30万元，职工外出务工创劳务经济50万元。农业部分完成产值530万元，其中：种植业230万元，养殖业80万元，劳务收入120万元，商业经营100万元。城镇居民可支配收入7268元，农民人均纯收入3137元。2013年完成国民生产总值616.7万元，其中农业63万元，林业41.2万元，建筑业48.9万元，运输业35万元，商业22.9万元，外出务工181.9万元，其他收入223.8万元，人均纯收入达3469元。2014年完成国民生产总值700.2万元，其中，农业77.5万元，林业47.5万元，建筑业76.5万元，运输业70.1万元，商业15万元，外出务工311.5万元，其他经济收入102.1万元，人均纯收入达3885元。

林业

森林蓄积 至2014年，全场活立木蓄积量5.2167万立方米，其中森林蓄积量4.7767万立方米，占总蓄积的91.6%；疏林蓄积4379立方米，占总蓄积的8.4%。四旁树及散生木21立方米。国有部分活立木总蓄积4.2775万立方米，其中森林蓄积3.1452万立方米，疏林蓄积4292立方米。集体部分总蓄积3347立方米，其中森林蓄积3239立方米，疏林蓄积87立方米，四旁树蓄积18立方米，散生木蓄积3立方米。个人部分总蓄积1753立方米。

用材林 至2014年，全场用材林总面积1.8868万亩，活立木蓄积5.2167万立方米，其中杉木林6218亩，蓄积1.3034万立方米，马尾松7881亩，蓄积3.4143万立方米，阔叶林2915亩，蓄积4990立方米，其中竹林面积37.5亩，疏林面积1817亩。

药材 1993-1996年，投资约10万元，建成3000多亩杜仲及500多亩厚朴药材基地。

茶叶

2009年，林场整合国土开发和巩固退耕还林成果两大项目，投资860多万元，新建叶家湾、蔡家坡和粟树凸高标准有机茶基地，总面积达1120亩。2012-2013年，依托产业扶贫项目，先后投入250万元，新建1500平方米茶叶加工厂房以及购置一条自动化、清洁化茶叶加工生产线。蔡家坡基地茶园于2013年开始试采试制，并创立自主茶叶品牌——“大同春”。

三、基础设施

交通运输

1958 年以来，林场依托上级部门国土、扶贫、通畅工程等项目支持，积极筹措资金全力开展道路建设，林场境内基本实现户户通公路。2008–2014 年，投入资金 450 多万元，对林场境内通村、通组公路进行硬化，全面完成组组通水泥路目标，石门县城至太平镇公路纵贯林场南北，人居环境、出行条件得到极大改善。

民生工程

2010–2012 年，投资 1092 万元，建成 178 套职工宿舍房。

2003–2007 年，投资 40 多万元，完成办公楼改造升级工程，改善林场工作环境。

修建蓄水池　大同山国有林场提供

安全饮水

1992 年林场自筹资金 10 多万元，钻地 270 米，建成一口自来水井，修建了 2 个蓄水池，铺设管网 1000 米，解决场部干部职工及周边农户近 500 多人安全饮水难题。2013 年，林场依托安饮工程项目，筹资 130 多万元，完成自来水建设工程，解决林场无水之忧。2008–2014 年，依托烟水工程及安饮工程等项目建设，投资达 1000 多万元，在山崖上开山劈石，从天坑里凿洞引水，在林场境内修建总容量达 1 万余立方米蓄水池 152 座，解决林场境内人民群众用水难题。

集镇建设

大同山集镇一角　大同山国有林场提供

2008 年，林场出资 15 万元，对街道输电线路进行改造，在集镇街道、学校等处安装 30 盏路灯，让林场一跃成了偏远山区的街市。在此基础上，林场对原集材场地基进行拍卖，统一办理土地使用、建房等手续，统一设计房屋外观样式。2009 年动工兴建，至 2014 年，初具规模，集镇上有个体工商户 100 余户经营。

四、社会事业

教育

大同山小学始建于清朝晚期，初为傅氏祖祠所立私塾，民国时期发展为民办公立学堂。民国 32 年(1943)被日军烧毁。1968 年重建，命名为胜利小学，开办 1~5 年级，学生 100 余人。1972 年始办初中，命名大同山林场"五七"中学。1976 年更名为大同山小学。1979 年村办初中取缔停办，学校再次更名为大同山小学，开办 1~6 年级，其间 1977-1979 年办过两届高中。至 2004 年，因生源严重不足，加上教师的异动等多方原因，6 年级集中到维新中心完小。2005 年 5 年级也开始停办。至 2007 年仅有学生 3 名，教师 1 人 。2008 年 4 月因修建皂市水库，维新镇中心学校筹建中，原维新镇完小 150 多名学生临时迁至大同山小学，有 6 个教学班，教师 23 人。2011 年上半年，学校教学楼、食堂经检测定为 D 级危房，不能使用，县教育局决定停办大同山小学，整体迁往维新镇中心学校。后在大同山居民的强烈要求与大同山林场党总支场委会的重视下，大同山小学才得以保留。为了确保安全，林场决定搭建活动板房作为临时校舍。为解决资金短缺问题，村民自发成立协会向社会募捐，村民及外出务工人员踊跃捐款，筹得资金6万多元，加上林场投入资金8万元，解决了学校临时教室、宿舍、食堂及厕所的修建。同年7月，在教育主管部门及县委、县政府的支持下，争取到校安工程国家投资200余万元重建学校。2012年9月，新学校建成并投入使用。至2014年，学校开办有1~6年级教学班6个，教职工17人，学生140余人。

文化体育

2008年1月，林场举办了大同山林场首届农民职工运动会，参赛人员230名。同年12月，举办大同山林场首届农民职工艺术节暨第二届运动会，参演人员96名，运动员150名，演出文艺节目22个，比赛项目11大项，展出书画作品55幅，林场新面貌图片100份。

洛 浦 国 有 林 场

一、区域概况

地理位置

洛浦国有林场位于县境东部，东抵新铺乡黄溪峪，南接新铺乡青狮岭和易家渡镇太子坡村，西邻易家渡镇塘上铺村，北与新铺乡东湾村御驾沟村交界。因其地左右有洛、浦二溪萦绕，并会于寺前，故名为“洛浦寺”。林场场部驻地洛浦村，距石门县人民政府驻地 13 千米。

建置沿革

洛浦寺始建于唐朝，几经兴废，至清朝康熙年间，有和尚野拂到寺主持，扩建寺庙，寺周围山林及田地吸收为庙产。1951 年秋，石门县政府派人到洛浦接受庙产山田。1952 年年初，辟建为林场。6 月，被湖南省农业厅命名为湖南省农业厅洛浦林场。1956 年移交石门县管理，更名为国营湖南省石门县洛浦寺林

洛浦寺千年古银杏树　洛浦国有林场提供

场。1998 年更名为湖南省石门县洛浦国有林场。2010 年经湖南省人民政府批准为省级森林公园。

面积区划

洛浦国有林场下辖洛浦村，13 个村民小组。全场总面积 1.2027 万亩，其中林业用地 9758 亩，经营国有总面积 4983 亩，森林蓄积量 2.0331 万立方米，划定生态公益林面积 8743 亩。

人口民族

2013 年，林场总户数为 233 户，620 人，其中男性 333 人，占全场总人数的 53.70%，人口以汉族为主，有 461 人，占全场总人数的 74.35%，其次为土家族 159 人。

自然环境

林场由南向北依次有南阳山、平风寨、牛角寨、朝阳观、万家脑、杨家脑等主要山峰绵延。境内最高海拔 433.3 米，最低海拔 93 米。属中亚热带向北亚热带过渡的季风湿润气候区，年平均气温 16.8 摄氏度，无霜期 281 天。主要植被有天然林为主的马尾松、常绿落叶樟、栎天然次生林及人工杉木林、柑橘经济林等 4 种。野生动物有麂子、野兔、野猪、獾狸、蛇等 。

二、经济发展

经济综述

2010 年，林场以经济建设为中心，在工业、农业等方面全面规划，狠抓建设，建起 3 家矿业企业，实现产值 2700 万元；狠抓柑橘培管，800 亩柑橘当年创收 200 多万元；修建猪舍 600 平方米，入栏仔猪 300 头，出栏肉猪 200 头。全年完成工农业总产值 3200 万元，其中工业总产值 2700 万元；农业总产值 500 万元。2014 年，林场进一步规范企业经营行为，不断调整农业产业结构，在原有产业的基础上建成核桃苗基地，育苗 1.5 万株，培育珍贵树种 1 万株。全年实现工农业总产值 3000 万元，其中，工业产值 2500 万元，农业产值 500 万元。职工收入达到人均 4 万元，农民人均纯收入 4000 多元。林场跻身全国 500 强。

农业

种植业　2014年,境内种植业以柑橘、玉米、油菜、红薯等农作物为主。柑橘品种为橘橙300亩、早熟蜜橘200亩、迟熟蜜橘200亩。

养殖业　2014年,有3家生猪养殖场,养殖生猪600头,其中出栏500头;养山羊300只;散养鸡3000羽。

林业　20世纪60年代开始造林,90年代实行封山禁伐,拥有林业用地9758亩,森林蓄积量为2.0331万立方米,森林覆盖率达95.8%。有野生、人造木本植物57科170余种,主要有马尾松、樟树、杉木、马零光、黄檀、枫香、刺楸、铁椆、苦槠等树种。森林保护完好,30年无火警火灾、无病虫害、无乱砍滥伐现象。建珍稀树种基地,有猴槠树、梓树、含笑树等珍稀树种200亩。2012-2014年,完成育林护育6000亩。

工业

1983年,开始从事煤炭生产,拥有煤矿1家。1997年,林场组建注册以烟煤生产为主的湖南石门佳林有限责任公司。2005年,林场和公司实行政企分开,公司得到了较快发展,创造了良好的经济效益和社会效益,被评为“全省标准煤矿”。2014年,矿山企业发展到3家,创产值2500万元。

三、基础设施

交通运输

1970年,修建洛浦至青龙公路5千米。2014年,硬化组级公路13千米。环城中巴车每天往返运输。

安全饮水

2014年,从双红水库引水,解决了全场250户1050人安全饮水问题。

四、社会事业

教育文化

2014年,有完小1所,即新铺乡洛浦寺完全小学。新铺乡洛浦寺完全小学创办于 1959 年，学校总占地面积 15000 平方米，绿化面积 7800 平方米，活动场地 3000 平方米，在校生 150 名。此外，电视机入户 250 户，建农家书屋 1 个，文化广场 1 个。

社会保障

至 2014 年，全场 192 人参加养老保险、医疗保险、失业保险，720 人参加农合，350 名农民加入新农保。4 名 90 岁以上老人领取高龄补贴，120 名老人参加意外保险。农村低保增至 40 人，城镇低保 23 人。“五保”4 人，特殊门诊 17 人，重残补贴 5 人。农村危改 50 户，棚户区改造 142 户，扶贫异地搬迁 9 户。为 5 人发大病救助款 3 万元。220 人享受社会养老保险待遇，领取养老金 35 万元。

五、特色地情

风景名胜

洛浦寺　洛浦寺始建于唐，以后各代几经兴废，僧野拂于清顺治九年(1652)冬，由鼎州(今常德)赴夹山，投奉天玉和尚出家，受戒于德山，后于夹山祖塔闭关 3 年，清康熙初年入主洛浦，扩建开堂放戒。寺前有两株千年银杏树，相传为唐代所种。1984 年 5 月，石门县人民政府公布为第一批文物保护单位。

洛浦寺东周遗址　洛浦国有林场提供

重大事件

1951 年 10 月，始建洛浦林场。

1956 年，洛浦林场由湖南省农业厅移交给石门县管理，更名为国营湖南省石门县洛浦寺林场。

1997 年，林场进行国有林场改革试点，全场职工进行身份置换重组。组建湖南石门佳林有限责任公司，实行“两块牌子一套人马”，公司自负盈亏的管理模式。

1999 年 8 月，石门佳林公司抗菌材料厂成立。与中国科学院化工冶金研究所联合开发无银系列、无机抗菌材料，向国家工商局呈报“佳洁乐”商标。

2001 年 2 月，湖南省石门县洛浦国有林场园林绿化中心成立。

秀坪园艺场

★全国柑橘标准化示范区

★中日友好柑橘场

★国家级优质特早熟蜜橘无病毒种苗繁育基地

★全国“美丽乡村”创建试点单位

一、区域概况

地理位置

秀坪园艺场位于县境南部，东西与蒙泉镇白洋湖社区相邻，南北抵夹山镇三板桥社区。石（石门县城）陬（桃源县陬市）公路穿境而过。场部设在孙家岗居民委员会，距石门县人民政府驻地 30 千米。

建置沿革

1975 年 2 月，为解决蒙泉水库移民问题，县委组织劳力 4000 人，在三板人民公社的孙家岗村、四新岗村、肖家岗村开挖梯地 2470 亩，栽植无核蜜橘，建起秀坪园艺场。至 2014 年未变。

区划面积

1975 年建场时辖 10 个行政村（分场）。2008 年 6 月，调整为 5 个村（分场），即：木山村（新世村、六分场、四分场）、鳝鱼村（三分场）、秀山村（二分场、五分场）、肖家岗村（一分场）、洲浒村。2010 年又划分为 10 个村（分场）。至 2014 年，场辖鳝鱼村、肖家岗村、和平村、新世村及六个分场。总面积 1.8 万亩，其中耕地面积 5605 亩。

人口民族

1975 年建场时为 5000 人，2002 年减少到 4371 人，2005 年增加到 4640 人。2013 年人口总数为 3613 人，其中男性 1780 人，占总人口的 49.27%。汉族人口

秀坪柑橘基地　秀坪园艺场提供

2808人，占总人口的77.72%；其他为回族2人，壮族6人，布依族1人，土家族796人。

自然环境

秀坪园艺场为低山丘陵区，东南山脉走向。海拔平均高度为81米。境内平均气温18℃~19℃，常年主导风向为东南风，次主导风向为西北风。多年平均降雨量1391毫米，最多年达2103毫米，最少年为923毫米。全年平均日照时数为1715小时，全年无霜期290天。光热条件好、土地肥沃等自然条件造就了秀坪蜜橘的高品质。1977年1月下旬，特大冰冻，极端低温零下13摄氏度，1.04万亩橘树枝干大多冻死，是年产果量577吨，比上年减产20%。

二、经济发展

经济综述

秀坪园艺场是全国最大的早熟蜜橘生产与出口基地、湖南省引进国外智力成果示范推广基地、湖南省科技成果转化与实践基地、“国家星火计划项目”无公害精品蜜橘出口基地、国家商检局出境水果果园基地，产品获中国湖南第六届（国际）博览会金奖。园艺场被常德市人民政府授予“常德市农业龙头企业”。2008年成为湖南省农业旅游示范点。

1995-2000年，秀坪园艺场充分利用“公司+农户+基地”生产模式，大力开发有机柑橘生产，建起了柑橘无病毒种苗繁育基地，使柑橘果形端庄，整齐，色泽靓丽，果皮细薄，光洁，肉质细嫩、化渣，汁多，酸甜可口，果品畅销加拿大、东南亚和俄罗斯等国际市场。2000年，柑橘面积达4187亩，产量达7690吨。实现工农业总产值1477万元，其中农业总产值1241万元，工业总产值236万元。2005年，园艺场狠抓农林牧副渔全面发展，拥有稻田面积2968亩，实现产量1359吨；柑橘面积增加到4432亩，产量提高到1.8万吨。油料作物面积1658亩，产量240吨。实现工农业总产值3177万元，其中农业总产值2812万元，工业总产值365万元。2010年，狠抓柑橘主导产业发展，柑橘面积增加到8300亩，产量提高到2万吨。成为全国最大柑橘出口基地、湖南省和技成果转化与实验

丰收　秀坪园艺场提供

基地、国家星火计划项目基地、无公害精品蜜橘出口基地。产品获湖南省第六届国际农博会金奖。2014 年，狠抓柑橘“蜜改稀”工程，实施柑橘“蜜改稀”500 亩，在市、县农业局的指导下，对秀山村 4 组的 150 亩橘园建设水肥一体化滴灌工程，提高柑橘糖度 1 个点。全年实现总收入 3673 万元，其中农业收入 2920 万元。

旅游服务

2010 年，秀坪园艺场积极做好乡村旅游经营主体和消费市场的对接，把乡村建设与乡村旅游有机结合，通过发展乡村旅游推动乡村建设，在柑橘主题的基础上继续深入提炼，在完善景区交通系统和服务系统、建设环场自行车绿道、解决生产和旅游的矛盾等方面进行深入研究探讨，成为湖南省乡村旅游示范单

"美丽乡村"秀坪　秀坪园艺场提供

位。是年培训旅游服务人员30人,接待游客5000人,创旅游收入20万元。2014年,结合生态环境和产业特色,以黄牯山、洲浒溪、肖家岗、木山水库、和平水库、杜岗水库等为核心,集中打造观橘亭、赏橘园、垂钓游乐园等景点,将果园变公园。建设一批有浓厚乡土气息的乡村民居,培育农家乐20家,让游客住农家屋、吃农家饭、做农家事。

镇村建设

秀坪园艺场是市、县两级新农村建设示范单位。2010年,园艺场硬化村组道路30千米,建设垃圾池12个,并积极推行"三清五改",村镇面目一新,洲浒溪村被申报为省级卫生村,其他4个村为县级卫生村。2014年,狠抓生态环境建设,按照分散处理和集中排放结合的原则,建设了街道污水处理系统,使107户330人受益。按照红瓦、白墙、花窗、绿地总基调,实施了集镇街道和居住小区房屋立面改造。按照房边、路边、水边都要形成景观的原则,开展了绿化美化工程。同时,在市、县组织、民政部门的指导下,积极推行"3+5"农村社区治理模式,使村民自治和农村经济发展有机结合,成为全国1100个"美丽乡村"创建单位之一、常德市"美丽乡村"示范点。2014年被评为"湖南省文明村镇"。

社会事业

至2014年,秀坪园艺场辖区内有完全小学一所,即石门县夹山镇秀坪完全小学。学校始建于1974年,占地25000平方米,建筑面积3007平方米。生源覆

盖秀坪园艺场及夹山镇的孙家岗、总堆、桂花、中坪等9个行政村。

重大事件

1999年9月8日，石门县人民政府与日本国日中技术交流协会签订5年期友好合作协议，确定秀坪园艺场为“中日友好柑橘场”，二分场为“中日友谊橘园”。

2004年，“国家级优质特早熟蜜橘无病毒种苗繁育基地”落户秀坪园艺场。

2007年1月，中华全国供销合作总社确定秀坪园艺场为“全国柑橘标准化示范区”。

2008年10月，第八届中国(湖南·石门)柑橘节在秀坪园艺场隆重举行。

2010年6月，中国绿色食品协会会长刘连馥到秀坪园艺场考察。

2013年9月，秀坪园艺场秀山村成功申报为“全国巾帼现代农业科技示范基地”。

编 后 记

《石门县乡镇简志》在中共石门县委、石门县政府的重视支持下，在省市地方志工作部门的指导下，经过石门县地方志办和《石门县乡镇简志》全体采编人员的共同努力，历经三个春夏秋冬、数易其稿，终于编纂完毕，付梓出版。全志约33.3万余字，随文图片200余幅。

2015年10月，石门县地方志办根据湖南省地方志编纂委员会《关于编纂湖南省乡镇简志的通知》和常德市地方志办《关于报送湖南省乡镇简志·常德市卷的方案》的要求，下发《关于报送〈湖南省乡镇简志·石门县卷〉资料的通知》，成立编辑部，正式启动《石门县乡镇简志》编纂工作。其间，石门县地方志办编印下发《乡镇简志编纂参考资料》，主编张吉全、副主编刘狂彪、编辑王本平深入到全县26个乡镇（区、处、农林场）落实采编人员、明确资料撰写及上报要求。2016年10月，各乡镇（区、处、农林场）按照“区域概况、经济发展、基础设施、社会事业、特色地情”五大板块上报了资料。编辑王本平于2017年6月完成初稿。随后，由主编张吉全进行补充、调整、完善和修改，于2017年8月完成统稿工作，形成送审稿，报常德市地方志办及各区县市地方志办审评，同时送方志出版社审核。2017年10月，主编张吉全根据评审意见完成定稿工作。其间，副主编刘狂彪协助了大量的资料催收、查证及书稿校对等工作。

《石门县乡镇简志》编纂工作，得到了县政府的高度关心，在经费上给予了保障；得到了石门县档案局、石门县民政局、石门县统计局等部门的大力配合，提供了有价值的史料；得到了楚江镇、子良乡、夹山镇、新关镇、皂市镇、白云乡、罗坪乡、新铺乡、磨市镇、南北镇等单位的有效支持，采编人员落实到位快，资料上报及时；得到了侯雨林、詹海燕、文希国等采编人员的全力协助，提供了较高质量的资料。修志历来有“众手成志”之说，《石门县乡镇简志》还采用了许多社会人士的摄影作品,在此一并致谢!

由于编纂者经验、学识、才识的不足,时间进度的要求,历史资料的缺失等因素的制约,《石门县乡镇简志》难免有遗漏和不足,敬请读者批评指正。

编　者

2017 年 10 月